Praxisleitfaden

AF825000

Praxisleitfaden Ökodesign-VO

Rechtslage, Management und Kommunikation im Unternehmen

Herausgegeben von:
Michael Lendle/Andreas Meisterernst

Bearbeitet von:
Vorwort, Kapitel 3, 4 und 5: Michael Lendle,
Lena Meinders, Plilipp Schaber, Theresa Usler
Einleitung, Kapitel 2: Andreas Meisterernst,
Lucia Scharl

Fachmedien Recht und Wirtschaft | dfv Mediengruppe | Frankfurt am Main

Bibliografische Information Der Deutschen Nationalbibliothek

Die Deutsche Nationalbibliothek verzeichnet diese Publikation in der Deutschen Nationalbibliografie; detaillierte bibliografische Daten sind im Internet über http://dnb.de abrufbar.

ISBN 978-3-8005-1987-3

dfv Mediengruppe

© 2025 Deutscher Fachverlag GmbH, Fachmedien Recht und Wirtschaft, Frankfurt am Main

www.ruw.de

Das Werk einschließlich aller seiner Teile ist urheberrechtlich geschützt. Jede Verwertung außerhalb der engen Grenzen des Urheberrechtsgesetzes ist ohne Zustimmung des Verlages unzulässig und strafbar. Das gilt insbesondere für Vervielfältigungen, Bearbeitungen, Übersetzungen, Mikroverfilmungen und die Einspeicherung und Verarbeitung in elektronischen Systemen.

Druck: Beltz Grafische Betriebe GmbH, 99947 Bad Langensalza

Printed in Germany

Herausgeber- und Autorenverzeichnis

Dr. Michael Lendle, Vorstand, AFC Consulting Group AG, Bonn

Dr. Michael Lendle ist Managing Partner der AFC Consulting Group AG, mit Fokus auf die Agrar-, Ernährungs- und Konsumgüterwirtschaft, in Bonn. Er ist seit mehr als 20 Jahren in verschiedenen Führungspositionen der Unternehmensgruppe tätig. Er berät Industrie und Handel, Landes- und Bundesbehörden sowie Fachverbände der Branchen zu Management von Compliance, Nachhaltigkeit und Kommunikation. Beratungsschwerpunkte sind neben der Sicherstellung von Produkt- und Prozessqualitäten, die Steuerung globaler Lieferketten und Lieferanten, die Erfüllung und Einhaltung sozial-ökologischer Verantwortung, die strategisch-konzeptionelle Öffentlichkeitsarbeit mit marktrelevanten Stakeholdern. Zudem ist er in zahlreichen Gremien und Verbänden der von ihm betreuten Branchen aktiv.

Prof. Andreas Meisterernst, Partner, Meisterernst Rechtsanwälte PartG mbB, München

Rechtsanwalt und FA für Verwaltungsrecht in München, Partner der gleichnamigen mittelständischen Kanzlei, die einen Schwerpunkt in der Betreuung von Lebensmittelunternehmen hat. Honorarprofessor für Lebensmittelrecht an der TU München (TUM School of Life Sciences), Schatzmeister sowie Mitglied im Rechtsausschuss und wissenschaftlichen Ausschuss des Lebensmittelverbands Deutschland e. V., Präsident des Bayerischen Anwaltsgerichtshofs, Autor zahlreicher wissenschaftlicher Publikationen, u. a. Mitherausgeber des Sosnitza/Meisterernst.

Lena Meinders, Geschäftsführerin, AFC Risk & Crisis Consult GmbH, Bonn

Lena Meinders ist Geschäftsführerin der AFC Risk & Crisis Consult und berät Hersteller, Handelsunternehmen sowie Fachverbände zu strategischer Kommunikation, Marken- und Reputationsschutz. Themenschwerpunkte sind Issue Monitoring, Management marktrelevanter Stakeholder und die Konzeption von PR-Strategien.

Philipp Schaber, Consultant, AFC Risk & Crisis Consult GmbH, Bonn

Philipp Schaber ist Consultant der AFC Risk & Crisis Consult und berät Hersteller und Handelsunternehmen zu Risiko- und Lieferantenmanagement. Themenschwerpunkte sind Supply Chain Management, ESG-Compliance und strategische Beschaffung.

Lucia Scharl, Rechtsanwältin, Meisterernst Rechtsanwälte PartG mbB, München

Rechtsanwältin in München, die nationale wie auch internationale Unternehmen in regulatorischen Fragen berät und diese in gerichtlichen sowie behördlichen Verfahren rund um Fragen des Lebensmittel-, Futtermittel- und Kosmetikrechts vertritt. Themenschwerpunkte sind neben dem Lebensmittelrecht – samt Randgebieten – und dem allgemeinen Wettbewerbsrecht auch Nachhaltigkeitsbelange inklusive Green Claims.

Theresa Usler, Senior Consultant, AFC Risk & Crisis Consult GmbH, Bonn

Theresa Usler ist Senior Consultant der AFC Risk & Crisis Consult und berät Hersteller und Handelsunternehmen zu Risiko- und Krisenmanagement sowie Nachhaltigkeitsmanagement. Themenschwerpunkte sind Risikoprävention und Krisenkoordination wie auch sozial-ökologische Unternehmensverantwortung.

Vorwort

Nachhaltigkeit ist längst kein freiwilliges Engagement mehr, sondern eine erforderliche Säule einer modernen, zukunftsfähigen Unternehmensstrategie. Unternehmen, die heute nachhaltige Prinzipien in ihr Kerngeschäft integrieren, sichern sich nicht nur regulatorische Konformität, sondern auch langfristige wirtschaftliche Stabilität, Innovationskraft und gesellschaftliche Akzeptanz.

Mit der Verabschiedung des Green Deal der Europäischen Union ist eine nachhaltige Wirtschaftsweise ein zentraler Bestandteil regulatorischer Anforderungen und strategischer Unternehmensführung. Die neue Ökodesign-Verordnung für nachhaltige Produkte (Ecodesign for Sustainable Products Regulation, ESPR) ersetzt die bisherige Ökodesign-Richtlinie und verfolgt das Ziel, den ökologischen Fußabdruck von Produkten zu reduzieren. Über den gesamten Lebenszyklus eines Produkts hinweg, von der Rohstoffgewinnung über die Herstellung und Nutzung bis hin zur Entsorgung oder Wiederverwertung, sollen Umweltbelastungen verringert werden. Für diese umweltgerechte Gestaltung bestimmter Warengruppen und Produkte sind Anforderungen wie die Reduktion von Materialeinsatz durch Recyclingfähigkeit und Wiederverwendbarkeit, Sicherstellung der Reparaturfähigkeit und Verfügbarkeit von Ersatzteilen wie auch die Verlängerung der Lebensdauer und Rücknahmesysteme verbindlich formuliert.

Die Umsetzung der Anforderungen der ESPR betrifft eine Vielzahl von Wirtschaftssektoren und stellt betroffene Unternehmen vor neue Herausforderungen: Welche Produkte liegen im Geltungsbereich? Welche rechtlichen Vorgaben sind zu beachten? Welchen Kriterien müssen diese Produkte künftig gerecht werden? Welche Pflichten müssen Unternehmen erfüllen? Welche Anpassungen sind in der Produktentwicklung notwendig? Was muss bei der Herstellung der Produkte berücksichtigt werden? Wie lassen sich Risiken entlang von Lieferketten steuern? Was gilt es bei der Verbraucherkommunikation zu beachten? Wie können Informationen zur Stärkung der Marktposition genutzt werden?

Dieser Praxisleitfaden unterstützt Unternehmen, die neuen Vorgaben rechtskonform durch angemessene und wirksame Maßnahmen umzusetzen und für die Öffentlichkeitsarbeit zu verwenden. Denn die Einhaltung der ESPR bringt nicht nur regulatorische Sicherheit, sondern bietet Unternehmen auch strategische Chancen:

Marktchancen & Wettbewerbsfähigkeit

Unternehmen, die nachhaltige Produkte entwickeln, können sich positiv vom Wettbewerb abheben und neue Marktsegmente erschließen, um damit ihre Marktposition durch Differenzierung zu stärken. Ohnehin fordert die Verordnung langlebige, reparierbare und recycelbare Produkte und steigert damit die Nachfrage nach umweltfreundlichen Produkten und Innovationen.

Kosteneinsparungen & Ressourceneffizienz

Unternehmen können durch eine verbesserte Kreislauf- und Recyclingfähigkeit bestehende Rohstoffabhängigkeiten und bisheriges Abfallaufkommen reduzieren. Zudem kann der Material- und Energieverbrauch während der Produktion und Nutzung entsprechend vermindert werden, wodurch sich langfristig Kosten senken und die betriebliche Effizienz steigern lassen.

Fördermittel & Investitionen

Unternehmen mit einer klaren Nachhaltigkeitsstrategie profitieren von einer steigenden Nachfrage potenzieller Investoren und besseren Finanzierungsbedingungen. Bei der Kreditvergabe wird eine nachhaltige Wirtschaftsweise zunehmend wichtiger und nachhaltige Produkte bzw. Prozesse erleichtern den Zugang zu entsprechenden Förderprogrammen.

Vertrauen & Markenbindung

Unternehmen haben es zunehmend mit Konsumenten zu tun, die gesteigerten Wert auf nachhaltige Produkte mit hoher Qualität und Langlebigkeit legen. Transparenz und Glaubwürdigkeit bei Gestaltung und Herstellung nachhaltiger Produkte helfen, durch eine gezielte Nachhaltigkeitskommunikation das eigene Markenimage zu erhöhen und Kunden zu binden.

Regulatorik & Sicherheit

Unternehmen, die sich an die Vorgaben der Verordnung halten, sind weitgehend vor Compliance-Risiken und potenziellen Sanktionen geschützt. Zudem ersetzt die Verordnung einzelne nationale Vorschriften durch einheitliche EU-Standards und erleichtert damit den Zugang zum EU-Binnenmarkt.

Dieser Leitfaden richtet sich an alle Verantwortlichen im Unternehmen, die mit Compliance-Vorschriften, einer nachhaltigen Unternehmensführung, der Produktentwicklung, Herstellung und Vermarktung befasst sind. Praxisnahe Informationen geben Hinweise zur rechtlichen Einordnung und Erfüllung unternehmerischer Pflichten wie auch zur Umsetzung eines kreislauforientierten und ressourceneffizienten Produktdesigns. Zudem wird die erforderliche Produktkennzeichnung durch den digitalen Produktpass als Basis für eine gezielte Nachhaltigkeitskommunikation zur Erfüllung der Transparenzanforderungen erläutert.

Fazit: Nachhaltigkeit als Innovationstreiber in der Produktgestaltung

Die Ökodesign-Verordnung leistet einen nachhaltigen Beitrag zur Klimaneutralität, Ressourcenschonung und Effizienzsteigerung. Die ESPR-Vorgaben für nachhaltige Produkte stellen Unternehmen vor die Herausforderungen, regulatorische Anforderungen zu erfüllen und Marktchancen einer nachhaltigen Wirtschaftsweise im Wettbewerb zu nutzen.

Dieser Leitfaden gibt Unternehmen praxisnahe Hilfestellung, um die neuen Anforderungen effizient umzusetzen und Nachhaltigkeit als zentralen Bestandteil ihrer Innovations- und Wachstumsstrategie zu nutzen.

Unternehmen, die sich proaktiv mit den neuen Anforderungen auseinandersetzen, können nicht nur regulatorische Sicherheit gewährleisten, sondern auch langfristige Wettbewerbsvorteile erzielen und sich als führende Akteure einer nachhaltigen Wirtschaft positionieren.

Inhaltsverzeichnis

Abkürzungsverzeichnis

Abb.	Abbildung
AEUV	Vertrag über die Arbeitsweise der Europäischen Union
Art.	Artikel
Abs.	Absatz
CE	Communauté Européenne
CO_2	Kohlenstoffdioxid
CSR	Corporate Social Responsibility
CSRD	Corporate Sustainability Reporting Directive
DPP	Digitaler Produktpass
DPPR	Digitales Produktpassregister
DSA	Digital Services Act
EFLR	European Forced Labour Regulation
ESG	Environmental, Social und Governance
ESPR	Ecodesign for Sustainable Products Regulation (Ökodesign-Verordnung)
ERP	Enterprise Resource Planning
EU	Europäische Union
EUDR	European Union Deforestation Regulation
EWSA	Europäischer Wirtschafts- und Sozialausschuss
GPSR	General Product Safety Regulation
GTIN	Global Trade Item Number
HR	Human Resources/Personalabteilung
i. F.	im Folgenden
i. S. d.	im Sinne des
IT	Informationstechnologie
KMU	Kleine und mittelständische Unternehmen
KPI	Key Performance Indicator
KrWG	Kreislaufwirtschaftsgesetz
LCA	Lebenszyklusanalyse
NGO	Nichtregierungsorganisation

PIM	Product Information Management
REACH	Registration, Evaluation, Authorisation and Restriction of Chemicals
PLM	Product Lifecycle Management
RFID	Radio Frequency Identification
RL	Richtlinie
R&D	Research and Development/Forschungsabteilung
S.	Seite
SCIP	Substances of Concern In articles as such or in complex objects (Products)
TARIC	Zolltarifdatenbank der Europäischen Union
UWG	Gesetz gegen den unlauteren Wettbewerb
Vgl.	Vergleiche
Ziff.	Ziffer
Ökodesign-RL	Ökodesign-Richtlinie

Abbildungsverzeichnis

1 Einleitung

Die neue Verordnung (EU) 2024/1781 (auf Englisch „Ecodesign Requirements for Sustainable Products“, daher im Folgenden „ESPR“) löst die vorhergehende Richtlinie 2009/125/EG mit Wirkung vom 18. Juli 2024 ab. In Erwägungsgrund 1 der ESPR wird die Zielsetzung der neuen Vorschrift vor dem Hintergrund des Europäischen Grünen Deals wie folgt dargestellt:

> *„Mit dem Grünen Deal wird das hochgesteckte Ziel gesetzt, die Union bis 2050 zum ersten klimaneutralen Kontinent zu machen. Dabei werden die Vorteile von Investitionen in die wettbewerbsfähige Nachhaltigkeit der Union durch den Aufbau eines gerechteren, umweltfreundlicheren und digitaleren Europas gewürdigt. Bei diesem Wandel kommt Produkten eine entscheidende Rolle zu. Im Grünen Deal wird herausgestellt, dass die derzeitigen Produktionsverfahren und Verbrauchsmuster nach wie vor zu linear sind und vom Durchsatz neuer Werkstoffe, die abgebaut, gehandelt, zu Waren verarbeitet und schließlich als Abfall entsorgt oder als Emissionen ausgestoßen werden, abhängig sind, und unterstrichen, dass der Übergang zu einem Kreislaufwirtschaftsmodell dringend erforderlich ist und noch erhebliche Fortschritte erzielt werden müssen. Ferner wird darin Energieeffizienz als Priorität für die Dekarbonisierung der Energiebranche und die Verwirklichung der Klimaziele 2030 und 2050 genannt.“*

Die ESPR hat demnach eine tragende Rolle beim Erreichen der Klimaziele insgesamt und will die Wirtschaft in eine nachhaltigere dirigieren. Dementsprechend hat die ESPR auf der einen Seite eine rechtliche Komponente, die sich in den neuen Vorschriften, Definitionen sowie den sich aus der ESPR ergebenden Anforderungen an Produkte, deren Konformität, den digitalen Produktpass und Pflichten der Wirtschaftsteilnehmer auswirken. Mit diesen rechtlichen Vorgaben als Steuerungselement soll die Wirtschaft auf nachhaltigeres Arbeiten von der Produktentwicklung bis zur Recyclingfähigkeit getrimmt werden. Wer Gutes tut, will auch darüber reden. Dementsprechend ergibt sich aus den beiden vorgenannten Gesichtspunkten die Frage der Kommunikation sowohl innerhalb des rechtlichen Rahmens der ESPR als auch darüber hinaus.

Aus diesem so gesetzten Rahmen ergibt sich zwanglos der Aufbau dieses ersten Praxisleitfadens, der mit der Entwicklung der ESPR in den kommenden Jahren auch weiterwachsen will. Unter Gliederungspunkt 2 mit der Überschrift „Recht“, werden die wesentlichen rechtlichen Vorgaben der ESPR systematisch dargestellt, um dem Leser ein Durchdringen der neuen Vorschriften zu ermöglichen. Die sich daraus ergebenden Managementaufgaben für „Verantwortliche und Zuständige“ werden anschließend unter Gliederungspunkt 3 dargestellt. Die wiederum daran anknüpfende interaktive Kommunikation, auch im Hinblick auf die nachhaltige Produktion, Stakeholder-Kommunikation und den digitalen Produktpass, wird anschließend unter Gliederungspunkt 4 „Kommunikation“ dargestellt.

Wie es sich für einen Praxisleitfaden gehört, finden sich sodann unter Gliederungspunkt 5 „Unternehmensbeiträge“ der Deutschen Umwelthilfe e. V., der ImpactBuying BV und der Mast-Jägermeister SE, die jeweils aus Sicht eines Stakeholders im Umweltbereich, eines Dienstleisters für Einzelhandelsunternehmen sowie eines produzierenden Betriebes Einblicke gewähren.

2 Rechtliche Einordnung

2.1 Vorbemerkung und wesentliche Inhalte

Die neue Verordnung (EU) 2024/1781 zur Schaffung eines Rahmens für die Festlegung von Ökodesign-Anforderungen für nachhaltige Produkte löst unmittelbar die vormalige Ökodesign-RL gem. Art. 79 Abs. 1 ESPR mit Wirkung vom 18. Juli 2024 ab. Ergänzend zu den bisherigen ökodesignrechtlichen Regelungen hat der europäische Gesetzgeber mit dieser Verordnung mehrere gänzlich neue rechtliche Vorgaben, Pflichten und Verbote eingeführt. Neu und relevant sind die

- Anwendbarkeit auf sämtliche – nicht nur energieverbrauchsrelevanten – physischen Waren (mit wenigen Ausnahmen)
- Anwendbarkeit auch auf sog. gebrauchte „remanufactured products“
- Ökodesign-Anforderungen, die auch Vorgaben im Hinblick auf die vorzeitige Obsoleszenz enthalten
- Einführung eines Digitalen Produktpasses (DPP)
- Pflichten für sämtliche Wirtschaftsakteure entlang der Produktlieferkette, so auch für Fulfilment-Dienstleister und Anbieter von Online-Marktplätzen und Online-Suchmaschinen
- verpflichtende EU-Konformitätserklärung
- sowie das Warenvernichtungsverbot für unverkaufte Verbraucherprodukte.

Der bisherige Regelungsumfang der Ökodesign-RL wird somit durch die neue, unmittelbar geltende Verordnung immens erweitert und verschärft. Erfüllt ein Produkt die materiell-rechtlichen Ökodesign-Anforderungen, zu welchen neben bestimmten Leistungsanforderungen auch Informationsanforderungen gehören, nicht, ist das Produkt nicht verkehrsfähig. Doch auch die Nichteinhaltung formaler Kennzeichnungsvorgaben kann die sog. formale Nichtkonformität nach sich ziehen.

In den Kreis der verpflichtenden Wirtschaftsakteure werden künftig neben dem primär verantwortlichen Hersteller mit Sitz in der EU, ggf. seinem Bevollmächtigten sowie dem Importeur auch der Vertreiber, der Händler und insbesondere auch der Fulfilment-Dienstleister sowie der Anbieter von Online-Marktplätzen und Online-Suchmaschinen aufgenommen.

2.2 Struktur, Aufbau und Zielsetzung

2.2.1 Regelungsgefüge und Inkrafttreten

Als Teil des europäischen *„Aktionsplans für die Kreislaufwirtschaft"*[1] wurde die neue Verordnung (EU) 2024/1781, die sog. Ökodesign-Verordnung (oder auf Englisch „Ecodesign for Sustainable Products Regulation", abgekürzt „ESPR")[2], im Rahmen des *„Grünen Deals"*[3] der Europäischen Kommission zur Neuregulierung designtechnischer Anforderungen an ein nachhaltiges Produktdesign entworfen. Sie ist nach ihrer Veröffentlichung im Amtsblatt der EU am 18. Juli 2024 in Kraft getreten und gilt nun unmittelbar in den EU-Mitgliedsstaaten, da sie keiner weiteren Umsetzung in nationales Recht mehr bedarf.

Mit 122 Erwägungsgründen, 80 Artikeln und 8 Anhängen löst die ESPR die bestehende Richtlinie 2009/125/EG, die Ökodesign-Richtlinie[4], ab und bewirkt neben einem Rechtsformwechsel zugleich einen Paradigmenwechsel. Gemeint ist mit Letzterem, dass nun statt einer zuerst ins nationale Recht umzusetzenden europäischen Richtlinie eine unmittelbar verbindliche EU-Verordnung die Mitgliedsstaaten an die neuen Vorgaben bindet.[5] Dieser vorgenommene Austausch der Rechtsform von Richtlinie zu Verordnung soll einer *„Marktfragmentierung"*, die durch unterschiedlich ausgestaltete nationale Verpflichtungen in Bezug auf Anforderungen an die ökologische Nachhaltigkeit

---

1 Vgl. Europäische Kommission, in: „Ein neuer Aktionsplan für die Kreislaufwirtschaft Für ein saubereres und wettbewerbsfähigeres Europa", 11.03.2020, Ziff. 2.1., https://eur-lex.europa.eu/legal-content/DE/TXT/HTML/?uri=CELEX:52020DC0098 (abgerufen am 11.02.2025).

2 i. F. ESPR.

3 Vgl. Europäische Kommission, in: „Der europäische Grüne Deal", COM(2019) 640 final, 11.12.2019, S. 9 https://eur-lex.europa.eu/resource.html?uri=cellar:b828d165-1c22-11ea-8c1f-01aa75ed71a1.0021.02/DOC_1&format=PDF (abgerufen am 11.02.2025).

4 i. F. Ökodesign-RL.

5 Vgl. Petersen/Massow, in: „Die EU-Ökodesign-Verordnung und das „Warenvernichtungsverbot"", ZUR 2023, 67.

oder das Ökodesign von Produkten festgelegt wurde, entgegenwirken.[6] Gestützt auf Art. 114 AEUV schafft die ESPR in Kohärenz mit anderen Regelungen für Produkte, Chemikalien, Verpackungen und Abfall neue Rahmenvorgaben für spezifische Ökodesignvorgaben. Sie fungiert somit als ein formeller wie auch materiell-rechtlicher Rechtsrahmen, der nach Art. 4 Abs. 1 ESPR durch delegierte produktbezogene Rechtsakte i. S. d. Art. 290 AEUV mit Inhalten befüllt wird.

2.2.2 Zielsetzung der Verordnung

Der europäische Gesetzgeber verfolgt mit der ESPR das grundlegende Ziel, nachhaltige Produkte zur Norm im EU-Binnenmarkt werden zu lassen und ihre Umwelt- und Klimaauswirkungen über ihren gesamten Lebenszyklus hinweg zu verringern.[7] Erreicht werden soll dies mit einem breiteren Produktspektrum[8], einer vorgegebenen künftig längeren Haltbarkeit von Produkten, der effizienteren Nutzung von Energie und Ressourcen, der verbesserten Reparierbarkeit und einer gesteigerten Recyclingfähigkeit. Abgerundet werden diese neuen Regularien durch eine Reihe neuer Informationsvorgaben entlang der Lieferkette. Dieses Regelungskonstrukt soll die Wettbewerbsbedingungen für nachhaltige Produkte im EU-Binnenmarkt angleichen und die globale Wettbewerbsfähigkeit der Hersteller bei der Produktion nachhaltig entwickelter bzw. ausgestalteter Produkte stärken. Ihnen wird vorgegeben, Produktions- und Verbrauchsweisen zu fördern, die mit den allgemeinen Nachhaltigkeitszielen[9] der Union im Einklang stehen, was die Marktbedingungen für die verschiedenen Wirtschaftsteilnehmer untereinander angleicht. Unter diesen Nachhaltigkeitsbestrebungen

---

6 Vgl. Vorschlag für eine Verordnung des Europäischen Parlaments und des Rates zur Schaffung eines Rahmens für die Festlegung von Ökodesign-Anforderungen für nachhaltige Produkte und zur Aufhebung der Richtlinie 2009/125/EG, v. 30.03.2022, COM (2022) 142, S. 6. final, 2022/0095 (COD).

7 Vgl. Art. 1 Abs. 1 S. 1 ESPR.

8 Die bisherige Ökodesign-RL regelte Anforderungen nur für energieverbrauchsrelevante Produkte; siehe hierzu Kapitel 2.2.

9 In Bezug auf „soziale Nachhaltigkeit“ hat die Kommission den Nutzen einer potentiellen Aufnahme in den Anwendungsbereich der Ökodesign-VO bis 19.07.2028 zu prüfen, vgl. Art. 75 Abs. 4 Ökodesign-VO.

finden sich Klima-, Umwelt-, Energie-, Ressourcennutzungs- sowie auch Biodiversitätsziele.[10]

Die Beantwortung der Frage, ob die „soziale Nachhaltigkeit“ auch zu diesen Zielsetzungen dazugezählt werden kann, hat sich der EU-Gesetzgeber hingegen für die Zukunft vorgenommen. Bis zum 19. Juli 2028 erhält die Kommission nach Art. 75 Abs. 4 ESPR Zeit, den Nutzen einer potentiellen Aufnahme von sozialen Produktaspekten in den Anwendungsbereich der ESPR zu prüfen. Im Rahmen dieser Prüfung soll eine Auseinandersetzung mit den negativen Auswirkungen von Produkten und Unternehmen auf die Menschenrechte und die sozialen Rechte erfolgen. Aufbauend darauf soll die Kommission dem Europäischen Parlament, dem Rat, dem Europäischen Wirtschafts- und Sozialausschuss und dem Ausschuss der Regionen ihre Prüfung und Ergebnisse in einem Bericht vorgeben, der die Basis für eine gegebenenfalls erforderliche Änderung der ESPR darstellen wird.[11]

Die mit der ESPR geplante Entkopplung des Wirtschaftswachstums von den mit der Abfallerzeugung verbundenen Umweltfolgen soll, wie es bereits seit dem Jahre 2008 in der Richtlinie 2008/98/EG (sog. Abfallrahmenrichtlinie oder kurz AbfRRL genannt) verankert ist[12], das Ziel einer nachhaltigen Produktpolitik fördern. Das führt bereits auf der Programmebene zu einer Überschneidung beider Ansätze. Die ESPR legt Anforderungen für die Verfolgung und die Kommunikation von Nachhaltigkeitsinformationen fest, was auch die Informationen über das Vorhandensein besorgniserregender Stoffe in Produkten, während ihres gesamten Lebenszyklus auch im Hinblick auf die Dekontaminierung und Verwertung dieser Produkte (wenn sie zu Abfall werden) umfasst.

2.2.3 Planungsvorgaben der Kommission

Um die vorgegebenen Ziele zu erreichen, muss die EU-Kommission für alle in den Geltungsbereich der ESRP fallenden Produkte konkrete Ökodesign-Vorgaben erarbeiten. Aufgrund der großen Bandbreite regulierungsbedürftiger Produkte ist eine strukturierte Vorgehensweise

10 Vgl. Erwägungsgrund (6) der ESPR.
11 Vgl. Erwägungsgrund (116) der ESPR.
12 Vgl. Erwägungsgrund (40) der AbfRRL.

anhand priorisierter Produktgruppen notwendig und erforderlich, um den betroffenen Branchen zügig und effizient Ökodesign-Anforderungen zur Verfügung zu stellen. Der Gesetzgeber gibt der Kommission folgenden, in der Abbildung 1 grafisch dargestellten, Arbeitsablauf mit Art. 18 ESPR vor:

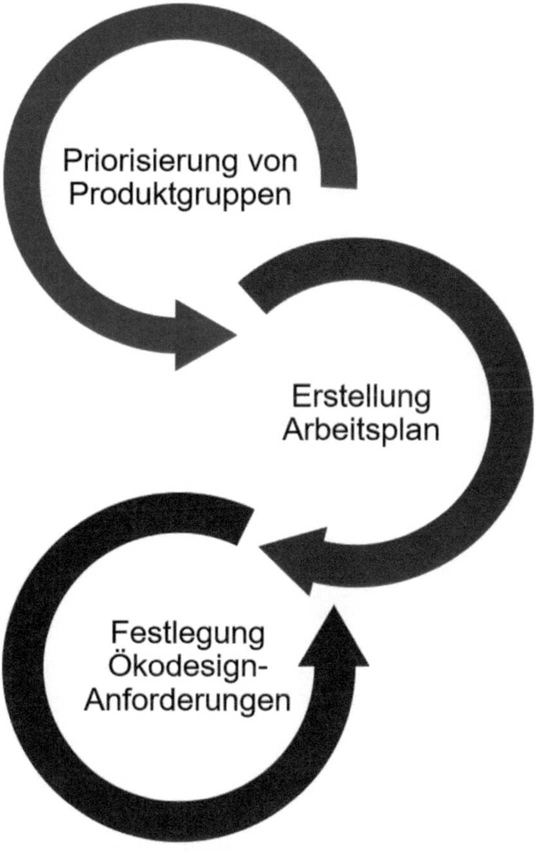

Abb. 1: Arbeitsablauf der Kommission nach Art. 18 ESPR.

2.2.3.1 Priorisierung von Produktgruppen

Die auf der ersten Stufe von der Kommission vorzunehmende Priorisierung bestimmt sich nach Art. 18 Abs. 1 ESPG anhand folgender Kriterien:

- Potential Produktaspekte zu verbessern, ohne gleichzeitig unverhältnismäßige Kosten zu verursachen (wobei weitere Aspekte wie fehlendes oder unzulängliches Unionsrecht oder das Versagen von Marktkräften bzw. Selbstregulierungsmaßnahmen, um das Ziel zufriedenstellend anzugehen, sowie die Leistungsunterschiede der auf dem Markt bereitgestellten Produkte mit gleichwertigen Funktionen in Bezug auf die Produktaspekte zu berücksichtigen sind)
- Verkaufs- und Handelsvolumen der jeweiligen Produkte in der Union
- Verteilung der Klima- und Umweltauswirkungen, des Energieverbrauchs, des Ressourcenverbrauchs und des Abfallaufkommens dieser Produkte entlang der Wertschöpfungskette
- Durch Technologie- und Marktentwicklungen hervorgerufene Erforderlichkeit regelmäßiger Anpassungen oder Überarbeitungen von nach Art. 4 ESPR erlassener delegierter Rechtsakte.

Die Kommission muss gem. Art. 18 Abs. 1 ESPG diese vier vorgegebenen Kriterien bei ihrer Analyse im Vorfeld zur Priorisierung berücksichtigen. Dadurch kann sie feststellen, welchen Beitrag diese in den Anwendungsbereich der ESPR fallenden Produkte zur Verwirklichung der Klima-, Umwelt- und Energieeffizienzziele der Union leisten können.

Bei der Berücksichtigung dieser Kriterien wird sich die Kommission aber parallel zugleich der Frage widmen müssen, ob diese zu regulierenden Produkte einen Beitrag zum Funktionieren des Binnenmarkts und zur Widerstandsfähigkeit der Wirtschaft der Union leisten können.[13] Je nach Ergebnis der Bewertung ist dann die Priorisierung vorzunehmen.

Diese Priorisierung bildet sodann im nächsten Schritt die Grundlage für einen Arbeitsplan, der nach Art. 18 Abs. 3 ESPR von der Kommission erlassen und samt den einschlägigen vorbereitenden Unterlagen veröffentlicht werden muss. Dieser Arbeitsplan, der regelmäßig zu aktualisieren ist, muss einen Zeitraum von mindestens drei Jahren umfassen und eine Liste von Produktgruppen, die hinsichtlich der Festlegung von Ökodesign-Anforderungen Priorität genießen, sowie den voraussichtlichen Zeitplan für die Festlegung der Anforderungen ent-

13 Art. 18 Abs. 1 S. 2 ESPR.

halten. In der Abbildung 2 werden die aneinanderbauenden Bestandteile des Arbeitsplans der Kommission grafisch zusammengefasst.

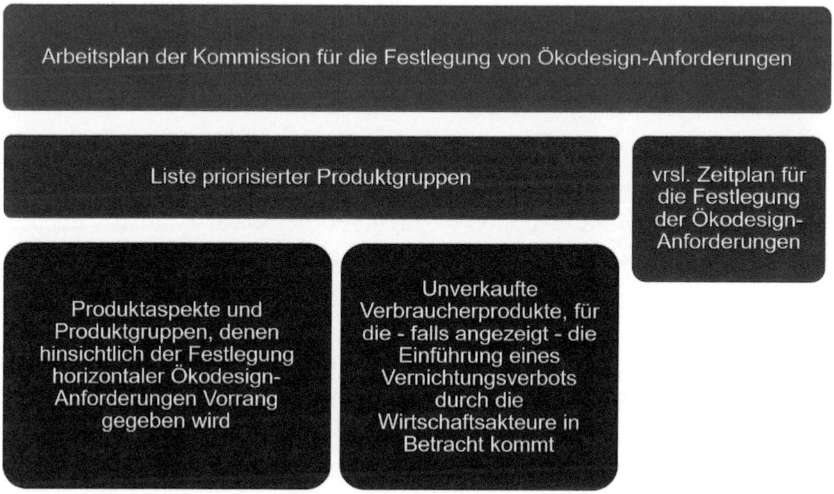

Abb. 2: Bestandteile des Arbeitsplans der Kommission.

Diese Vorgehensweise der Kommission ermöglicht es potentiell betroffenen Unternehmen und Branchen, sich frühzeitig auf anstehende Ökodesign-Anforderungen einzustellen.[14]

Da der europäische Gesetzgeber dieses zweistufige Vorgehen der Kommission für besonders umweltschädliche Produktgruppen beschleunigen möchte, wird für den ersten Arbeitsplan, der bis zum 19. April 2025 erlassen werden muss, mit Art. 18 Abs. 5 S. 1 ESPR der Vorrang folgender konkreter Produktgruppen festgelegt:

- Eisen und Stahl
- Aluminium
- Textilien, insbesondere Bekleidung und Schuhwerk
- Möbel, einschließlich Matratzen
- Reifen
- Waschmittel

14 Vgl. Burchert/Weber, in: „EU-Ökodesign-Verordnung – Verschärfungen durch das Europäische Parlament?“, ESG 2023, 104.

- Anstrichmittel
- Schmierstoffe
- Chemikalien
- bestimmte energieverbrauchsrelevante Produkte[15]
- Produkte der Informations- und Kommunikationstechnologie und sonstige Elektronikgeräte.

Die Überschneidung zu der Ökodesign-RL findet sich in der Produktgruppe „bestimmte energieverbrauchsrelevante Produkte“. Alle anderen Produktarten und -gruppen wurden von der Ökodesign-RL bislang nicht geregelt, was sich nun aber mit der ESPR ändern wird.

Diese vorgegebene Priorisierung konkreter Produktgruppen, die im Rahmen des Gesetzgebungsprozesses als notwendig erachtet wurde, um die Ziele des *„Grünen Deals“* effektiv zu verwirklichen, bedeutet aber nicht, dass diese Produktgruppen zwingend in den ersten Arbeitsplan aufgenommen werden müssen. Sollte sich die Kommission gegen eine Aufnahme in den ersten Arbeitsplan entscheiden oder nicht alle aufgeführten Produkte aufnehmen wollen, ist dies möglich, muss aber begründet werden nach Art. 18 Abs. 5 S. 2 ESPR.[16]

2.2.3.2 Erster Arbeitsplan vom 16. April 2025

Die Kommission hat am 16. April 2025 den ersten Arbeitsplan Ökodesign für nachhaltige Produkte und Energiekennzeichnung 2025–2030[17] angenommen, der einen 5-Jahres-Plan für die Energiekennzeichnung bestimmter Produkte vorsieht.

Der erste Arbeitsplan soll vier Endprodukte, zwei Zwischenprodukte und zwei Rechtsakte zur Festlegung horizontaler Anforderungen festlegen, zusätzlich zu einer Liste wesentlicher Arbeiten, die aus dem letzten Arbeitsplan für Ökodesign und Energiekennzeichnung übernommen wurden. Betroffen sind die nachfolgenden Punkte[18]:

15 Siehe hierzu Ziff. 2.1.4.

16 Vgl. Burchert/Weber, in: „EU-Ökodesign-Verordnung – Verschärfungen durch das Europäische Parlament?“, ESG 2023, 104 f.

17 Ecodesign for Sustainable Products and Energy Labelling Working Plan 2025–2030, COM(2025) 187 final.

18 Ecodesign for Sustainable Products and Energy Labelling Working Plan 2025–2030, COM(2025) 187 final, S. 5 f.

– Endprodukte: Textilien/Bekleidung, Möbel, Reifen, Matratzen.
– Zwischenprodukte: Eisen und Stahl, Aluminium.
– Horizontale Maßnahmen: Reparierbarkeit (einschließlich Scoring), recycelter Inhalt und Recyclebarkeit von Elektro- und Elektronikgeräten.

Weitere 16 Waren bzw. Punkte[19] werden übernommen und in den ersten ESPR-Arbeitsplan aufgenommen[20]:

– Niedertemperatur-Strahler
– Displays
– Ladegeräte für Elektrofahrzeuge
– Haushaltsgeschirrspüler
– Haushaltswaschmaschinen und Haushaltswäschetrockner
– Professionelle/Gewerbliche Waschgeräte
– Professionelle/Gewerbliche Geschirrspülmaschinen
– Elektromotoren und Antriebe mit variabler Drehzahl
– Kühlgeräte (einschließlich Haushaltskühlschränke und -gefriergeräte)
– Kühlgeräte mit einer Verkaufsfunktion
– Lichtquellen und (nur bei Ecodesign) separate Vorschaltgeräte
– Ausrüstung zum Schweißen
– Handys und Tablets
– Lokale Raumheizgeräte
– Wäschetrockner
– Verbrauch im Standby- und Aus-Zustand.

Nicht in den ersten Arbeitsplan aufgenommen werden unter anderem Reinigungsmittel, Farben und Schmiermittel, Schuhe, Chemikalien oder elektrische Schaltanlagen. Es wird teilweise vorgeschlagen, für einige dieser Produkte Studien zu beginnen und dann die Halbzeit-

19 Im Englischen „Items“.
20 Ecodesign for Sustainable Products and Energy Labelling Working Plan 2025–2030, COM(2025) 187 final, S. 8.

überprüfung nach drei Jahren zu nutzen, um eine Neubewertung der Situation vorzunehmen.[21]

2.2.4 Zusammenspiel mit der aufzuhebenden Ökodesign-RL

Auch wenn die neue Verordnung die vormalige Ökodesign-RL gem. Art. 79 Abs. 1 ESPR mit Wirkung vom 18. Juli 2024 unmittelbar ablöst, so bleiben beide Rechtsakte des europäischen Sekundärrechts vorerst durch die Planung- und Umstellungsregelungen der Art. 18 und Art. 79 ESPR partiell miteinander verschränkt.

Der europäische Gesetzgeber gibt zum einen mit Art. 18 Abs. 5 ESPR die Reihenfolge und Priorisierung der zu regulierenden Produkte nach der neuen Verordnung vor. Zuerst sollen die priorisierten Produktgruppen Eingang in den ersten Arbeitsplan finden, dann alle anderen physischen Waren i. S. d. Art. 1 Abs. 2 ESPR (z. B. Heimtierzubehör, Mittel zum Tätowieren, kosmetische Mittel oder Bedarfsgegenstände wie Spielwaren und Scherzartikel).

In dieser priorisierten Produktgruppe werden – wie bereits dargestellt – die

> *„energieverbrauchsrelevante[n] Produkte, für die erstmals Ökodesign-Anforderungen festgelegt werden sollen oder für die bestehende, aufgrund der [Ökodesign-RL] angenommene Durchführungsmaßnahmen im Rahmen der vorliegenden Verordnung zu überprüfen sind*“

ausdrücklich genannt. Der europäische Gesetzgeber unterscheidet also zwischen den folgenden zwei Alternativen: energieverbrauchsrelevante Produkte, für die auf Basis der Ökodesign-RL vorbereitende Arbeiten zur Bewertung der Durchführbarkeit der Ökodesign-Anforderungen vorgenommen wurden (Gruppe 1) und energieverbrauchsrelevante Produkte, die von bereits erlassenen Durchführungsmaßnahmen geregelt werden (Gruppe 2).[22] Zur Gruppe 2 gehören gegenwärtig

21 Ecodesign for Sustainable Products and Energy Labelling Working Plan 2025–2030, COM (2025) 187 final, S. 8 f.

22 Art. 18 Abs. 5 Buchst. j) und Art. 79 Abs. 1 Buchst. a) i) und ii) ESPR.

29 Produktgruppen.[23] Die Abbildungen 3 und 4 zeigen zusammenfassend die in diesen beiden Gruppen enthaltenen Produkte und Produktkategorien.

---

23 Siehe **Verordnung (EU) 813/2013** für Heizkessel und Kombiboiler (Gas/Öl/elektrisch), **Verordnung (EU) 814/2013** für Warmwasserbereiter (Gas/Öl/elektrisch), **Verordnung (EU) 617/2013** für PCs (Desktop/Laptop) und Computermonitore, **Verordnung (EU) 2019/2021** für Fernsehgeräte/Displays, **Verordnungen (EU) 2023/826 und (EG) 1275/2008** für Leerlauf- und Schein-aus-Verluste (stand-by) von elektrischen und elektronischen Haushalts- und Bürogeräten (auch Haushaltskaffeemaschinen), **Verordnung (EU) 2019/1782** für Ladegeräte und Netzteile, **Verordnung (EU) 206/2012** für Klima- und Lüftungstechnik im Haushalt, **Verordnung (EU) 2019/1781** für Elektromotoren, **Verordnung (EG) 641/2009** für Umwälzpumpen, **Verordnung (EU) 327/2011** für Ventilatoren, **Verordnung (EU) 547/2012** für Wasserpumpen, **Verordnung (EU) 2019/2024** für Gewerbliche Kühltheken und –regale mit Direktverkaufsfunktion, **Verordnung (EU) 2019/2019** für Kühl- und Tiefkühlgeräte im Haushalt, **Verordnung (EU) 2019/2022** für Haushaltsgeschirrspüler, **Verordnung (EU) 2019/2023** für Haushaltswaschmaschinen und Haushaltswäschetrockner, **Verordnung (EU) 2015/1189** für Festbrennstoffkessel, **Verordnungen (EU) 2023/2533 und (EU) 932/2012** für Haushaltswäschetrockner, **Verordnung (EU) 666/2013** für Staubsauger, **Verordnung (EU) 2019/2020** für Lichtquellen und separate Betriebsgeräte, **Verordnungen (EU) 2015/1188, (EU) 2015/1185 und (EU) 2024/1103** für Einzelraumheizgeräte, separate zugehörige Regler und Festbrennstoff-Einzelraumheizgeräte, **Verordnung (EU) 2016/2281** für Luftheizungsprodukte, Kühlungsprodukte, Prozesskühler mit hoher Betriebstemperatur und Gebläsekonvektoren, **Verordnung (EU) Nr. 66/2014** für Haushaltsbacköfen, -kochmulden und -dunstabzugshauben, **Verordnung (EG) 107/2009** für Einfache Set-Top-Boxen, **Verordnung (EU) 2023/1670** für Smartphones, Mobiltelefone, die keine Smartphones sind, schnurlose Telefone und Slate-Tablets, **Verordnung (EU) 2015/1095** für gewerblichen Kühllagerschränke, Schnellkühler/-froster, Verflüssigungssätze und Prozesskühler, **Verordnung (EU) 548/2014** für Kleinleistungs-, Mittelleistungs- und Großleistungstransformatoren, **Verordnung (EU) 2019/1784** für Schweißgeräte, **Verordnung (EU) 1253/2014** für Lüftungsanlagen, **Verordnung (EU) 2019/424** für Server und Datenspeicherprodukte.

Gruppe 1

Photovoltaikmodule, Raum- und Kombiheizgeräte, Warmwasserbereiter, Festbrennstoff-Einzelraumheizgeräte, Raumklimageräte einschließlich Luft-Luft-Wärmepumpen und Komfortventilatoren, Festbrennstoffkessel, Luftheizungs- und -kühlungsprodukte, Lüftungsanlagen, Staubsauger, Kochgeräte, Wasserpumpen, Industrieventilatoren, Umwälzpumpen, externe Netzteile, Computer, Server und Datenspeicherprodukte, Leistungstransformatoren, gewerbliche Kühlgeräte, bildgebende Geräte

Abb. 3: Energieverbrauchsrelevante Produkte der Gruppe 1.

Gruppe 2

Heizkessel und Kombiboiler (Gas/Öl/elektrisch), **Warmwasserbereiter** (Gas/Öl/elektrisch), **PCs (Desktop/Laptop) und Computermonitore**, **Fernsehgeräte / Displays**, Leerlauf- und Schein-aus-Verluste (stand-by) von elektrischen und elektronischen Haushalts- und Bürogeräten (auch Haushaltskaffeemaschinen), Ladegeräte und **Netzteile**, **Klima- und Lüftungstechnik im Haushalt**, Elektromotoren, **Umwälzpumpen**, **Ventilatoren**, **Wasserpumpen**, gewerbliche Kühltheken und –regale mit Direktverkaufsfunktion, Kühl- und Tiefkühlgeräte im Haushalt, Haushaltsgeschirrspüler, Haushaltswaschmaschinen und Haushaltswaschtrockner, **Festbrennstoffkessel**, **Staubsauger**, Lichtquellen und separate Betriebsgeräte, **Einzelraumheizgeräte**, separate zugehörige Regler und **Festbrennstoff-Einzelraumheizgeräte**, **Luftheizungsprodukte**, **Kühlungsprodukte**, Prozesskühler mit hoher Betriebstemperatur und Gebläsekonvektoren, **Haushaltsbacköfen**, **-kochmulden** und **-dunstabzugshauben**, einfache Set-Top-Boxen, Smartphones, Mobiltelefone, die keine Smartphones sind, schnurlose Telefone und Slate-Tablets, gewerbliche Kühllagerschränke, Schnellkühler/-froster, Verflüssigungssätze und Prozesskühler, **Kleinleistungs-**, **Mittelleistungs-** und **Großleistungstransformatoren**, Schweißgeräte, **Lüftungsanlagen**, **Server** und **Datenspeicherprodukte**

Abb. 4: Energieverbrauchsrelevante Produkte der Gruppe 2.

Werden diese beiden Gruppen der energieverbrauchsrelevanten Produkte i. S. d. Art. 18 Abs. 5 Buchst. j) ESPR einander gegenübergestellt, fällt auf, dass die ausdrücklich genannten und aufgelisteten Produkte der Gruppe 1 beinahe vollständig von den Produktgruppen der Gruppe 2 umfasst sind.[24] Die von der Gruppe 2 umfassten Produktgruppen sind demgegenüber noch umfangreicher.

Diese Privilegierung der beiden Gruppen energieverbrauchsrelevanter Produkte dient dazu, die im Rahmen der aufwändigen vorbereitenden

24 Siehe hierzu die Hervorhebungen in der Gruppe 2 Grafik.

Arbeiten zur Bewertung der Durchführbarkeit der Ökodesign-Anforderungen i. S. d. Ökodesign-RL festgestellten Ergebnisse einschließlich des ermittelten Energieeinsparpotenzials nicht verloren gehen zu lassen. Früchte der bisherigen Arbeit bleiben dadurch erhalten und werden weiterhin genutzt.[25]

2.2.5 Umstellungsfristen

Die bereits angesprochenen Übergangsvorschriften und -fristen des Art. 79 Abs. 1 ESPR betreffen bereits erlassene oder sich im Vorbereitungsstadium befindende delegierte Rechtsakte i. S. d. Art. 15 Abs. 1 Ökodesign-RL. Für Produktgruppen, die in Art. 79 Abs. 1 Buchst. a) i) ESPR aufgelistet sind und für die bislang noch keine delegierten Rechtsakte erlassen wurden, ist es auch nach dem 18. Juli 2024 noch möglich bzw. sogar vorgegeben, delegierte Rechtsakte auf Grundlage von Art. 15 Abs. 1 Ökodesign-RL zu erlassen, wenn die vorbereitende Bewertung entsprechend weit fortgeschritten ist. Für bereits bestehende delegierte Rechtsakte, die Produkte i. S. d. Art. 79 Abs. 1 Buchst. a) ESPR regeln, bleibt die Ökodesign-RL weiterhin die Rechtsgrundlage.[26]

Konkret unterscheidet Art. 79 Abs. 1 ESPR – übereinstimmend mit Art. 18 Abs. 5 Buchst. j) ESPR – zwei bzw. drei Gruppen energieverbrauchsrelevanter Produkte voneinander, die in zeitlicher Hinsicht wie auch in unterschiedlichem materiellem Umfang von den Änderungen der ESPR betroffen sein werden: Die bereits dargestellten Gruppen 1 und 2 sowie eine eingeschränkte Variante der Gruppe 2. Mit der eingeschränkten Gruppe 2 ist nach Art. 79 Abs. 1 Buchst. a) ii) ESPR gemeint, dass die Übergangsregelungen nur insoweit gelten, als Änderungen zur Behebung technischer Schwierigkeiten im Zusammenhang mit den Durchführungsmaßnahmen auch tatsächlich erforderlich sind. Abbildung 5 zeigt die verschiedenen Umstellungsfristen anhand der betroffenen Produkte und Produktgruppen sowie die anzuwendenden Vorschriften.

---

25 Vgl. Erwägungsgrund (120) der ESPR; Wiebe/Daelen, in: „Die neue EU-Ökodesignverordnung im Überblick“, ESG 2024, 359, 364.

26 Vgl. Wiebe/Daelen, in: „Die neue EU-Ökodesignverordnung im Überblick“, ESG 2024, 359, 364.

Betroffene Produktgruppen	Übergangszeitraum	Geltende Vorschriften der Ökodesign-RL	Vorerst ersetzte Vorschriften der ESPR
Gruppe 1	Bis 31. Dezember 2026	Art. 1 [Gegenstand und Geltungsbereich] Art. 2 [Begriffsbestimmungen] Art. 8 Abs. 2 [Konformitätsbewertung] Art. 11 [Anforderungen an Bauteile und Baugruppen] Art. 14 [Aufklärung der Verbraucher] Art. 15 [Durchführungsmaßnahmen] Art. 18 [Konsultationsforum] Art. 19 [Ausschuss] Anhang I [Methode zur Festlegung allgem. Ökodesign Anforderungen] Anhang II [Methode zur Festlegung spez. Ökodesign-Anforderungen] Anhang IV [Interne Entwurfskontrolle] Anhang V [Managementsystem für die Konformitätsbewertung] Anhang VII [Inhalt der Durchführungsmaßnahmen]	
Gruppe 2 (beschränkt auf besondere technische Umstände)	Bis 31. Dezember 2030	Art. 1 [Gegenstand und Geltungsbereich] Art. 2 [Begriffsbestimmungen] Art. 8Abs. 2 [Festlegung Konformitätsbewertungsverfahren in den in den Durchführungsmaßnahmen, Konformitätsbewertung] Art. 11 [Anforderungen an Bauteile und Baugruppen] Art. 14 [Aufklärung der Verbraucher] Art. 15 [Durchführungsmaßnahmen] Art. 18 [Konsultationsforum] Art. 19 [Ausschuss] Anhang I [Methode zur Festlegung allgem. Ökodesign-Anforderungen] Anhang II [Methode zur Festlegung spez. Ökodesign-Anforderungen]	Art. 1 [Gegenstand und Anwendungsbereich] Art. 2 [Begriffsbestimmungen] Art. 4 [Befugnisse zum Erlass delegierter Rechtsakte] Art. 5 [Ökodesign-Anforderungen] Art. 6 [Leistungsanforderungen] Art. 7 [Informationsanforderungen] Art. 8 [Inhalt der delegierten Rechtsakte] Art. 9 [Digitaler Produktpass (DPP)] Art. 10 [Anforderungen an den DPP] Art. 11 [Technische Gestaltung und Einsatz des DPP] Art. 12 [Eindeutige Kennung], Art. 13 [Digitales Produktpassregister]

Betroffene Produktgruppen	Übergangszeitraum	Geltende Vorschriften der Ökodesign-RL	Vorerst ersetzte Vorschriften der ESPR
		Anhang IV [Interne Entwurfskontrolle] Anhang V [Managementsystem für die Konformitätsbewertung] Anhang VII [Inhalt der Durchführungsmaßnahmen]	Art. 19 [Ökodesign-Forum] Art. 20 [Sachverständigengruppe der Mitgliedstaaten] Anhang I [Produktparameter] Anhang II [Verfahren zur Festlegung der Leistungsanforderungen] Anhang III [Digitaler Produktpass] Anhang IV [Interne Fertigungskontrolle]
Gruppe 2	Bis die Maßnahmen aufgehoben oder für überholt erklärt werden	Art. 1 Abs. 3 [Geltungsausschluss für Verkehrsmittel zur Personen- oder Güterbeförderung] Art. 2 [Begriffsbestimmungen] Art. 3 Abs. 1 [Inverkehrbringen und/oder Inbetriebnahme von Produkten, wenn sie en für sie geltenden Durchführungsmaßnahmen entsprechen und die CE-Kennzeichnung tragen] Art. 4 [Pflichten des Importeurs] Art. 5 [Kennzeichnung und EG-Konformitätserklärung] Art. 8 [Konformitätsbewertung] Art. 9 Abs. 3 [Konformitätsvermutung bei dem EU Umweltzeichen] Art. 10 [Harmonisierte Normen] Art. 14 [Aufklärung der Verbraucher] Art. 20 [Sanktionen] Anhang IV [Interne Entwurfskontrolle] Anhang V [Managementsystem für die Konformitätsbewertung] Anhang VI [EG-Konformitätserklärung]	Art. 1 [Gegenstand und Anwendungsbereich] Art. 2 [Begriffsbestimmungen] Art. 27 [Pflichten der Hersteller] Art. 29 [Pflichten der Importeure] Art. 41 Abs. 4 [Konformitätsvermutung bei dem EU Umweltzeichen] Art. 43 Abs. 2 [Aufzeichnungen und Schriftwechsel im Zusammenhang mit der Konformitätsbewertung in der jeweiligen Amtssprache] Art. 44 [EU-Konformitätserklärung] Art. 45 [Allgemeine Grundsätze der CE- Kennzeichnung] Art. 46 [Vorschriften u. Bedingungen für die Anbringung der CE-Kennzeichnung] Art. 74 [Sanktionen] Anhang IV [Interne Fertigungskontrolle] Anhang V [EU-Konformitätserklärung]

Abb. 5: Tabellarische Übersicht der Auswirkung der Umstellungsfristen anhand betroffener Produktgruppen.

Zusammenfassend wird aus diesen Übergangsbestimmungen deutlich, dass es für Produkte der Gruppe 1 i. S. d. Art. 79 Abs. 1 Buchst. a) i) ESPR auch nach dem 18. Juli 2024 noch möglich bzw. sogar vorgegeben ist, delegierte Rechtsakte auf Grundlage von Art. 15 Abs. 1 Ökodesign-RL zu erlassen, wenn die vorbereitenden Bewertungen entsprechend weit fortgeschritten sind. Für bereits Rechtswirkung entfaltende delegierte Rechtsakte, die Produkte der Gruppe 2 regeln, bleibt die Ökodesign-RL weiterhin die verbindliche Rechtsgrundlage.[27]

2.2.6 Verhältnis zu anderen EU-Produktrechtsvorschriften

Die ESPR wie auch die Ökodesign-RL gehören beide zum Kreis der Harmonisierungsrechtsvorschriften.[28] Das bedeutet, dass die neue Verordnung dazu konzipiert ist die nationalen Gesetze der EU-Mitgliedsstaaten anzugleichen, um dadurch den freien Warenverkehr zu ermöglichen. Andere produktbezogene Harmonisierungsrechtsvorschriften, die anders gelagerte Regelungsvorgaben und Schutzzwecke verfolgen, wie etwa die sicherheitsbezogene Verordnung (EU) 2023/988 (die sog. Allgemeine Produktsicherheitsverordnung oder GPSR genannt), bleiben neben der ESPR – einschließlich der entsprechenden delegierten Rechtsakte – parallel weiterhin anwendbar. Gleiches gilt auch für die Regelungen zur Energieverbrauchskennzeichnung nach der Verordnung (EU) 2017/1369, die zum Teil auch in eine ähnliche Richtung wie die ökodesignrechtlichen Anforderungen der jeweiligen delegierten Verordnungen gehen.[29]

Anders ist es hingegen bei den unionsrechtlichen Vorgaben zur Stoffsicherheit. Die Stoffsicherheit wird grundsätzlich als anerkanntes Element der Produktnachhaltigkeit angesehen, da sie sich auf die – den Chemikalien innewohnenden – Gesundheits- oder Umweltgefahren bei spezifischer oder genereller Exposition gründet. Da das Chemikalienrecht der Union aber bereits für bestimmte Stoffe oder Gemische Beschränkungen und Vorgaben vorsieht, darf mit der ESPR die Ver-

27 Vgl. Wiebe/Daelen, in: „Die neue EU-Ökodesignverordnung im Überblick“, ESG 2024, 359, 364.

28 Vgl. Wiebe/Daelen, in: „Die neue EU-Ökodesignverordnung im Überblick“, ESG 2024, 359, 360.

29 Vgl. Wiebe/Daelen, in: „Die neue EU-Ökodesignverordnung im Überblick“, ESG 2024, 359, 360.

wendung von Stoffen nicht vordergründig wegen Belangen der Stoff- oder Lebensmittelsicherheit beschränkt werden.[30] Die Beschränkung wegen einer (negativen) Auswirkung auf die Nachhaltigkeit sowie die Festlegung von Leistungs- oder Aufklärungsanforderungen, die die Risiken für die Gesundheit des Menschen oder die Umwelt verringern können, sollen aber unter bestimmten Bedingungen ergänzend möglich bleiben.[31] Daneben sieht der europäische Gesetzgeber für die ESPR vor, dass diese Verordnung die Verwendungseinschränkungen von bestimmten gefährlichen Stoffen in Elektro- und Elektronikgeräten nach der Richtlinie 2011/65/EU (sog. RoHS-Richtlinie), die neben dem Schutz der Gesundheit des Menschen auch den Umweltschutz – einschließlich der umweltgerechten Verwertung und Beseitigung von Elektro- und Elektronik-Altgeräten – als Regelungsziele verfolgt[32], gegebenenfalls ergänzen, aber nicht duplizieren oder ersetzen soll.[33]

2.3 Anwendungsbereich

Der Anwendungsbereich der ESPR ist im Gegensatz zu demjenigen der Ökodesign-RL in sachlicher Hinsicht wesentlich umfassender und weitreichender ausgestaltet. Aber auch der persönliche Anwendungsbereich zeichnet sich durch mehrere Erweiterungen und Konkretisierungen aus, die die Pflichten der Wirtschaftsteilnehmer künftig ausweiten und verschärfen werden.

2.3.1 Erfasste Produktgruppen

Im Fokus der aufgehobenen Ökodesign-RL lagen die energieverbrauchsrelevanten Produkte, für die sie einen Rechtsrahmen für die Festlegung gemeinschaftlicher Ökodesign-Anforderungen geschaffen hat (vgl. Art. 1. Abs. 1 Ökodesign-RL). Diese energieverbrauchsrelevanten Produkte definierte die vormalige Richtlinie gem. Art. 2 Nr. 1 als in Verkehr gebrachte und/oder in Betrieb genommene Gegenstän-

30 Vgl. Erwägungsgrund (26) der ESPR.
31 Vgl. Erwägungsgrund (26) der ESPR.
32 Vgl. Art. 1 Richtlinie 2011/65/EU.
33 Vgl. Erwägungsgrund (26) der ESPR.

de, deren „*Nutzung den Verbrauch von Energie in irgendeiner Weise beeinflusst*". Hiervon umfasst waren auch Bauteile eines Produktes, die zum Einbau bestimmt waren und als Einzelteile für Endnutzer in Verkehr gebracht und/oder in Betrieb genommen werden konnten und bei denen eine getrennte Überprüfung ihrer Umweltverträglichkeit möglich war.

Die ESPR weitet diesen, auf energieverbrauchsrelevante Produkte beschränkten, Geltungsbereich der Ökodesign-RL erheblich aus und umfasst von nun an nach Art. 1 Abs. 1 ESPR

> „*alle physischen Waren, die in Verkehr gebracht oder in Betrieb genommen werden, einschließlich Bauteile [Produkte, die zum Einbau in ein anderes Produkt bestimmt sind*[34]*] und Zwischenprodukte [Produkte, die einer weiteren Handhabung/Verarbeitung bedürfen*[35]*]*".

Auf einen unmittelbaren Verbrauch von Energie durch das Produkt (wie z.B. bei einem Staubsauger oder einer Wasserpumpe) kommt es nicht an. Somit gehören Waren jeglicher Art wie Textilien, Farben, Reinigungsmittel, Elektrogeräte, Elektrofahrräder und Elektroroller[36] sowie auch digitale Inhalte, sofern sie integraler Bestandteil des betreffenden physischen Produkts sind, zu den Produkten i. S. d. ESPR.[37] Ausgenommen von diesem weiten Produktbegriff ist nach Art. 1 Abs. 2 Buchst. a) bis h) ESPR aber eine Reihe an Erzeugnissen menschlichen (wie etwa Zellen, Gewebe, Blut), tierischen und pflanzlichen Ursprungs sowie auch – eingeschränkt – Fahrzeuge. Abbildung 6 zeigt die von dem weiten Anwendungsbereich des ESPR erfassten sowie ausdrücklich ausgenommenen Produkte.

34 Art. 2 Nr. 2 ESPR.
35 Art. 2 Nr. 3 ESPR.
36 Vgl. Erwägungsgrund (13) der ESPR.
37 Vgl. Erwägungsgrund (13) der ESPR.

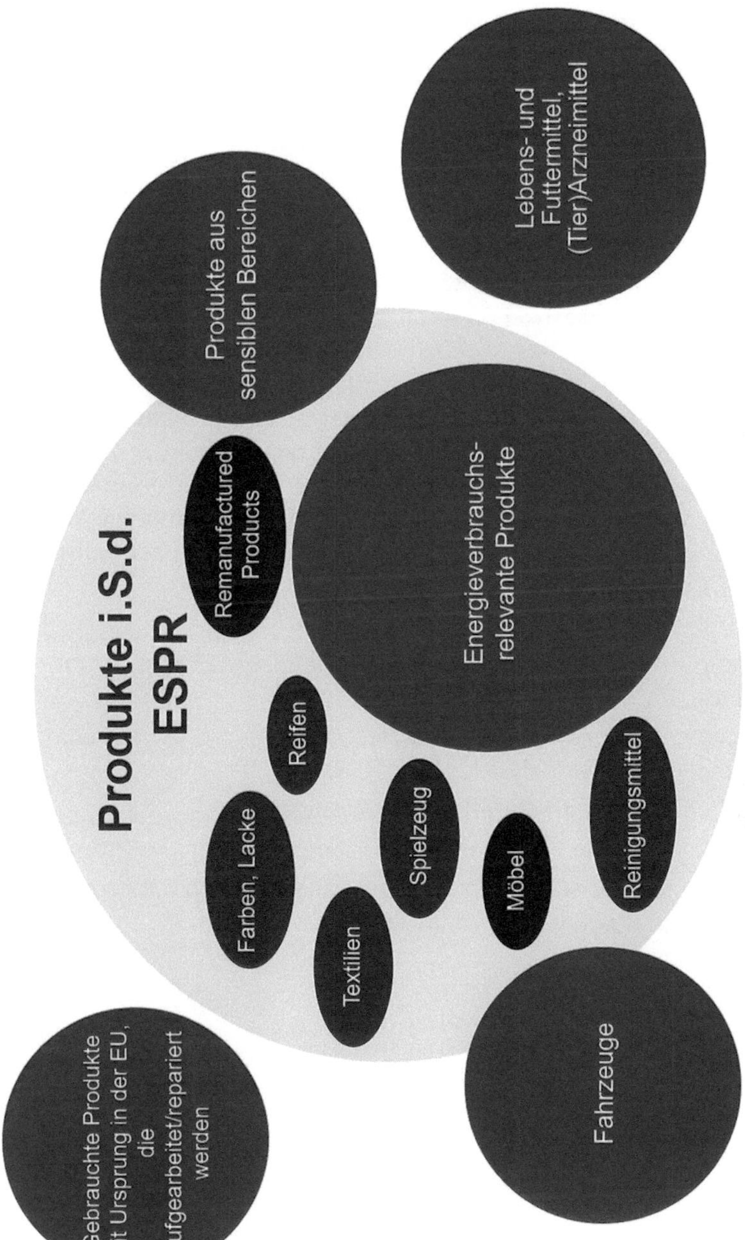

Abb. 6: Übersicht der von der ESPR geregelten Produkte sowie besonderer Ausnahmen.

2.3.1.1 Eingeschränkte Anwendung auf Fahrzeuge

Der weite Produktbegriff des ESPR umfasst grundsätzlich auch Fahrzeuge und Fahrzeugteile (wie etwa Reifen, Scheibenwischer oder Folierungen), schließt aber bestimmte Fahrzeugarten vom Anwendungsbereich dieses Gesetztes ausdrücklich aus.

Der Ausschluss für Fahrzeuge nach Art. 1 Abs. 2 Buchst. h) ESPR betrifft nur die von den Verordnungen (EU) Nr. 167/2013, (EU) Nr. 168/2013 und (EU) 2018/858 geregelten Fahrzeugtypen, soweit für diese in sektorspezifischen Rechtsakten der Union Anforderungen für Produktaspekte auch tatsächlich festgelegt werden. Ausgenommen sind demnach land- und forstwirtschaftliche Fahrzeuge[38], zwei- oder dreirädrige und vierrädrige Fahrzeuge der Klasse L[39] und Kraftfahrzeuge der Klassen M und N sowie Kraftfahrzeuganhänger der Klasse O[40]. Fahrzeugarten, die von dem Regelungsumfang der drei fahrzeugbezogenen Verordnungen nicht umfasst sind und dadurch wieder dem Anwendungsbereich der ESPR unterfallen, sind demnach beispielsweise die Folgenden:

- Kettenfahrzeuge[41]
- Fahrzeuge mit einer bauartbedingten Höchstgeschwindigkeit von bis zu 6 km/h[42]
- Fahrzeuge, die ausschließlich zur Benutzung durch körperbehinderte Personen bestimmt sind[43]
- ausschließlich fußgängergeführte Fahrzeuge[44]
- selbstbalancierende Fahrzeuge[45] (z. B. **Segways**)
- Fahrzeuge, die ausschließlich für den Einsatz durch die Streitkräfte konstruiert und gebaut oder dafür angepasst wurden.[46]

---

38 Vgl. Art. 2 Abs. 1 Verordnung (EU) Nr. 167/2013.
39 Vgl. Art. 2 Abs. 1 Verordnung (EU) Nr. 168/2013.
40 Vgl. Art. 2 Abs. 1 Verordnung (EU) 2018/858.
41 Art. 2 Abs. 2 Buchst. c) Verordnung (EU) 2018/858.
42 Art. 2 Abs. 2 Buchst. a) Verordnung (EU) Nr. 168/2013.
43 Art. 2 Abs. 2 Buchst. b) Verordnung (EU) Nr. 168/2013.
44 Art. 2 Abs. 2 Buchst. c) Verordnung (EU) Nr. 168/2013.
45 Art. 2 Abs. 2 Buchst. i) Verordnung (EU) Nr. 168/2013.
46 Art. 2 Abs. 2 Buchst. d) Verordnung (EU) 2018/858 und auch teilweise Art. 2 Abs. 2 Buchst. e) Verordnung (EU) Nr. 168/2013.

- Fahrräder mit Pedalantrieb mit Trethilfe, die mit einem elektromotorischen Hilfsantrieb mit einer maximalen Nenndauerleistung von bis zu 250 W ausgestattet sind, dessen Unterstützung unterbrochen wird, wenn der Fahrer im Treten einhält, und dessen Unterstützung sich mit zunehmender Fahrzeuggeschwindigkeit progressiv verringert und unterbrochen wird, bevor die Geschwindigkeit des Fahrzeugs 25 km/h erreicht[47], also **Elektrofahrräder**
- Fahrzeuge, bei denen sich der R-Punkt (= Sitzbezugspunkt) in einer Sitzposition des Fahrers bei den Klassen L1e, L3e und L4e in einer Höhe von ≤ 540 mm oder bei den Klassen L2e, L5e, L6e und L7e in einer Höhe von ≤ 400 mm befindet[48]

Der europäische Gesetzgeber begründet seine Entscheidung, diese verschiedenen Fahrzeugarten von dem Anwendungsbereich der ESPR auszuschließen, damit, dass für diese Fahrzeugarten eine Vielzahl an produktspezifischen Anforderungen und unterschiedlichen harmonisierten Typgenehmigungssystemen im Rahmen von Rechtsakten der Union geregelt und vorgegeben werden und diese Anforderungssysteme weiter Bestand haben sollen. Zusätzliche harmonisierte Anforderungen für Fahrzeuge können somit auf Basis der ESPR getroffen werden, sie dürfen sich aber nur auf Aspekte beziehen, die bislang von den bestehenden Unionsvorschriften nicht geregelt werden, wie etwa die umweltbezogenen Anforderungen an **Reifen**.[49]

2.3.1.2 Eingeschränkte Anwendung auf Produkte aus sensiblen Bereichen

Die neue Verordnung umfasst grundsätzlich nach Art. 1 Abs. 2 ESPR sämtliche denkbaren physischen Warenarten, also neben Produkten des täglichen Gebrauchs auch Produkte aus besonders sensiblen Wirtschaftssektoren, wie etwa Verteidigungsgüter, Medizinprodukte oder Raumfahrttechnologie.

Da aber insbesondere Verteidigungsgüter dazu geeignet sein müssen, unter zumeist schwierigen Bedingungen eingesetzt zu werden, und Informationen über solche Produkte auch nicht der Öffentlichkeit ohne

47 Art. 2 Abs. 2 Buchst. h) Verordnung (EU) Nr. 168/2013.
48 Art. 2 Abs. 2 Buchst. k) Verordnung (EU) Nr. 168/2013.
49 Vgl. Erwägungsgrund (13) der ESPR.

weiteres zugänglich gemacht werden dürfen, um den Landesschutz und die Sicherheit zu gewährleisten, differenziert die ESPR zwischen Produkten, die einzig der Verteidigung oder der nationalen Sicherheit dienen, und anderen militärischen oder sensiblen Waren nach der Richtlinie 2009/81/EG. Für Letztere ist es grundsätzlich möglich, Ökodesign-Anforderungen auf Basis der ESPR festzusetzen, wobei die Merkmale des Verteidigungsmarktes und auch die Sicherheitserfordernisse Berücksichtigung finden müssen.[50] Verteidigungsgüter, die hingegen den alleinigen Zweck haben, die Verteidigung oder die nationale Sicherheit zu unterstützen, sind Produktgruppen, für die nach Art. 5 Abs. 5 ESPR ausdrücklich keine Ökodesign-Anforderungen vorgegeben werden dürfen.

Für die Bereiche der Raumfahrt- und der Medizinprodukteindustrie sieht der Gesetzgeber keinen Ausschluss vor, bringt aber in seinen Überlegungen aus den Erwägungsgründen zum Ausdruck, dass er besondere Bewertungskriterien an die Schaffung von Ökodesign-Anforderungen für diese Produktgruppen knüpft:

> *„Da Raumfahrttechnologien unter extremen Bedingungen eingesetzt werden, müssen bei etwaigen Ökodesign-Anforderungen für Raumfahrtprodukte Nachhaltigkeitsaspekte gegen Resilienz und erwartete Leistung aufgewogen werden. Bei Medizinprodukten im Sinne des Artikels 2 Nummer 1 der Verordnung (EU) 2017/745 [...] und In-vitro-Diagnostika im Sinne des Artikels 2 Nummer 2 der Verordnung (EU) 2017/746 [...] sollte die Kommission ferner berücksichtigen, dass die Gesundheit und Sicherheit von Patienten und Nutzern nicht beeinträchtigt werden darf. Darüber hinaus sollte die Kommission bei der Bewertung der Merkmale des Marktes und der Ausarbeitung von Ökodesign-Anforderungen bestrebt sein, nationale Besonderheiten wie die unterschiedlichen klimatischen Bedingungen in den Mitgliedstaaten und die in den Mitgliedstaaten angewandten Verfahren und Technologien mit nachweislich positiven Umweltauswirkungen zu berücksichtigen.“*[51]

---

50 Vgl. Erwägungsgrund (19) der ESPR.

51 Erwägungsgrund (19) der ESPR.

Daraus folgt, dass Produktgruppen aus besonders sensiblen Wirtschaftssektoren (z. B. Verteidigungsgüter, Medizinprodukte oder der Raumfahrttechnologie) grundsätzlich vom Anwendungsbereich der ESPR umfasst sind, da sie nicht im abschließend formulierten Ausschlusskatalog des Art. 1 Abs. 2 Buchst. a) bis h) ESPR ausdrücklich genannt werden. Nichtsdestotrotz hat der EU-Gesetzgeber erkannt, dass Ökodesign-Anforderungen für Produkte dieser Wirtschaftsbereiche eines besonderen Augenmerkes bedürfen, weswegen bei der Bestimmung und Festlegung solcher Anforderungen die Art, der Verwendungszweck und die konkreten Produktmerkmale berücksichtigt werden müssen.[52]

2.3.1.3 Gebrauchte Produkte

Nach Art. 1 Abs. 2 ESPR gelten die Vorgaben dieser Verordnung für alle physischen Produkte, die in Verkehr gebracht oder in Betrieb genommen werden sollen. Das Inverkehrbringen ist in diesem Zusammenhang die

> „*erstmalige Bereitstellung eines Produkts auf dem Unionsmarkt*“[53],

das Inbetriebnehmen parallel dazu die

> „*erstmalige bestimmungsgemäße Verwendung eines Produkts in der Union*“.[54]

Ob das Produkt, das erstmals in Verkehr gebracht oder in Betrieb genommen werden soll, neu hergestellt sein muss, oder auch gebraucht sein kann, bleibt an dieser Stelle offen. Jedoch sind Sinn und Zweck der Ökodesign-Anforderungen, dass künftig nachhaltigere und langlebigere Produkte hergestellt werden, die den Erfordernissen einer klimaneutralen und ressourceneffizienten Kreislaufwirtschaft entsprechen und das Abfallaufkommen durch ihr Design verringern.[55] Die neuen Ökodesign-Anforderungen betreffen folglich die Entwicklung, Konzeption, Design und Herstellung neuer Produkte. Gebrauchte Pro-

52 Vgl. Wiebe/Daelen, in: „Die neue EU-Ökodesignverordnung im Überblick“, ESG 2024, 359 f.; Erwägungsgrund (19) der ESPR.

53 Art. 2 Nr. 40 ESPR.

54 Art. 2 Nr. 40 ESPR.

55 Erwägungsgrund (6) der ESPR.

dukte sind hingegen bereits hergestellt worden und können die neuen ökodesignrechtlichen Anforderungen allenfalls nur durch eine vollständige Wiederaufbereitung erfüllen.

Auch wenn in dem Ausschlusskatalog des Art. 1 Abs. 2 Buchst. a) bis h) ESPR keine Differenzierung zwischen neu hergestellten und gebrauchten Produkten erfolgt, so sollen dennoch die Ökodesign-Anforderungen nur für neue oder wiederaufgearbeitete Produkte gelten. Im Erwägungsgrund (17) unterscheidet der europäische Gesetzgeber in diesem Zusammenhang – sprachlich leider ungenau – zwischen den Begriffen „aufgearbeitet oder repariert" (in der englischen Sprachversion der ESPR „**refurbishment or repair**") und „wiederaufgearbeitete" (in der englischen Sprachversion der ESPR „**remanufactured products**"):

> *„Bei gebrauchten Produkten, insbesondere Produkten, die **aufgearbeitet oder repariert** werden und ihren Ursprung in der Union haben, handelt es sich nicht um neue Produkte, und sie können im Binnenmarkt in Verkehr gebracht werden, ohne die delegierten Rechtsakte einhalten zu müssen, in denen die Ökodesign-Anforderungen festgelegt sind, die nach ihrem Inverkehrbringen in Kraft getreten sind. **Wiederaufgearbeitete** Produkte gelten jedoch als neue Produkte und werden Ökodesign-Anforderungen unterliegen, wenn sie in den Anwendungsbereich eines delegierten Rechtsakts fallen."*[56]

Diese unterschiedlichen Begrifflichkeiten finden sich – in der deutschen Version der ESPR inkonsistent – auch im weiteren Verordnungstext wieder. So wird die Wiederaufarbeitung in Art. 2 Nr. 16 ESPR definiert als

> *„Tätigkeiten, durch die ein neues Produkt aus Gegenständen hergestellt wird, bei denen es sich um Abfälle, Produkte oder Bauteile handelt, und durch die mindestens eine Änderung vorgenommen wird, die sich erheblich auf die Sicherheit, die Leistung, den Zweck oder die Art des Produkts auswirkt"*.

Die Instandsetzung, ein Terminus der mit dem Begriff „Aufarbeitung" aus dem Erwägungsgrund (17) nicht übereinstimmt, aber mit Blick

56 Erwägungsgrund (17) der ESPR.

auf die englische Sprachversion „refurbishment“) so beabsichtigt war[57], beinhaltet hingegen begrifflich nach Art. 2 Nr. 18 ESPR die

> „*Maßnahmen zur Vorbereitung, Reinigung, Prüfung, Wartung und erforderlichenfalls zur Reparatur eines Gegenstands oder entsorgten Produkts, um seine Leistung oder seine Funktionalität, die im Rahmen des in der Produktentwicklungsphase ursprünglich vorgesehenen Verwendungszwecks und Leistungsbereichs festgelegt wurde und zum Zeitpunkt des Inverkehrbringens des Produkts galt, wiederherzustellen*“.

Die Reparatur ist demgegenüber gem. Art. 2 Nr. 20 ESPR

> „*eine oder mehrere Maßnahmen, die durchgeführt werden, um ein fehlerhaftes Produkt oder Abfall in einen Zustand zurückzuversetzen, in dem der vorgesehene Verwendungszweck erfüllt wird*“.

Sobald also aus (Produkt)Teilen oder Abfällen ein gänzlich neues Produkt hergestellt wird und dieses neue Produkt durch die Herstellungsweise eine wesentliche Veränderung erfährt, ist es ein Produkt i. S. d. Art. 2 Nr. 1 ESPR. Andere Arbeiten am Produkt, seien es etwa Reinigungs- oder Reparaturarbeiten, die die Kernelemente des Produktes (Sicherheit, Leistung, Zweck, Art) nicht wesentlich verändern, schaffen dagegen kein „neues“ Produkt.

2.3.1.4 Übersicht des sachlichen Anwendungsbereichs

Die zuvor dargestellten Anforderungen und Besonderheiten des weit gefassten Anwendungsbereiches der neuen ESPR lassen sich mit nachfolgender Prüfreihenfolge, wie in der Abbildung 7 dargestellt, abbilden:

57 Vgl. hierzu auch die Auflistung in Anhang I Buchst. (c) ESPR, welche in der deutschen Sprachversion von „[…] und Instandsetzung […]“ spricht und parallel dazu in der englischen Version von „*[…] and refurbishment […]*“.

Sachlicher Anwendungsbereich der ESPR

1. Physische Ware
   a) Produkt, Bauteil oder Zwischenprodukt?
   b) Bei digitalen Inhalten: integraler Bestandteil des betreffenden physischen Produkts
2. Neuheit
   a) Neu hergestellt?
   b) Neu aus (Produkt)Teilen oder Abfällen hergestellt mit mind. einer wesentlichen Veränderung des Produkts?
   c) Produkt instandgesetzt oder repariert?
3. In den Verkehr gebracht oder in Betrieb genommen
4. Ausschlussregelung des Art. 1 Abs. 2 ESPR

Abb. 7: Prüfschema zum sachlichen Anwendungsbereich der ESPR.

2.3.2 Betroffene Wirtschaftsteilnehmer

Im Vergleich zur aufgehobenen Ökodesign-RL ist der persönliche Anwendungsbereich der ESPR weitreichender und spezifischer auf die unterschiedlichen Handlungsbereiche der adressierten Wirtschaftsteilnehmer gerichtet und verpflichtet nun auch solche Akteure, die außerhalb der EU handeln.[58]

2.3.1.1 Wirtschaftsteilnehmer

Unmittelbar von den neuen Regelungen betroffen sind sämtliche Wirtschaftsteilnehmer, zu denen nach Art. 2 Nr. 46 ESPR Hersteller, Bevollmächtigte, Importeure, Vertreiber sowie auch Händler und Fulfilment-Dienstleister gehören. Der Begriff der „*Wirtschaftsteilnehmer*" ist ein vom EU-Gesetzgeber für die Zwecke dieser Verordnung neu geschaffener Rechtsbegriff, der den Kreis der Verpflichteten nach der vormaligen Ökodesign-RL[59] aufgreift, um diesen um weitere Akteure[60] zu erweitern und sie unter ein und denselben Oberbegriff zu fassen. Vereinzelt wird in der deutschen Sprachfassung der ESPR statt

58 Vgl. Burchert/Brohm, in: „Ökodesign-Anforderungen – das unbekannte Wesen?", ESG 2024, 323 f.

59 Zu dem der Hersteller, der Bevollmächtigte und der Importeur gehören, vgl. Art. 4 f. Ökodesign-RL.

60 Wie dem Vertreiber, Händler und Fulfilment-Dienstleister.

des Begriffes der „Wirtschaftsteilnehmer“ der der „*Wirtschaftsakteure*“[61] verwendet. Da aber an den jeweils entsprechenden Passagen in der englischen Version der Verordnung stets die Rede von einem „*economic operator*“ ist, ist davon auszugehen, dass die Verwendung des Begriffs der „*Wirtschaftsakteure*“ in der deutschen ESPR nur eine übersetzungstechnische Ungenauigkeit darstellt und der Begriff synonym zu dem der „*Wirtschaftsteilnehmer*“ zu verstehen ist.

Bei einem Vergleich des Herstellerbegriffs nach der ESPR[62] und dem der Ökodesign-RL[63] fällt auf, dass die neue ESPR im Hinblick auf die Produktentwicklungstätigkeiten weiter gefasst ist und keine Beschränkung auf einen bestimmten Zweck enthält. Die Abbildung 8 zeigt eine Gegenüberstellung der Definitionen des Herstellerbegriffs.

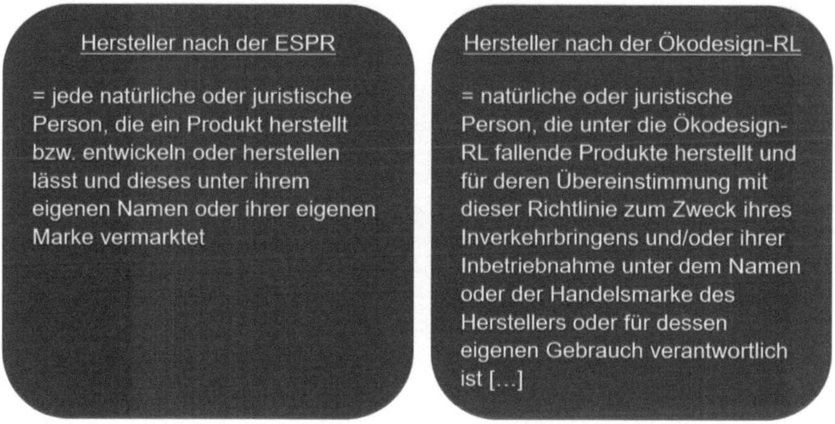

Abb. 8: Gegenüberstellung der Herstellerbegriffe der ESPR und der Ökodesign-RL.

Die Definitionen des Importeurs und des Bevollmächtigten nach Art. 2 Nr. 43 und 44 ESPR unterscheiden sich hingegen zwar sprachlich leicht zu denen der Ökodesign-RL, sind aber im Wesentlichen inhaltlich unverändert geblieben. Ein Importeur ist hiernach gem. Art. 2 Nr. 44 ESPR

61 So etwa in den Erwägungsgründen (31) und (34) der ESPR und in Art. 18 Abs. 3 und Art 23 ESPR.

62 Vgl. Art. 2 Nr. 42 ESPR.

63 Vgl. Art. 2 Nr. 6 Ökodesign-RL.

„jede in der Union ansässige natürliche oder juristische Person, die ein Produkt aus einem Drittstaat auf dem Unionsmarkt in Verkehr bringt“.[64]

Der Bevollmächtigte ist nach Art. 2 Nr. 43 ESPR

„eine in der Union ansässige natürliche oder juristische Person, die vom Hersteller schriftlich beauftragt wurde, in dessen Namen bestimmte Aufgaben in Erfüllung der Pflichten des Herstellers gemäß dieser Verordnung wahrzunehmen“.[65]

Demgegenüber sind die Wirtschaftsteilnehmer *„Vertreiber“*, *„Händler“* und besonders herausstechend der *„Fulfilment-Dienstleister*[66]*“* gänzlich neue Rechtsbegriffe, die im Vergleich zu den bisherigen Regelungen der Ökodesign-RL erstmalig im Zusammenhang mit Ökodesignanforderungen von Produkten stehen.

Ein Vertreiber ist nach Art. 2 Nr. 45 ESPR

„jede natürliche oder juristische Person in der Lieferkette, die ein Produkt auf dem Markt bereitstellt, mit Ausnahme des Herstellers und des Importeurs“.

Aufbauend darauf ist der Händler gem. Art. 2 Nr. 55 ESPR

„ein Vertreiber oder eine sonstige natürliche oder juristische Person, die im Rahmen einer Geschäftstätigkeit, auch im Fernabsatz, Produkte an bzw. für Endnutzer zum Kauf, zur Miete oder zum Ratenkauf anbietet oder ausstellt; dies umfasst auch alle natürlichen oder juristischen Personen, die im Rahmen einer Geschäftstätigkeit ein Produkt in Betrieb nehmen“.

---

64 Nach Art. 2 Nr. 8 Ökodesign-RL ist ein Importeur *„eine in der Gemeinschaft niedergelassene natürliche oder juristische Person, die ein aus einem Drittstaat stammendes Produkt in der Gemeinschaft im Rahmen ihrer Geschäftstätigkeit in Verkehr bringt“.*

65 Nach Art. 2 Nr. 7 Ökodesign-RL ist ein Bevollmächtigter *„eine in der Gemeinschaft niedergelassene natürliche oder juristische Person, die vom Hersteller schriftlich beauftragt worden ist, in seinem Namen den mit dieser Richtlinie verbundenen Verpflichtungen und Förmlichkeiten vollständig oder teilweise nachzukommen“.*

66 Siehe Legaldefinition in Art. 2 ESPR i. V. m. Art. 3 Nr. 11 Verordnung (EU) 2019/1020.

Ein Fulfilment-Dienstleister ist nach Art. 2 ESPR i. V. m. Art. 3 Nr. 11 Verordnung (EU) 2019/1020

> *„jede natürliche oder juristische Person, die im Rahmen einer Geschäftstätigkeit mindestens zwei der folgenden Dienstleistungen anbietet: Lagerhaltung, Verpackung, Adressierung und Versand von Produkten, an denen sie kein Eigentumsrecht hat, ausgenommen Postdienste im Sinne von Artikel 2 Nummer 1 der Richtlinie 97/67/EG […], Paketzustelldienste im Sinne von Artikel 2 Nummer 2 der Verordnung (EU) 2018/644 […] und alle sonstigen Postdienste oder Frachtverkehrsdienstleistungen“.*

Aus dem Personenkreis der Fulfilment-Dienstleister werden damit ausdrücklich Post-, Paketzustell- und Frachtverkehrsdienste ausgenommen.

2.3.1.2 Weitere Marktakteure

Bestimmte weitere Marktakteure, die zwar nicht zu dem Kreis der nach ESPR unmittelbar Verpflichteten gehören, denen jedoch im gegenwärtigen Wirtschaftsgeschehen eine wichtige Rolle zugeschrieben wird, werden ebenfalls vom europäischen Gesetzgeber neu definiert. Dazu gehören zum einen die „unabhängigen Wirtschaftsteilnehmer“, der „Digitalproduktpass-Dienstleister“ sowie auch die „Anbieter eines Online-Marktplatzes“.

Mit dem Begriff der „unabhängigen Wirtschaftsteilnehmer“ gem. Art. 2 Nr. 47 ESPR beschreibt der Gesetzgeber eine natürliche oder juristische Person,

> *„die unabhängig vom Hersteller ist und die direkt oder indirekt an der Instandsetzung, Reparatur, Wartung oder Umnutzung eines Produkts beteiligt ist, einschließlich Abfallbewirtschaftern, Instandsetzungsbetrieben, Reparaturbetrieben, Herstellern oder Vertreibern von Reparaturausstattung, Werkzeugen bzw. Ersatzteilen sowie Herausgebern von technischen Informationen, Anbietern von Inspektions- und Prüfdienstleistungen und Einrichtungen für die Aus- und Weiterbildung von Errichtern, Herstellern und Reparaturbetrieben mit Blick auf Geräte“.*

Dieser unabhängige Wirtschaftsteilnehmer spielt jedoch nur im Rahmen der Anforderungen an die technische Gestaltung und den Einsatz des digitalen Produktpasses gem. Art. 11 Buchst. b) ESPR eine Rolle, er zählt aber nicht zu dem Kreis der Wirtschaftsteilnehmer, die verschiedenen Pflichten nach der ESPR unterworfen sind.

Ein anderer Akteur ist der „Digitalproduktpass-Dienstleister“, der – wie der Rechtsbegriff schon vermuten lässt – die digitalen Produktpassdaten für ein Produkt i. S. d. ESPR verarbeitet und zur Verfügung stellt[67].

Zuletzt ist noch der sog. „Anbieter eines Online-Marktplatzes“ zu erwähnen, der nach Art. 2 Nr. 54 ESPR einen Vermittlungsdienst anbietet, der

> *„unter Einsatz einer Online-Schnittstelle bereitgestellt wird, die es Kunden ermöglicht, mit Wirtschaftsteilnehmern Fernabsatzverträge über den Verkauf von Produkten zu schließen, die unter die gemäß Artikel 4 erlassenen delegierten Rechtsakte fallen*“.

Diesem Marktakteur werden mit Art 35 ESPR – in Ergänzung zu dem von der Richtlinie 2000/31/EG und der Verordnung (EU) 2022/2065 (sog. „Digital Services Act“ oder kurz „DSA“[68]) geschaffenen Rechtsrahmen – verschiedene Handlungspflichten auferlegt. Begründet wird dies damit, dass nach Auffassung des Gesetzgebers dem Anbieter eines Online-Marktplatzes in der Lieferkette eine entscheidende Rolle zukommt, weil gerade er es den anderen Wirtschaftsteilnehmern ermöglicht, eine große Zahl an Kunden über die Landesgrenzen hinweg zu erreichen. Aufgrund dieser beträchtlichen Wirtschaftsmacht und Einflussnahmemöglichkeiten sollen solche Anbieter zur Zusammenarbeit mit Marktüberwachungsbehörden verpflichtet werden und sogar

---

67 Art. 2 Nr. 32 ESPR: „„„Digitalproduktpass-Dienstleister“ [ist] eine natürliche oder juristische Person, die ein Dritter ist, die im Auftrag des Wirtschaftsteilnehmers, der das Produkt in Verkehr bringt oder in Betrieb nimmt, die digitalen Produktpassdaten für dieses Produkt verarbeitet, um diese Daten Wirtschaftsteilnehmern und anderen relevanten Akteuren zur Verfügung zu stellen, die nach dieser Verordnung oder anderen Unionsvorschriften ein Recht auf Zugang zu diesen Daten haben“.

68 i.F. DSA.

verantwortlich für den Verkauf von Produkten, die nicht den Ökodesign-Anforderungen entsprechen, gemacht werden können.[69]

2.4 Ökodesign-Anforderungen an Produkte

Der neue Rechtsrahmen für die Ökodesign-Anforderungen nach Art. 5 ESPR – materiell-rechtlich müssen diese noch mittels delegierter Rechtsakte gem. Art. 4 ESPR inhaltlich ausgefüllt werden – bildet das Kernelement der neuen europäischen Verordnung. Ziel dieser Ökodesign-Anforderungen ist es, konkrete, in Art. 5 Abs. 1 Buchst. a) bis p) ESPR abschließend aufgelisteten Produktaspekte zu verbessern, um den Umweltauswirkungen der betreffenden Produktgruppen entgegenzuwirken. [70]

2.4.1 Ziel der Verbesserung von Produktaspekten

Mit der ESPR verfolgt der europäische Gesetzgeber das grundlegende Ziel, Umweltauswirkungen von Produkten entgegenzuwirken und diese zu minimieren. Um das zu bewerkstelligen, werden künftig konkrete produktbezogene Ökodesign-Anforderungen in den gemäß Art. 4 ESPR zu erlassenden delegierten Rechtsakten so gestaltet sein, dass sie die mit nachfolgender Abbildung 9 dargestellten Produktaspekte verbessern:

69 Vgl. Erwägungsgrund (70) der ESPR und Art. 35 ESPR.
70 Vgl. Art. 5 Abs. 1 ESPR.

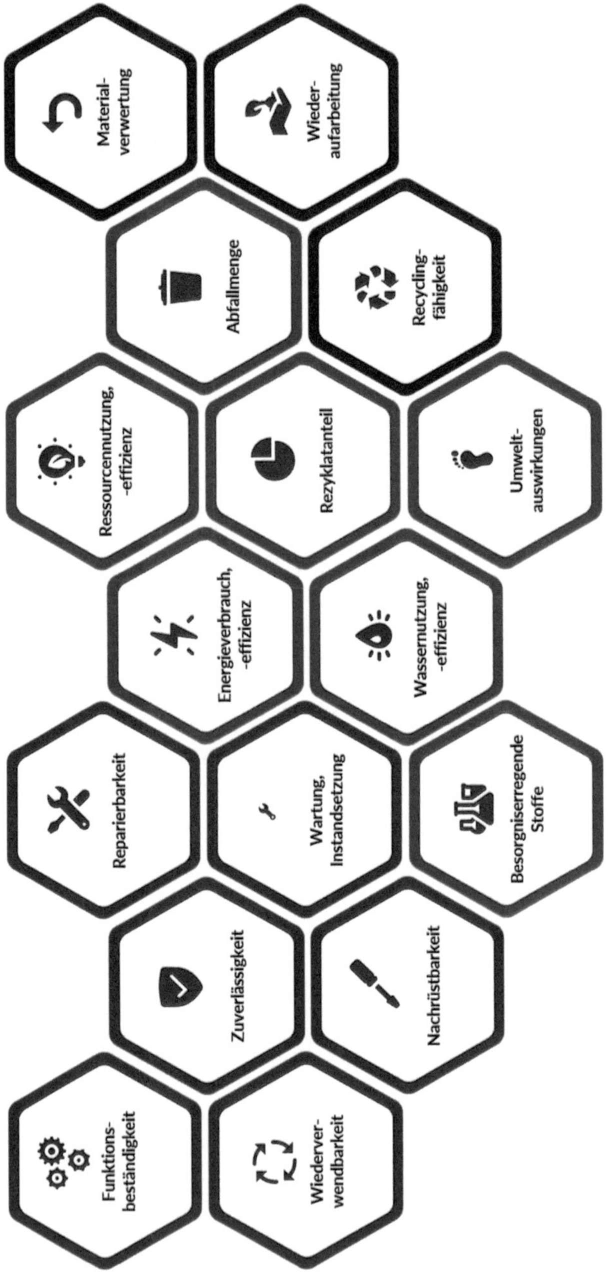

Abb. 9: Übersicht der verbesserungsbedürftigen Produktaspekte.

Diese in der „*Grundregelung für Ökodesign-Anforderungen*“[71] nach Art. 5 Abs. 1 Buchst. a) bis p) ESPR aufgelisteten nachhaltigkeitsrelevanten 16 Produktaspekte müssen aber nicht alle gleichzeitig bei jedem Produkt verbessert werden. Nur wenn diese Produktaspekte für die betreffende Produktgruppe relevant sind, werden sie im Rahmen der Ökodesign-Anforderungen eine Rolle spielen.

Diese Auflistung an produktbezogenen Aspekten, die es durch Ökodesign-Anforderungen zu verbessern gilt, ist im Vergleich zu derjenigen der Ökodesign-RL (beispielsweise im Hinblick auf den CO_2-Fußabdruck oder den Rezyklatanteil der im Produkt verwendeten Stoffe) weitaus umfassender ausgestaltet.[72] Durch eine Verbesserung dieser Produktaspekte soll jeglichen positiven oder auch negativen Veränderungen der Umwelt durch ein Produkt, bezogen auf dessen gesamten Lebenszyklus (= „Umweltauswirkung“ gem. Art. 2 Nr. 14 ESPR), entgegengesteuert werden. Die Anforderungen der ESPR umfassen damit so gut wie alle denkbaren Umwelt- und Ressourcenschutzaspekte eines Produktes während seines gesamten Lebenszyklus.[73]

Eine Beschränkung erfährt dieser vielseitige und umfassende Produktaspekte-Katalog dadurch, dass nach Art. 5 Abs. 1 ESPR bei jeder Produktgruppe die Frage nach der Relevanz gestellt werden muss. Nur jeweils relevante Produktaspekte müssen berücksichtigt werden. Sind beispielsweise der „Energieverbrauch und die Energieeffizienz“ für bestimmte Textilwaren nicht relevant, muss dieser Aspekt auch nicht verbessert werden.

2.4.2 Zusätzliche Verhinderung einer vorzeitigen Obsoleszenz

Vorzeitige oder geplante Obsoleszenz (abstammend vom lateinischen Verb „obsolescere“, der sich mit „veralten“, „sich abnutzen“ oder „an Wert/Ansehen verlieren“ übersetzen lässt) bedeutet, dass bei einem

71 Wiebe/Daelen, in: „Die neue EU-Ökodesignverordnung im Überblick“, ESG 2024, 359, 361.

72 Vgl. Burchert/Brohm, in: „Ökodesign-Anforderungen – das unbekannte Wesen?“, ESG 2024, 323.

73 Vgl. Petersen/Massow, in: „Die EU-Ökodesign-Verordnung und das „Warenvernichtungsverbot““, ZUR 2023, 67 f.

Produkt der vorzeitige Verschleiß gezielt einprogrammiert bzw. eingebaut wird. Dieses Phänomen ist vor allem bei Elektro- und Elektronikgeräten oder auch Textilien zu beobachten, deren Lebensdauer sich im Laufe der Jahre zusehends verkürzt hat, sodass die Vermutung einer bewusst vom Hersteller eingebauten oder designten vorzeitigen Obsoleszenz naheliegt.

Diese Problematik der vorzeitigen Obsoleszenz war bereits seit dem Jahr 2013 auf der Agenda des Europäischen Wirtschafts- und Sozialausschusses (EWSA)[74] zu finden, der sich damals mit der Bekämpfung der praktizierten Obsoleszenz von Produkten zu befassen begann.[75] Einzug in die vormalige Ökodesign-RL fand die vorzeitige Produkt-Obsoleszenz jedoch nicht.

Da eine frühzeitige Obsoleszenz von Produkten aber dazu führt, dass mehr Abfälle produziert werden und zugleich mehr Materialien und Energie für die Produktion neuer Produkte erforderlich sind, wirkt sich dies insgesamt negativ auf die Umwelt aus.[76] Diese Regelungslücke zum Anlass nehmend, stellte der europäische Gesetzgeber dem übergeordneten Ziel der Verbesserung der in Art. 5 Abs. 1 Buchst. a) bis p) ESPR aufgelisteten nachhaltigkeitsrelevanten Produktaspekte durch Ökodesign-Anforderungen zusätzlich den Art. 5 Abs. 2 ESPR zu Seite.

Hiernach sollen die Ökodesign-Anforderungen auch Vorhaben im Hinblick auf die vorzeitige Obsoleszenz von Produkten enthalten, um dadurch langlebigere Produkte und schlussendlich einen nachhaltigen Konsum zu fördern. Mit der neuen Begrifflichkeit der sog. „vorzeitigen Obsoleszenz“ ist nach Art. 2 Nr. 21. ESPR konkret ein

> *„Produktgestaltungsmerkmal oder ein späteres Tätigwerden oder Unterlassen [gemeint], das dazu führt, dass das Produkt nicht funktionsfähig oder weniger leistungsfähig wird, ohne*

---

74 Auf Englisch als European Economic and Social Committee (EESC) bezeichnet.

75 Vgl. Europäischer Wirtschafts- und Sozialausschuss, in: „Towards more sustainable consumption: industrial product lifetimes and restoring trust through consumer information“, Az. CCMI/112-EESC-2013-1904, 17.10.2013, https://www.eesc.europa.eu/en/our-work/opinions-information-reports/opinions/towards-more-sustainable-consumption-industrial-product-lifetimes-and-restoring-trust-through-consumer-information (abgerufen am 26.02.2025).

76 Vgl. Erwägungsgrund (7) der ESPR.

dass es sich bei diesen Änderungen der Funktionalität oder Leistung um das Ergebnis normaler Abnutzung handelt".

Aus dieser vorgegebenen Legaldefinition folgt, dass nur die Funktions-Obsoleszenz von dem Begriff der vorzeitigen Obsoleszenz umfasst werden soll. Ausgeklammert wird dadurch die sog. „Stil-Obsoleszenz", also den Umstand, dass ein Produkt aufgrund einer neuen Modellversion oder eines geänderten Stils veraltet und dadurch (subjektiv) für den Verbraucher unattraktiv und unbrauchbar wird.[77]

2.4.3 Ergänzung durch delegierte Rechtsakte

Wie die Anforderungen und Vorgaben an das Ökodesign der konkreten Produktgruppen im Einzelnen materiell-rechtlich ausgestaltet werden, ergibt sich aus der reinen Auflistung der Produktaspekte in Art. 5 Abs. 1 Buchst. a) bis p) ESPR nicht.[78] Dafür hat der EU-Gesetzgeber die sog. delegierten Rechtsakte vorgesehen, die gem. Art. 4 ESPR auf Grundlage der in Anhang I der ESPR genannten Produktparameter ausgestaltet werden sollen und die Aufgabe haben, die in Art. 5 Abs. 1 ESPR genannten Produktaspekte zu verbessern.[79]

2.4.3.1 Zuständigkeit und zeitlicher Ablauf

Die Kommission erhält nach Art. 4 Abs. 1 ESPR die Befugnis, diese delegierten Rechtsakte mit produktbezogenen Ökodesign-Anforderungen gem. Art. 72 ESPR zu erlassen. Sie ist aber hierdurch nicht befugt, einen ablehnenden delegierten Rechtsakt zu erlassen, in dem geregelt wird, dass für eine bestimmte Produktgruppe keine Öko-

77 So wird etwa in einer Präsentation des Teamleiters für nachhaltige Produkte, Kreislaufwirtschaft, Generaldirektion Umwelt (DG-ENV) der Europäischen Kommission, Pierre Henry, zwischen der „Planned obsolescence", der „Indirect obsolescence", der „Incompatibility obsolescence" und der „Style obsolescence" unterschieden, vgl. Pierre Henry, in: „Sustainable Consumption: Tackling Premature Obsolescence", 10.12.2018, S. 2, https://www.eesc.europa.eu/sites/default/files/files/pierre_henry_-_european_commission_dg_environment_-_sustainable_consumption_-_tackling_premature_obsolescence.pdf (abgerufen am 26.02.2025).

78 Vgl. Burchert/Brohm, in: „Ökodesign-Anforderungen – das unbekannte Wesen?", ESG 2024, 323.

79 Vgl. Art. 5 Abs. 1 ESPR.

design-Anforderungen erforderlich sind (siehe Art. 4 Abs. 3 ESPR). Diese erteilte Befugnis ist zunächst gem. Art. 72 Abs. 2 S. 1 ESPR ab dem 18. Juli 2024 auf einen Zeitraum von fünf Jahren begrenzt, verlängert sich aber stillschweigend immer um weitere fünf Jahre, wenn das Europäische Parlament oder der Rat dem nicht rechtzeitig widersprechen.[80]

Zum zeitlichen Ablauf im Hinblick auf die zu erlassenden delegierten Rechtsakte bietet Art. 4 Abs. 4 und 7 ESPR unmittelbar Hilfestellung: So soll das Inkrafttreten des ersten delegierten Rechtsaktes i. S. d. Art. 4 ESPR nicht vor dem 19. Juli 2025 geschehen.[81] Für die delegierten Rechtsakte gilt darüber hinaus, dass sie zwingend einen Geltungsbeginn von mindestens 18 Monaten nach dem Inkrafttreten vorgeben müssen und nur in ganz begrenzten Ausnahmenfällen eine kürzere Frist für den betreffenden Rechtsakt oder Teile daraus erlaubt ist.[82] Damit ist nachfolgender zeitlicher Ablauf der Ökodesign-Anforderungen nach der ESPR vorgegeben. Die Abbildung 10 gibt den vorgegebenen Zeitstrahl wieder.

Abb. 10: Timeline der ESPR und der zu erlassenden delegierten Rechtsakte.

2.4.3.2 Verfahrensvorgaben an die Kommission für die Ausarbeitung von delegierten Rechtsakten

Weiter regelt Art. 4 Abs. 1 S. 2 ESPR neben bestimmten Mindestbestandteilen eines delegierten Rechtsaktes, dass die Ökodesign-Anforderungen – die nach Art. 8 Buchst. d) ESPR zu den Kernelementen eines delegierten Rechtsaktes gehören – nach den Vorgaben der Art. 5 bis 7 ESPR und Art. 9 bis 15 ESPR bestimmt und festgelegt werden müssen. Die Kommission kann die Bewertung und Bestimmung der

---

80 Siehe Art 72 Abs. 2S. 3 ESPR.
81 Vgl. Art. 4 Abs. 7 ESPR.
82 Vgl. Art. 4 Abs. 4 S. S. 2 ESPR.

produktbezogenen Ökodesign-Vorgaben also nicht frei vornehmen.[83] Sie muss zudem den ihr mit Art. 5 Abs. 10 ESPR auferlegten Pflichten nachkommen und neben der Gewährleistung der Kohärenz mit anderem Unionsrecht kumulativ[84] weitere Faktoren bei der Ausarbeitung der Ökodesign-Anforderungen berücksichtigen. Dazu gehören neben einschlägigem Unionsrecht[85] auch infrage kommendes nationales Umweltrecht[86], internationale Normen oder Übereinkünfte[87], Selbstregulierungsmaßnahmen[88] oder besondere umweltbezogene Ziele und Prioritäten der Union[89]. Berücksichtigt werden müssen ebenfalls besondere einschlägige technische Informationen[90], die gegenwärtig unter anderem die Grundlage für das EU-Umweltzeichen nach der Verordnung (EG) Nr. 66/2010 abbilden, sowie der Schutz vertraulicher Geschäftsinformationen[91].

Neben diesen berücksichtigungspflichtigen Aspekten hat die Kommission bei ihrer Ausarbeitung der Ökodesign-Anforderungen nach Art. 5 ESPR eine Folgenabschätzung gem. Art. 5 Abs. 10 Buchst. b) durchzuführen, die ebenfalls an verschiedene einzuhaltende Vorgaben geknüpft ist. Die Kommission wird somit mit Art. 5 Abs. 10 ESPR insgesamt dazu verpflichtet, sich mit allen zu berücksichtigenden Aspekten hinreichend inhaltlich zu befassen und sich zudem Wissen darüber anzueignen.[92]

Als letzten Punkt im Rahmen des Anforderungskatalogs an das Ausarbeitungsverfahren regelt Art. 5 Abs. 10 Buchst. e) ESPR, dass die Kommission neben der Kohärenz mit Unionsrecht

83 Vgl. Burchert/Brohm, in: „Ökodesign-Anforderungen – das unbekannte Wesen?“, ESG 2024, 323 f.

84 *„Bei der Ausarbeitung von Ökodesign-Anforderungen sorgt die Kommission für Kohärenz mit anderem Unionsrecht <u>und</u> berücksichtigt Folgendes: […]“*

85 Art. 5 Abs. 10 Buchst. a) ii) ESPR.

86 Art. 5 Abs. 10 Buchst. a), v) ESPR.

87 Art. 5 Abs. 10 Buchst. a), iii) und vi) ESPR.

88 Vgl. Art. 5 Abs. 10 Buchst. a), iv) ESPR.

89 Art. 5 Abs. 10 Buchst. a), i) ESPR.

90 Art. 5 Abs. 10 Buchst. c) ESPR.

91 Art. 5 Abs. 10 Buchst. d) ESPR.

92 Vgl. Burchert/Brohm, in: „Ökodesign-Anforderungen – das unbekannte Wesen?“, ESG 2024, 323 f.

> *„den Standpunkten Rechnung [tragen muss], die in dem in Artikel 19 genannten Ökodesign-Forum und der in Artikel 20 genannten Sachverständigengruppe der Mitgliedstaaten vertreten werden*".

Mit dieser verpflichtend vorgegebenen Einbindung von verschiedenen Stakeholdern will der europäische Gesetzgeber verhindern, dass delegierte Rechtsakte ohne echten Praxisbezug und losgelöst von der Wirkungssphäre der Mitgliedstaaten konzipiert und erlassen werden.[93] Insbesondere die Berücksichtigung der Standpunkte der Sachverständigengruppe i. S. d. Art. 20 ESPR erachtet der Gesetzgeber als derart wichtig, dass er diese Verpflichtung in Art. 72 Abs. 4 ESPR noch einmal macht. Nach Art. 72 Abs. 4 ESPR ist nämlich vor dem Erlass eines jeden delegierten Rechtsakts i. S. d. Art. 4 ESPR die Konsultationspflicht der Sachverständigen der einzelnen EU-Mitgliedsstaaten vorgeschrieben. Zwar sind die Pflichten aus Art. 5 Abs. 10 Buchst. e) ESPR und Art. 72 Abs. 4 ESPR nicht identisch (die bloße Konsultationspflicht nach Art. 72 Abs. 4 ESPR erlaubt grundsätzlich die Nichtbefolgung der ausgesprochenen Empfehlung). Jedoch zeigt diese mehrfache Berücksichtigung und Einbeziehung von Sachverständigen, dass es dem Gesetzgeber daran gelegen ist, umsetzbare und praxistaugliche ökodesignrechtliche Maßnahmen zu entwickeln.[94]

Abschließend regelt Art. 72 Abs. 5 ESPR, dass gleichzeitig mit dem Erlass eines delegierten Rechtsakts dieser dem Europäischen Parlament und dem Rat übermittelt werden muss. Damit fungieren der Rat und das Europäische Parlament als zusätzliche Kontrollinstanz, die die delegierten Rechtsakte inhaltlich überprüfen und Einwände[95] ergeben oder die eingeräumte Befugnis zum Erlass von delegierten Rechtsakten i. S. d. Art. 4 ESPR insgesamt widerrufen[96] können.[97]

---

93 Vgl. Burchert/Brohm, in: „Ökodesign-Anforderungen – das unbekannte Wesen?", ESG 2024, 323 f.

94 Vgl. Burchert/Brohm, in: „Ökodesign-Anforderungen – das unbekannte Wesen?", ESG 2024, 323 f.

95 Vgl. Art. 72 Abs. 6 S. 1 ESPR.

96 Vgl. Art. 72 Abs. 3 ESPR.

97 Vgl. Burchert/Brohm, in: „Ökodesign-Anforderungen – das unbekannte Wesen?", ESG 2024, 323 f.

2.4.3.3 Beteiligung von Wirtschaftsteilnehmern bei der Ausarbeitung von delegierten Rechtsakten

Bereits aus dem im Rahmen der Ausarbeitung der Ökodesign-Anforderungen nach Art. 5 Abs. 10 Buchst. a) iv) ESPR verpflichtend zu berücksichtigenden Faktor der Selbstregulierungsmaßnahmen i. S. d. Art. 21 ESPR wird deutlich, dass Wirtschaftsteilnehmer bei den materiell-ökodesignrechtlichen Verfahren mit einbezogen werden sollen. Sie werden somit in die Lage versetzt. auf die Ausgestaltung der delegierten Rechtsakte i. S. d. Art. 290 AEUV Einfluss zu nehmen.

Neben den Selbstregulierungsmaßnahmen, für die in Art. 21 ESPR eine Reihe an Bedingungen und Regelungen vorgegeben werden, ist das neue Ökodesign-Forum gem. Art. 19 ESPR für Wirtschaftsteilnehmer eine weitere Möglichkeit, sich bei der ökodesignrechtlichen Ausarbeitung delegierter Rechtsakte gem. Art. 5 Abs. 10 Buchst. e) ESPR Gehör zu verschaffen.

2.4.3.3.1 Ökodesign-Forum gem. Art. 19 ESPR

Das neue Ökodesign-Forum, ein Upgrade zu dem vormaligen „Konsultationsforum“ nach Art. 19 Ökodesign-RL, muss nach der neuen Verordnung als Sachverständigengruppe eingesetzt werden und setzt sich – wie mit der Abbildung 11 dargestellt – wie folgt zusammen[98]:

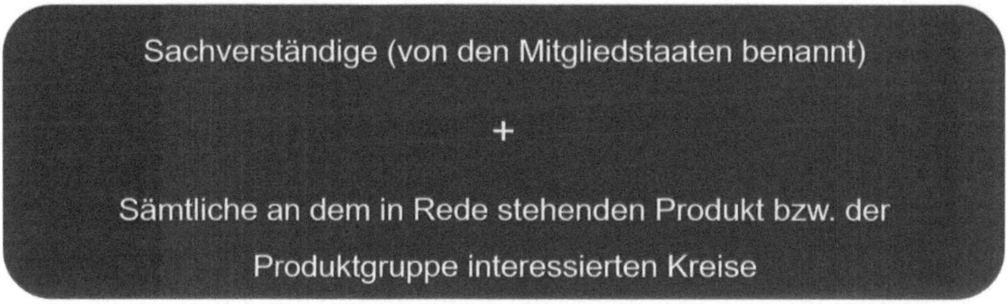

Abb. 11: Übersicht der Zusammensetzung der ESPR-Sachverständigengruppe.

Der Begriff der interessierten Kreise – bereits bekannt aus Art. 18 Ökodesign-RL – ist denkbar weit formuliert und welche substantiellen Hürden das „Interesse“ dieser Kreise überwinden muss, lässt die neue

98 Vgl. Art. 19 S. 2 ESPR.

Verordnung gänzlich offen. Nach der Vorstellung des europäischen Gesetzgebers sollten von diesem Begriff

> „*Vertreter aus der Industrie, auch aus KMU und Handwerk, Sozialunternehmen, Gewerkschaften, Groß- und Einzelhändler, Importeure, Verbraucher- und Umweltorganisationen, Akteure der Kreislaufwirtschaft, europäische Normungsorganisationen sowie Forscher*“[99]

umfasst werden. Diese Auflistung an interessierten Akteuren, die nicht über den Erwägungsgrund (52) hinausgekommen ist, ist als nicht abschließende, beispielhafte Auflistung zu verstehen. Somit sind auch Unternehmen aus anderen Bereichen sowie auch Wirtschaftsverbände oder NGOs denkbare „*interessierte Kreise*“.

Zusammenfassend lässt sich festhalten, dass die von der Ausarbeitung der jeweiligen Ökodesign-Anforderung betroffenen oder selbst nur hieran interessierten Unternehmen die Möglichkeit erhalten, aktiv bei dem Gesetzgebungsprozess mitzuwirken, indem sie bei der Ausarbeitung der Ökodesign-Anforderungen gem. Art. 19 S. 2 Buchst. a) ESPR Beiträge leisten können.

Diese Mitwirkungsmöglichkeit ist zudem nicht nur auf die Erstellung und Bestimmung von Ökodesign-Anforderungen begrenzt. Nach Art. 19 S. 2 Buchst. b) bis e) ESPR darf das Ökodesign-Forum noch zu folgenden Bereichen bzw. To-dos der Kommission inhaltlich beitragen:

- Ausarbeitung von Arbeitsplänen[100]
- Prüfung der Wirksamkeit der festgelegten Marktüberwachungsmechanismen[101]
- Beurteilung von Selbstregulierungsmaßnahmen[102]
- Beurteilung des Verbots der Vernichtung unverkaufter Verbraucherprodukte zusätzlich zu denen der Liste in Anhang VII der ESPR[103].

Die Plätze in dem Ökodesign-Forum werden – gleichsam wie bei dem Konsultationsforum nach dem aufgehobenen Art. 18 Ökodesign-RL –

99 Erwägungsgrund (52) der ESPR.
100 Art. 19 S. 2 Buchst. b) ESPR.
101 Art. 19 S. 2 Buchst. c) ESPR.
102 Art. 19 S. 2 Buchst. d) ESPR.
103 Art. 19 S. 2 Buchst. e) ESPR.

begrenzt sein, weswegen der Zusammenschluss unter geeigneten Verbänden für die betreffenden Unternehmen sinnvoll erscheint. Das vormalige Konsultationsforum auf Basis der Ökodesign-RL umfasste 60 Mitglieder, wobei die Hälfte der Plätze von den „interessierten Kreisen“ eingenommen wurden.[104] Die Bewerbungsphase für das Ökodesign-Forum hat am 7. November 2024 begonnen und wird von der Europäischen Kommission als ständig offener Aufruf zur Einreichung von Bewerbungen geführt.[105] Das Ökodesign-Forum – mit der Gruppenbezeichnung E03969 – hat bereits seine Arbeit aufgenommen und die ersten Treffen fanden am 19. und 20. Februar 2025 statt.[106]

Neben der Mitwirkungsmöglichkeit über das Ökodesign-Forum steht es Unionsbürgern und Unternehmen grundsätzlich immer offen, sich über das EU-Portal https://ec.europa.eu/info/law/better-regulation/have-your-say_de zu bestehenden Rechtsakten und neuen EU-Vorgaben zu äußern und eigene Beiträge abzugeben.[107]

2.4.3.3.2 Selbstregulierungsmaßnahmen gem. Art. 21 ESPR

Das Vorhandensein und die Inhalte von Selbstregulierungsmaßnahmen nach Art. 21 ESPR – eine ähnlich zu der „Selbstregulierung“

---

104 Vgl. Burchert/Brohm, in: „Ökodesign-Anforderungen – das unbekannte Wesen?“, ESG 2024, 323, 325.

105 Vgl. Europäische Kommission, in: „Register of Commission Expert Groups and Other Similar Entities“, https://ec.europa.eu/transparency/expert-groups-register/screen/calls-application?lang=en; Europäische Kommission, in: „Continuously open call for applications for the selection of members and observers of the Group of Experts on Ecodesign for Sustainable Products and Energy Labelling (‚the Ecodesign Forum‘)“, Ref.Ares(2024)7876478 – 06/11/2024 file:///C:/Users/Scharl/Downloads/Ecodesign%20Forum_Call%20for%20applications_final_expert%20group%20register.pdf (beides abgerufen am 25.02.2025).

106 Vgl. Europäische Kommission, in: „Register of Commission Expert Groups and Other Similar Entities“, dort „First meeting of the Group of Experts on Ecodesign for Sustainable Products and Energy Labelling (‚the Ecodesign Forum‘ – E03969) – Wed. 19/02/2025 and Thurs. 20/02/2025 (hybrid format)“, https://ec.europa.eu/transparency/expert-groups-register/screen/meetings/consult?lang=en&meetingId=59861&fromExpertGroups=3969 (abgerufen am 25.02.2025).

107 Vgl. Burchert/Brohm, in: „Ökodesign-Anforderungen – das unbekannte Wesen?“, ESG 2024, 323, 325.

i. S. d. Art. 17 Ökodesign-RL[108] geschaffene *„gültige Alternative zu Regulierungsansätzen“*[109] – sind grundsätzlich bereits wegen der Vorgabe des Art. 5 Abs. 10 Buchst. a) iv) ESPR verpflichtend von der Kommission bei der Ausarbeitung der Ökodesign-Anforderungen zu berücksichtigen. An diese von den Wirtschaftsteilnehmern freiwillig und eigeninitiativ erstellten Maßnahmen wird eine Reihe an strengen Voraussetzungen und Vorgaben geknüpft.

Mit dem neuen Rechtsbegriff der Selbstregulierungsmaßnahme ist nach Art. 2 Nr. 38 ESPR

> *„eine freiwillige Vereinbarung oder ein Verhaltenskodex [gemeint], die bzw. der von Wirtschaftsteilnehmern auf eigene Initiative geschlossen wird und für deren/dessen Durchsetzung sie zuständig sind“*

gemeint. Solche Selbstregulierungsmaßnahmen sind aber nur in den Fällen, in denen ein bestimmtes Produkt nicht dem Geltungsbereich eines nach Art. 4 ESPR erlassenen delegierten Rechtsakts unterfällt und zusätzlich auch nicht in einen Arbeitsplan der Kommission aufgenommen wurde, also in Zukunft der Festlegung konkreter Ökodesign-Anforderungen nicht beabsichtigt ist, für ebendiese Produkte denkbar.[110] Doch diese Selbstregulierungsmaßnahmen können nicht ohne weiteres seitens der betreffenden Marktakteure einseitig bestimmt und vorgegeben werden. Gem. Art. 21 Abs. 1 S. 1 ESPR können die Wirtschaftsteilnehmer der Kommission solche Selbstregulierungsmaßnahmen zur Festlegung von Ökodesign-Anforderungen für Produkte unterbreiten, die dann aber nach Art. 21 Abs. 3 ESPR von der Kommission – ggf. unter zu Rate ziehen wissenschaftlicher Gutachten dezentraler Agenturen der Union – anhand der in diesem Absatz genannten Kriterien überprüft und bewertet werden. Erst wenn diese in Art. 21 Abs. 3 ESPR aufgelisteten Kriterien allesamt eingehalten werden, kann die Kommission einen Durchführungsrechtsakt mit einer Liste von Selbstregulierungsmaßnahmen, die die Kriterien des Art. 1

---

108 Beispielsweise wurden für Set-Top-Boxen (COM (2012) 684 final.) solche Selbstregulierungen i. S. d. Art. 17 Ökodesign-RL geschaffen; vgl. dazu (auch mit weiteren Beispielen) Burchert/Weber, in: „EU-Ökodesign-Verordnung – Verschärfungen durch das Europäische Parlament?“, ESG 2023, 104 f.

109 Erwägungsgrund (53) der ESPR.

110 Vgl. Art. 21 Abs. 1 S. 1 ESPR.

ESPR erfüllen, erlassen.[111] Dieser Durchführungsrechtsakt unterliegt dann aber einer weitergehenden und fortlaufenden Kontrolle durch die Kommission (vgl. Art. 21 Abs. 4 bis 6 ESPR).[112]

Die zwingend einzuhaltenden Kriterien einer solchen Selbstregulierungsmaßnahme gem. Art. 21 Abs. 3 S. 1 Buchst. a) bis e) ESPR werden von der Abbildung 12 wie folgt zusammengefasst:

1. Unterbreitung von mindestens zwei Wirtschaftsteilnehmern
2. Mengenmäßiger Marktanteil der Unterzeichner der Selbstregulierungsmaßnahme von mind. 80 % der unter diese Maßnahme fallenden Produkte
3. Schnellere oder kostengünstigere Verbesserung der ökologischen Nachhaltigkeit von Produkten im Einklang mit den Zielen der ESPR im Vergleich zu einem nach Art. 4 ESPR erlassenen delegierten Rechtsakt und parallele Sicherstellung des freien Warenverkehrs im Binnenmarkt
4. Selbstregulierungsmaßnahme besteht aus Ökodesign-Anforderungen, die für die Verwirklichung der Ziele der ESPR erforderlich sind
5. Selbstregulierungsmaßnahme erfüllt die in Anhang VI der ESPR festgelegten Kriterien
6. Selbstregulierungsmaßnahme steht im Einklang mit dem Unionsrecht und den internationalen Handelsverpflichtungen der Union

Abb. 12: Zusammenfassende Übersicht der Kriterien einer Selbstregulierungsmaßnahme.

Die Anforderungen des Anhangs VI der ESPR stimmen überwiegend mit denen des Anhangs VIII der Ökodesign-RL überein. In der neuen Verordnung fehlt zwar das Bewertungskriterium der „*Kompatibilität von Anreizen*“[113], da aber die aufgelisteten Kriterien nicht abschließend formuliert sind („*nicht erschöpfende Liste von Kriterien*“), kann auch dieses Merkmal bei der Bewertung von Selbstregulierungsmaßnahmen i. S. d. Art. 21 ESPR herangezogen werden.

Erfüllt nun aber eine Selbstregulierungsmaßnahme die Kriterien des Art. 21 Abs. 3 i. V. m. Anhang VI ESPR nicht mehr, so wird die

111 Vgl. Art. 21 Abs. 3 S. 2 ESPR.

112 Vgl. Burchert/Brohm, in: „Ökodesign-Anforderungen – das unbekannte Wesen?“, ESG 2024, 323, 325.

113 Das achte Ordnungskriterium der „*Nachhaltigkeit*“ der Ökodesign-RL wird von der ESPR mit dem Mehrwert zusammengefasst und als zweites Kriterium „Nachhaltigkeit und Mehrwert“ im Anhang VI aufgeführt.

Kommission diese Maßnahme aus dem Durchführungsrechtsakt nach Art. 21 Abs. 6 S. 1 ESPR streichen.

Folglich können die eigeninitiativ geschaffenen Selbstregulierungsmaßnahmen i. S. d. Art. 21 ESPR ein sinnvolles und erfolgsversprechendes Tool darstellen, mit dem bestimmte Wirtschaftsteilnehmer Ökodesign-Anforderungen eigenständig und aus der Praxis entwickeln. Eine kontinuierliche Überprüfung, Weiterentwicklung und Aktualisierung einer einmal erstellten Selbstregulierungsmaßnahme ist aber mit Blick auf die Löschungsbefugnis der Kommission nach Art. 21 Abs. 6 S. 1 ESPR erforderlich.[114]

2.4.3.4 Inhalt der delegierten Rechtsakte

Bei der Bestimmung und Erstellung der delegierten Rechtsakte zu Ökodesign-Anforderungen ist die Kommission nach Art. 4 Abs. 1 S. 1 i. V. m. Art. 8 ESPR an die ausdrücklich für solche Rechtsakte vorgegebenen Inhalte gebunden.

2.4.3.4.1 Mindestinhalt eines delegierten Rechtsaktes gem. Art. 8 ESPR

Zu den nach Art. 8 ESPR vorgeschriebenen Elementen eines delegierten Rechtsaktes gehören neben den konkret bezeichneten und definierten Produktgruppen[115] auch die betreffenden Ökodesign-Anforderungen[116], die anzuwendenden Prüf-, Mess- oder Berechnungsnormen oder -methoden i. S. d. Art. 39 Abs. 1 ESPR[117], das nach Art. 4 Abs. 5 ESPR zu verwendende Konformitätsbewertungsmodul[118], die Anforderungen in Bezug auf die vom Hersteller zu übermittelnden Informationen[119] sowie auch weitere – zum Teil nicht immer zwingende[120] – Bestandteile. Alle diese zwölf Elemente haben gemeinsam, dass sie den Mindestinhalt eines delegierten Rechtsaktes i. S. d. Art. 4 ESPR

114 Vgl. Burchert/Brohm, in: „Ökodesign-Anforderungen – das unbekannte Wesen?“, ESG 2024, 323, 325.
115 Vgl. Art. 8 Buchst. a) ESPR.
116 Vgl. Art. 8 Buchst. b) ESPR.
117 Vgl. Art. 8 Buchst. d) ESPR.
118 Vgl. Art. 8 Buchst. h) ESPR.
119 Vgl. Art. 8 Buchst. i) ESPR.
120 Vgl. Art. 8 Buchst. c), e), f), j), ESPR.

darstellen („*In den gemäß Artikel 4 erlassenen delegierten Rechtsakten werden mindestens die folgenden Elemente festgelegt: […]*“[121]). Eine Aufnahme und Ergänzung der Rechtsakte um weitere geeignete Aspekte und Elemente bleibt demnach grundsätzlich möglich.

2.4.3.4.2 Festlegung der Ökodesign-Anforderungen

Art. 4 Abs. 1 S. 2 ESPR gibt weiter vor, dass die Ökodesign-Anforderungen von der Kommission nach den Vorgaben der Art. 5 bis 7 und Art. 9 bis 15 ESPR festgelegt werden müssen. Konkret bedeutet dies, dass neben den generellen und überprüfbaren[122] Anforderungen an das Ökodesign gem. Art. 5 ESPR i. V. m. Art. 6 und 7 ESPR auch die Anforderungen an den sog. digitalen Produktpass[123] einzuhalten sind. Dabei bleibt es der Kommission unbenommen, für einzelne Produkte, die zu einer bestimmten Produktgruppe gehören, abweichende Ökodesign-Anforderungen zu regeln.[124]

2.4.3.4.2.1 Leistungs- und Informationsanforderungen

Der europäische Gesetzgeber hat mit der neuen Verordnung zwei Pfande vorgesehen, mit denen in delegierten Rechtsakten festgelegte Ökodesign-Anforderungen die relevanten Produktaspekte verbessern können: mittels der Leistungsanforderungen nach Art. 6 ESPR sowie den sog. Informationsanforderungen gem. Art. 7 ESPR.[125] Diese sollen die ökologische Nachhaltigkeit von Produkten verbessern. Dafür wurde der Kommission die Entscheidung überlassen, Informationsanforderungen je nach Bedarf und Fallgestaltung[126] zusätzlich zu oder anstelle von Leistungsanforderungen für denselben Produktparameter festzulegen. Wenn es die Art eines konkreten Produktes erfordert, dass nur Informationsanforderungen anstelle von Leistungsanforderungen

121 Art. 8 Abs. 1 ESPR.
122 Vgl. Art. 5 Abs. 12 ESPR.
123 Siehe hierzu Art. 9 bis 15 ESPR.
124 Vgl. Art. 5 Abs. 4 ESPR.
125 Vgl. Wiebe/Daelen, in: „Die neue EU-Ökodesignverordnung im Überblick“, ESG 2024, 361.
126 Gemeint ist hier die mittels des delegierten Rechtsakts konkret zu regelnden Produkte bzw. Produktgruppen.

festgelegt werden sollen, muss die Kommission ihre Entscheidung aber dennoch ordnungsgemäß begründen.[127]

Leistungsanforderungen werden nach Art. 2 Nr. 8 ESPR als

> *„eine quantitative oder nicht quantitative Anforderung an oder in Bezug auf ein Produkt zur Erreichung eines bestimmten Leistungsniveaus im Hinblick auf einen in Anhang I genannten Produktparameter*“

beschrieben und legal definiert. Demgegenüber ist die Informationsanforderung gem. Art. 2 Nr. 9 ESPR

> *„die Verpflichtung, einem Produkt Informationen gemäß Artikel 7 Absatz 2 beizufügen*“.

Die Leistungsanforderung verweist in ihrer Definition direkt auf die im Anhang I ESPR aufgelisteten Produktparameter, die verschiedene Indikatoren aufführen, wie etwa den CO_2- oder Materialfußabdruck eines Produktes, die Funktionsbeständigkeit und Zuverlässigkeit des Produktes oder seiner Bauteile, die Reparatur und Wartung sowie auch die Verwendung gebrauchter Bauteile oder das Verhältnis des Produktes zur Verpackung.[128] Dadurch können die Leistungsanforderungen nach Art. 6 Abs. 2 ESPR Mindest- oder Höchstwerte in Bezug auf spezifische Produktparameter (z. B. hinsichtlich des Materialfußabdrucks[129] des Produktes), eine Kombination von Produktparametern oder aber nicht quantitative Anforderungen zur Verbesserung der Leistung in Bezug auf mindestens einen dieser Produktparameter umfassen.[130]

Die Leistungsanforderungen in Bezug auf die Produktaspekte müssen grundsätzlich die folgenden Voraussetzungen erfüllen, die in der Abbildung 13 dargestellt werden:

---

127 Vgl. Erwägungsgrund (28) der ESPR.

128 Vgl. Anhang I der ESPR; Wiebe/Daelen, in: „Die neue EU-Ökodesignverordnung im Überblick“, ESG 2024, 361.

129 Gemeint ist damit nach Art. 2 Nr. 26 ESPR die Gesamtmenge der Rohstoffe, die zur Deckung des Endverbrauchs abgebaut wird. Davon abzugrenzen ist der CO_2-Fußabdruck eines Produktes.

130 Art. 6 Abs. 2 Buchst. a) und b) ESPR; Wiebe/Daelen, in: „Die neue EU-Ökodesignverordnung im Überblick“, ESG 2024, 361.

Leistungsanforderungen Art. 6 ESPR

1. Mindest- oder Höchstwerte eines spezifischen Produktparameters oder einer Kombination von Produktparametern (jeweils i.S.d. Anhang I der ESPR)

und/oder

2. nicht quantitative Vorgaben zur Verbesserung der Leistung bzgl. eines oder mehrerer Produktparameter (i.S.d. Anhang I der ESPR)

Abb. 13: Übersicht der von den Leistungsanforderungen zu erfüllenden Voraussetzungen.

Für die Informationsanforderung nach Art. 7 ESPR gilt hingegen folgender Katalog an einzuhaltenden Voraussetzungen, der grafisch mit Abbildung 14 zusammengefasst wird:

Informationsanforderungen Art. 7 ESPR

1. Vorgegebener Mindestinhalt (zu digitalem Produktpass und besorgniserregenden Stoffen)
2. Klare und leicht verständliche Kommunikation (jeweils abhängig vom Adressaten)
3. ggf. Beifügung folgender zusätzlicher Informationen:
   - Informationen über die Leistung, Reparierbarkeitswert, Funktionsbeständigkeitswert, CO2-Fußabdruck oder Umweltfußabdruck des Produkts (bzgl. mind. eines in Anhang I ESPR genannten Produktparameters)
   - Informationen (B2C und B2B) über Installation, Nutzung, Wartung und Reparatur des Produkts, ggf. über Installation von Betriebssystemen Dritter, Sammlung zur Instandsetzung, Wiederaufarbeitung, Rückgabe oder Handhabung des Produkts am Ende seiner Lebensdauer
   - Informationen (B2B) zu Zerlegung, Wiederverwendung, Instandsetzung, Recycling oder Entsorgung des Produkts am Ende der Lebensdauer
   - sonstige Informationen (B2C und B2B), die nachhaltige Produktentscheidungen und die Handhabung des Produkts beeinflussen könnten

Abb. 14: Übersicht der von den Informationsanforderungen zu erfüllenden Voraussetzungen.

Aus diesen Vorgaben-Katalogen wird deutlich, dass die Informationsanforderung in Bezug auf ein konkretes Produktparameter i. S. d. Anhangs I der ESPR nicht die entsprechende Leistungsanforderung an dasselbe Produktparameter voraussetzt. Folglich können und werden Informationen über die Leistungsanforderungen auch für Produktparameter erforderlich sein, die nicht zugleich eine Leistungsanforderung vorsehen.

2.4.3.4.2.2 Leistungsklassen

Die Kommission kann nach Art. 7 Abs. 4 ESPR in bestimmten Fällen sog. Leistungsklassen festlegen. Eine Leistungsklasse ist nach Art. 2 Nr. 25 ESPR ein

> „*Spektrum von Leistungsniveaus in Bezug auf einen oder mehrere der in Anhang I genannten Produktparameter, das auf der Basis einer gemeinsamen Methode für das Produkt bzw. die Produktgruppe erstellt wird und das so angeordnet ist, dass eine Produktdifferenzierung möglich ist*“.

Mittels solcher Leistungsklassen soll sowohl Verbrauchern als auch Behörden der Vergleich von Produkten auf Grundlage ihrer jeweiligen Nachhaltigkeit ermöglicht und erleichtert werden, was mittelbar die Marktentwicklung in Richtung nachhaltigere Produkte steuern soll.[131]

Sobald also die Kommission die in Art. 7 Abs. 2 Buchst. b) ii) ESPR genannten optionalen Informationsanforderungen[132] bestimmt und dabei feststellt, dass es sich wegen der Charakteristik der jeweiligen Produktgruppe auch anbietet, Leistungsklassen festzulegen, kann sie das tun. Diese Leistungsklassen sollen dann signifikante Verbesserungen der Leistungsniveaus der Produkte abbilden.[133]

Bei der Bestimmung der Leistungsklassen kann die Kommission frei wählen, ob sie diese auf einzelne Parameter oder auf aggregierte Punktzahlen stützen möchte. Auch bei der konkreten Angabe der Leistungsklassen (sei es in absoluten Zahlen oder einer gänzlich anderen Form) werden der Kommission wenig Vorgaben gemacht außer, dass diese verständlich und nachvollziehbar bezeichnet werden müssen. Dadurch soll der jeweilige Kunde in die Lage versetzt werden, direkt zu erkennen, welches das jeweils leistungsstärkste Produkt aus einer Reihe von Produkten ist.[134]

---

131 Vgl. Erwägungsgrund (29) der ESPR.

132 Siehe vorangegangene Grafik, dort der Punkt „*Informationen über die Leistung, Reparierbarkeitswert, Funktionsbeständigkeitswert, CO2-Fußabdruck oder Umweltfußabdruck des Produkts (bzgl. mind. eines in Anhang I ESPR genannten Produktparameters)*“.

133 Vgl. Art. 7 Abs. 4 S. 4 ESPR.

134 Vgl. Art. 7 Abs. 4 S. 3 ESPR.

2.4.3.4.2.3 Möglichkeit der Festlegung von horizontalen Ökodesign-Anforderungen

Die Kommission hat neben ihrer Befugnis zum Erlass delegierter Rechtsakte, die u. a. Ökodesign-Anforderungen enthalten, auch nach Art. 5 Abs. 7 ESPR die Möglichkeit, sog. „horizontale Ökodesign-Anforderungen“ zu erlassen. Derartige horizontal wirkende Regularien sind aber nur dann zulässig, wenn mindestens zwei Produktgruppen eine oder mehrere Ähnlichkeiten aufweisen und eine (oder mehrere) umfassende Regelungen eine Verbesserung eines Produktaspekts auf der Grundlage gemeinsamer Informations- oder Leistungsanforderungen bewirken könnten. Sind all diese Hürden genommen, kann die Kommission horizontale Ökodesign-Anforderungen vorgeben.

2.4.4 Konformität

Erfüllt ein Produkt, für das ein nach Art. 4 ESPR erlassener delegierter Rechtsakt materiell-rechtliche Ökodesign-Anforderungen – also Leistungsanforderungen nach Art. 6 ESPR sowie Informationsanforderungen gem. Art. 7 ESPR – vorsieht, diese Anforderungen nicht, ist das Produkt nicht verkehrsfähig.

Daneben regelt Art. 71 ESPR die sog. formale Nichtkonformität, die sich insbesondere auf die Einhaltung bestimmter Kennzeichnungsvorgaben bezieht.

2.4.4.1 Konformitätspflichten des verantwortlichen Herstellers

Verantwortlich für die Umsetzung der ökodesignrechtlichen Vorgaben sowie das Erstellen und Bereitstellen der Informationen zu einem Produkt, ist grundsätzlich der Hersteller.[135] Er muss sicherstellen, dass

- alle Produkte unter Einhaltung der Leistungsanforderungen der gemäß Art. 4 ESPR erlassenen delegierten Rechtsakte entworfen und hergestellt werden,
- diesen Produkten die nach Art. 7 ESPR und Art. 4 ESPR erlassenen delegierten Rechtsakten erforderlichen Informationen beigefügt sind, und

135 Vgl. Art. 27 Abs. 2 ESPR.

– für diese Produkte ein digitaler Produktpass (DPP) und eine Sicherungskopie seiner aktuellen Fassung vorliegen, die von einem unabhängigen DPP-Drittdienstleister gespeichert wird.[136]

2.4.4.2 Konformitätsbewertungsverfahren

Dem verantwortlichen Hersteller wird zur Erfüllung seiner Verpflichtungen nach Abs. 1 mit Art. 27 Abs. 2 S. 1 ESPR vorgegeben, vor dem Inverkehrbringen oder der Inbetriebnahme des betreffenden Produktes das in demselben delegierten Rechtsakt festgelegte Konformitätsbewertungsverfahren durchzuführen oder es in ihrem Namen durchführen zu lassen und anschließend die erforderlichen technischen Unterlagen zu erstellen. Diese Vorgehensweise ermöglicht es anderen Wirtschaftsteilnehmern wie auch Kunden[137] festzustellen, ob das gegenständliche Produkt die Ökodesign-Anforderungen des einschlägigen delegierten Rechtsaktes auch erfüllt.

Das konkrete produktgruppenbezogene Konformitätsbewertungsverfahren wird nach Art. 4 Abs. 5 ESPR von der Kommission in demselben delegierten Rechtsakt festgelegt, in dem auch die Ökodesign-Anforderungen des Produktes zu finden sind. Die Kommission kann bei der Bestimmung des Verfahrens zwischen dem sog. Modul A i. S. d. Anhangs IV der ESPR (für die interne Fertigungskontrolle und in der nachfolgenden tabellarischen Aufstellung zur Verdeutlichung farblich hervorgehoben) oder den Modulen B bis H1 in Anhang II des Beschlusses Nr. 768/2008/EG[138] grundsätzlich frei wählen. Die dabei

136 Vgl. Art. 27 Abs. 1 Buchst. a) – c) ESPR.

137 Der Rechtsbegriff des „Kunden“ i. S. d. Art. 2 Nr. 35 ESPR geht dabei weiter über den reinen Verbraucher hinaus.

138 Dieser Beschluss des Europäischen Parlaments und des Rates aus dem Jahre 2008 beinhaltet gemeinsame Grundsätze und Musterbestimmungen, die dazu bestimmt sind, in allen sektoralen Rechtsakten Anwendung zu finden. Sie bilden eine einheitliche Basis für Neufassungen oder Überarbeitungen dieser sektoralen Rechtsakte und bilden damit einen allgemeinen horizontalen Rechtsrahmen für künftige Rechtsvorschriften zur Harmonisierung der Bedingungen für die Vermarktung von Produkten und einen Bezugspunkt für geltende Rechtsvorschriften. Dieser Beschluss enthält unter anderem folgende Bestandteile: Musterbestimmungen mit Begriffsbestimmungen, allgemeine Verpflichtungen für Wirtschaftsakteure, verschiedene Konformitätsbewertungsverfahren, Musterbestimmungen für die von Konformitätsbewertungsstellen zu erfüllenden Anforderungen und die Notifizierungsverfahren, Vorschriften zur

zur Auswahl gestellten Module des Beschlusses Nr. 768/2008/EG beginnen mit dem am wenigsten strengen Konformitätsbewertungsverfahren Modul B und enden mit Modul H1, dass das am strengsten regulierte Verfahren ist.[139] Die Abbildung 15 fasst die verschiedenen Module der Konformitätsbewertungsverfahren zusammen.

Modul	Art des Konformitätsbewertungsverfahrens
A	Interne Fertigungskontrolle
B	EG-Baumusterprüfung
C	Konformität mit der Bauart auf der Grundlage einer internen Fertigungskontrolle
C1	Konformität mit der Bauart auf der Grundlage einer internen Fertigungskontrolle mit überwachten Produktprüfungen
C2	Konformität mit der Bauart auf der Grundlage einer internen Fertigungskontrolle mit überwachten Produktprüfungen in unregelmäßigen Abständen
D	Konformität mit der Bauart auf der Grundlage einer Qualitätssicherung bezogen auf den Produktionsprozess
D1	Qualitätssicherung bezogen auf den Produktionsprozess
E	Konformität mit der Bauart auf der Grundlage der Qualitätssicherung bezogen auf das Produkt
E1	Qualitätssicherung von Endabnahme und Prüfung der Produkte
F	Konformität mit der Bauart auf der Grundlage einer Produktprüfung
F1	Konformität auf der Grundlage einer Prüfung der Produkte
G	Konformität auf der Grundlage einer Einzelprüfung
H	Konformität auf der Grundlage einer umfassenden Qualitätssicherung
H1	Konformität auf der Grundlage einer umfassenden Qualitätssicherung mit Entwurfsprüfung

Abb. 15: Übersicht der Module der Konformitätsbewertungsverfahren.

Das von der Kommission jeweils ausgewählte Modul muss darüber hinaus – je nach Erforderlichkeit – noch zusätzlich angepasst werden. Dieses Anpassungserfordernis gem. Art. 4 Abs. 5 S. 1 ESPR soll in diesem Zusammenhang gewährleisten, dass das ausgewählte Modul in Bezug auf die Art des betreffenden Produkts und die regulierten Produktparameter auch tatsächlich angemessen und verhältnismäßig ist.[140]

Festlegung der CE-Kennzeichnung und Musterbestimmungen für Verfahren bei gefährlichen Produkten (vgl. Erwägungsgründe (2) und (3) des Beschlusses Nr. 768/2008/EG).

139 Vgl. Erwägungsgrund (82) der ESPR.

140 Erwägungsgrund (82) der ESPR.

Ergänzend dazu hat die Kommission die weiteren, in Art. 43 Abs. 1 ESPR aufgeführten Aspekte bei der Bestimmung und Regulierung der Konformitätsbewertungsverfahren zu beachten. Hierzu gehören unterschiedliche Kriterien, die etwa die Geeignetheit, Risikoberücksichtigung, Angemessenheit und Verhältnismäßigkeit des Bewertungsverfahrens im Hinblick auf die betreffende Produktgruppe zum Gegenstand haben.[141]

Zudem kann die Kommission gem. Art. 4 Abs. 6 Buchst. d) ESPR alternative Kennzeichnungsvorschriften i. S. d. Art. 47 ESPR für Produkte, die nicht unter die Anforderung der Anbringung der CE-Kennzeichnung vor dem Inverkehrbringen oder der Inbetriebnahme fallen, festlegen, die die Konformität mit den Ökodesign-Anforderungen ausdrücken sollen.

2.4.4.3 Konformitätsbewertung bei seriell hergestellten Produkten

Ist ein Produkt, das unter einen gemäß Art. 4 ESPR erlassenen delegierten Rechtsakt fällt, Teil einer Serienfertigung, muss der verantwortliche Hersteller nach Art. 27 Abs. 4 ESPR für alle Serienprodukte stets Konformität mit den geltenden Anforderungen sicherstellen.

Hierfür kann er sich entsprechend geeigneter Prüfverfahren bedienen. Alle Änderungen am Herstellungsverfahren, an der Produktgestaltung oder den Produkteigenschaften müssen vom Hersteller in angemessener Weise bei der Konformitätsbeurteilung berücksichtigt werden. Auch Änderungen der harmonisierten Normen, gemeinsamen Spezifikationen oder anderen technischen Spezifikationen, auf die die Erklärung des verantwortlichen Herstellers zur Produktkonformität Bezug nimmt und verweist, oder die bei der Überprüfung der Konformität herangezogen werden, sind ebenfalls bei der Beurteilung der Konformität des Serienproduktes einzubeziehen.[142]

Gelangt der Hersteller so zu dem Schluss, dass die Konformität des Produkts beispielsweise wegen einer signifikanten Änderung des Produktionsprozesses beeinträchtigt wird oder nicht mehr gegeben ist, muss zwingend eine erneute Konformitätsbewertung im Einklang des

141 Vgl. Art. 43 Abs. 1 Buchst. a), b und c) ESPR.

142 Vgl. Art. 27 Abs. 4 ESPR.

anwendbaren Konformitätsbewertungsverfahrens nach Art. 27 Abs. 2 ESPR durchgeführt werden.

2.4.4.4 Vorgehen bei nicht konformen Produkten

Kommt der verantwortliche Hersteller bei einem – unter einen gemäß Art. 4 ESPR erlassenen delegierten Rechtsakt fallenden – Produkt, das von ihm in Verkehr gebracht oder in Betrieb genommen wurde, zu dem Ergebnis oder hat er die Vermutung, dass dieses Produkt nicht den Anforderungen dieses delegierten Rechtsakts entspricht, muss er nach Art. 27 Abs. 8 ESPR sofort tätig werden. Der europäische Gesetzgeber gibt vor, dass der Hersteller unverzüglich die erforderlichen Korrekturmaßnahmen ergreifen und einleiten muss, um die Konformität dieses Produkts herzustellen oder es erforderlichenfalls sofort vom Markt zu nehmen oder zurückzurufen.[143] Parallel dazu muss der verantwortliche Hersteller auch unverzüglich die Marktüberwachungsbehörden der Mitgliedstaaten, in denen sie das Produkt auf dem Markt bereitgestellt oder in Betrieb genommen haben, über die feststehende oder die von ihm vermutete[144] Nichtkonformität des Produktes informieren und über die ergriffenen Korrekturmaßnahmen Auskunft geben.[145]

Für die zuständigen Marktüberwachungsbehörden gilt, dass sie im Falle der Nichtkonformität eines Produktes, das sowohl von einem gem. Art. 4 ESPR erlassenen delegierten Rechtsakt erfasst als auch risikobehaftet[146] ist, das Verfahren nach Art. 69 ESPR, welches den Umgang auf nationaler Ebene mit solchen Produkten regelt, durchführen müssen. Nach Art. 2 Nr. 57 ESPR ist ein Produkt, mit dem ein Risiko verbunden ist

> *„ein Produkt, das durch Nichteinhaltung einer in dieser Verordnung oder im Einklang mit ihr festgelegten Ökodesignanforderung, mit Ausnahme der in Artikel 71 Absatz 1 aufgeführten Anforderungen, die Umwelt oder andere durch diese Anforderung geschützte öffentliche Interessen beeinträchtigen könnte*".

143 Vgl. Art. 27 Abs. 8 ESPR.

144 In Art. 27 Abs. 8 ESPR heißt es *„Grund zu der Annahme haben*". Eine Vermutung ins Blaue hinein ohne konkreten Anlass reicht damit nicht aus.

145 Vgl. Art. 27. Abs. 8 ESPR.

146 Es muss sich um ein sog. „Produkt, mit dem ein Risiko verbunden ist" i. S. d. Art. 2 Nr. 57 ESPR handeln.

Ergänzend dazu ist gem. Art. 2 Nr. 58 ESPR ein Produkt, mit dem ein ernstes Risiko verbunden ist

> *„ein Produkt, das ein Risiko birgt, das gemäß einer Bewertung aufgrund des Ausmaßes der betreffenden Nichtkonformität oder des damit verbundenen Schadens ein rasches Eingreifen der Marktüberwachungsbehörden erforderlich macht, auch wenn die Nichtkonformität keine unmittelbaren Auswirkungen hat*".

Wenn die Marktüberwachungsbehörde nach Art. 69 Abs. 1 S. 1 ESPR einen hinreichenden Grund für die Annahme hat, dass es sich um ein solches risikobehaftetes Produkt i. S. d. Art. 2 Nr. 57 ESPR handelt, muss sie selbst eine Risikobeurteilung vornehmen. Ist das Ergebnis dieser Bewertung, dass das Produkt tatsächlich die Anforderungen, die in der ESPR oder in dem gem. Art. 4 ESPR erlassenen anwendbaren delegierten Rechtsakt festgelegt sind, nicht erfüllt, ist der verantwortliche Wirtschaftsteilnehmer unverzüglich aufzufordern, die geeignete, verhältnismäßige und fristgebundene Korrekturmaßnahme zu ergreifen, um die Nichtkonformität zu verringern oder zu beenden. In Betracht kommende Korrekturmaßnahmen können unter anderem nach Art. 69 Abs. 1 S. 3 ESPR i. V. m. Art. 16 Abs. 3 Verordnung (EU) 2019/1020[147] die Folgenden sein[148]:

- Herstellung der Konformität des Produkts einschließlich der Berichtigung einer formellen Nichtkonformität gemäß den anwendbaren Harmonisierungsrechtsvorschriften
- Sicherstellung, dass von dem Produkt kein Risiko mehr ausgeht
- Verhinderung der Bereitstellung des Produkts auf dem Markt
- Unverzügliche Rücknahme vom Markt oder unverzüglicher Rückruf des Produkts und Warnung der Öffentlichkeit vor dem von dem Produkt ausgehenden Risiko
- Vernichtung des Produkts oder seiner Funktionsfähigkeit
- Unbrauchbarmachung des Produkts auf andere Weise

---

147 Verordnung (EU) 2019/1020 des Europäischen Parlaments und des Rates vom 20. Juni 2019 über Marktüberwachung und die Konformität von Produkten sowie zur Änderung der Richtlinie 2004/42/EG und der Verordnungen (EG) Nr. 765/2008 und (EU) Nr. 305/2011.

148 Art. 16 Abs. 3 Buchst. a) bis g) Verordnung (EU) 2019/1020.

- Anbringen geeigneter, eindeutig formulierter und leicht verständlicher – in der Sprache des jeweiligen Mitgliedsstaates – Warnhinweise auf dem Produkt
- Festlegung von Vorbedingungen für die Bereitstellung des Produkts auf dem Markt
- Unverzügliche Warnung der von dem Risiko betroffenen Endnutzer in geeigneter Form, auch durch Veröffentlichung besonderer Warnhinweise.

Die zuständige notifizierte Stelle muss anschließend von der betreffenden Marktüberwachungsbehörde über diese angeordneten Korrekturmaßnahmen nach Art. 69 Abs. 1 S. 4 ESPR entsprechend unterrichtet werden.

Wenn die Nichtkonformität des Produktes über die Grenzen eines Mitgliedstaats hinaus reicht, muss die Marktüberwachungsbehörde ergänzend gem. Art. 69 Abs. 2 ESPR auch die Kommission und die übrigen Mitgliedstaaten über die Ergebnisse der Beurteilung und die angeordneten Korrekturmaßnahmen informieren.

Lässt der verantwortliche Wirtschaftsteilnehmer die für die Korrekturmaßnahmen gesetzte Frist fruchtlos verstreichen oder kann die Nichtkonformität nicht beseitigt werden, obliegt es nach Art. 69 Abs. 4 ESPR den Marktüberwachungsbehörden, alle geeigneten vorläufigen Maßnahmen zu treffen, um das Produkt vom Markt zu schaffen oder dessen Bereitstellung einzuschränken und die Kommission und die übrigen Mitgliedstaaten unverzüglich hierüber zu unterrichten. Solche vorläufigen Maßnahmen können sein[149]:

- Untersagen der Bereitstellung des betroffenen Produkts auf dem nationalen Markt
- Einschränken der Bereitstellung des betroffenen Produkts auf dem nationalen Markt
- Rücknahme des Produktes vom Markt
- Rückruf des Produktes.

149 Vgl. Art. 69 Abs. 4 S. 1 ESPR.

2.4.4.5 Schutzklauselverfahren

Die Kommission oder ein Mitgliedsstaat, der das Verfahren i. S. d. Art. 69 ESPR nicht eingeleitet hat – hat gem. Art. 70 ESPR die Möglichkeit, innerhalb von drei Monaten – wobei dieser Zeitraum nach Art. 69 Abs. 7 S. 2 ESPR kürzer oder länger angesetzt werden kann – nach Übermittlung der relevanten Informationen i. S. d. Art. 69 Abs. 4 ESPR Einwände gegen die gemeldete (vorläufige) nationale Maßnahme der betreffenden Marktüberwachungsbehörde zu erheben.

Dies setzt das sog. Schutzklauselverfahren des Art. 70 ESPR in Gang, das sich auf der vormaligen Schutzklausel nach Art. 7 Ökodesign-RL gründet. Diese Schutzklausel der Ökodesign-RL wird von dem europäischen Gesetzgeber mit Art. 70 ESPR aktualisiert und an die Schutzklauselverfahren angepasst werden, die in anderen Harmonisierungsrechtsvorschriften der EU sowie im Beschluss Nr. 768/2008/EG des Europäischen Parlaments und des Rates enthalten sind.[150] Dieses Verfahren ermöglicht es EU-Mitgliedsstaaten und der Kommission, zu den nationalen Maßnahmen Stellung zu nehmen und Überprüfung dieser durch die Kommission zu erwirken. Die Kommission muss im Rahmen ihrer Beurteilung der nationalen Maßnahme nach Art. 70 Abs. 1 S. 1 ESPR unverzüglich die Mitgliedstaaten und die betreffenden Wirtschaftsteilnehmer mit einbeziehen und konsultieren und darauf basierend im Wege eines Durchführungsrechtsakts entscheiden, ob die jeweilige nationale Maßnahme gerechtfertigt ist.

Erhebt hingegen innerhalb von drei Monaten weder ein Mitgliedstaat noch die Kommission einen Einwand gegen eine vorläufige Maßnahme eines Mitgliedstaats, muss diese Maßnahme nach Art. 69 Abs. 7 ESPR als gerechtfertigt angesehen werden.

2.4.4.6 Formale Nichtkonformität

Neben den Regelungen zur materiell-rechtlichen Konformität eines Produktes mit den nach Art. 4 ESPR erlassenen Ökodesign-Anforderungen, finden sich in Art. 71 ESPR ergänzende Regelungen zur sog. formalen Nichtkonformität.

---

150 Vgl. Erwägungsgrund (110) der ESPR.

Diese formale Nichtkonformität i. S. d. Art. 71 Abs. 1 ESPR bezieht sich auf nachfolgende Fälle der Kennzeichenverstöße:[151]

- Anbringen der CE-Kennzeichnung unter Verletzung von Art. 30 Verordnung (EG) Nr. 765/2008[152] oder von Art 46 ESPR
- Fehlende CE-Kennzeichnung
- Anbringen der Kennnummer der notifizierten Stelle unter Verletzung von Art. 46 ESPR oder nicht wie vorgeschrieben
- Keine ausgestellte EU-Konformitätserklärung
- Inkorrekt ausgestellte EU-Konformitätserklärung
- Nicht verfügbare, unvollständige oder fehlerhafte technische Unterlagen
- Angaben i. S. d. Art. 27 Abs. 6 ESPR[153] oder Art. 29 Abs. 3 ESPR[154] fehlen, sind falsch oder unvollständig
- Verstoß gegen eine andere Verwaltungsanforderung nach Art. 27 ESPR oder Art. 29 ESPR oder nach dem gemäß Artikel 4 erlassenen anwendbaren delegierten Rechtsakt.

Die Nichteinhaltung dieser formalen kennzeichnungsbezogenen Angaben hat grundsätzlich bloß eine minderschwere formelle Nichtkonformität zur Folge.[155] Der europäische Gesetzgeber will mithilfe der ESPR an und für sich erreichen, dass nur Produkte in Verkehr gebracht werden, die nicht mit dem Risiko verbunden sind, dass die von den ökodesignrechtlichen Anforderungen geschützten Belange der Umwelt oder anderer öffentlicher Interessen beeinträchtigt werden. Von diesen Beweggründen geleitet, hat er gesonderte Definitionen

---

151 Vgl. Art. 71 Abs. 1 Buchst- a) – h) ESPR.

152 Verordnung (EG) Nr. 765/2008 des Europäischen Parlaments und des Rates vom 9. Juli 2008 über die Vorschriften für die Akkreditierung und Marktüberwachung im Zusammenhang mit der Vermarktung von Produkten und zur Aufhebung der Verordnung (EWG) Nr. 339/93 des Rates.

153 Gemeint sind die Kontaktdaten des Herstellers, also sein Name, sein eingetragener Handelsname oder seine eingetragene Handelsmarke, seine Postanschrift und die elektronischen Kommunikationsmittel, über die er erreicht werden kann.

154 Gemeint sind hier die Kontaktdaten des Importeurs – ähnlich zu den Angaben des Herstellers – mit dem einzigen Unterschied, dass beim Importeur in der Anschrift keine zentrale Stelle angegeben werden muss.

155 Vgl. Wiebe/Daelen, in: „Die neue EU-Ökodesignverordnung im Überblick“, ESG 2024, 359, 360.

und Verfahrensvorgaben für Produkte, die wegen ihrer Nichtkonformität mit einer Ökodesign-Anforderung mit einem Risiko einhergehen, geschaffen.[156] Nach Art. 2 Nr. 57 ESPR sind die in Art. 71 Abs. 1 ESPR aufgeführten Anforderungen ausdrücklich nicht geeignet, um ein Produkt als risikobehaftet ansehen zu können.

Demzufolge hat ein Verstoß gegen die formale Nichtkonformität i. S. d. Art. 71 Abs. 1 ESPR nicht zur Folge, dass das betreffende Produkt risikobehaftet i. S. d. Art. 2 Nr. 57 und Nr. 58 ESPR ist. Folglich muss für einen Fall der formalen Nichtkonformität gem. Art. 71 Abs. 1 ESPR auch nicht das Verfahren der Marktüberwachungsbehörden nach Art. 69 ESPR zum Umgang auf nationaler Ebene mit Produkten, mit denen ein Risiko verbunden ist, angewandt werden.

2.5 Digitaler Produktpass

Gleich zu Beginn der neuen Verordnung führt der europäische Gesetzgeber ein vollkommen neues und wichtiges Werkzeug bei dem Ökodesign von Produkten ein: den sog. digitalen Produktpass[157] (auf Englisch „digital product passport“ und abgekürzt als „DPP“ bezeichnet). Der DPP bildet die zweite Säule dieses neuen Unionsrechtsaktes und stellt im Vergleich zu der vormaligen Ökodesign-RL ein Novum dar. Der DPP soll ausdrücklich

> *„verbindliche Anforderungen für die umweltorientierte Vergabe öffentlicher Aufträge einführen und einen Rahmen [schaffen], um zu verhindern, dass unverkaufte Verbraucherprodukte vernichtet werden“.*[158]

Der DPP hat demzufolge eine doppelte Zielsetzung: zum einen soll er transparent die feststehenden Vorgaben öffentlicher Umweltaufträge bereithalten und der Vernichtung unverkaufter Produkte entgegenwirken. Zudem begünstigt und verbessert diese neue Art des Produktpasses das Risikomanagement[159] von Zollbehörden und ermöglicht ge-

156 Erwägungsgrund (109) der ESPR.
157 i. F. DPP.
158 Art. 1 Abs. 1 S. 2 ESPR.
159 gem. der Verordnung (EU) Nr. 952/2013.

zieltere Kontrollen an den Grenzen.[160] Dieser DPP bzw. die in ihm enthaltenen Informationen sind folglich grundsätzlich für alle Akteure entlang der Wertschöpfungskette sowie auch für Kunden und Verbraucher gedacht und relevant, da er die Transparenz entlang des Produktlebenszyklus sicherstellen soll.

2.5.1 Allgemeines und einzuhaltende Anforderungen

Als Teil der produktbezogenen Informationsanforderungen des Art. 7 Abs. 1 und 2 ESPR ist der DPP das zentrale digitale Instrument, mit dem Informationen unterschiedlichen Akteuren entlang der gesamten Wertschöpfungskette eines Produktes zur Verfügung gestellt werden, was die Rückverfolgbarkeit eines Produkts während seines gesamten Lebenszyklus deutlich verbessert.[161] Neben dem verbesserten Zugang zu Informationen, der vor allem Kunden bei ihrer Kaufentscheidung unterschützen soll, wird auch Wirtschaftsteilnehmen[162] sowie sonstigen Akteuren der Wertschöpfungskette[163] der Zugang zu relevanten und stets aktuell zu haltenden Daten erleichtert.[164]

Neben den weiteren Anforderungen des jeweiligen delegierten Rechtsaktes ist das Vorhandensein des DPP eine zwingend zu erfüllende Voraussetzung für die Verkehrsfähigkeit des betreffenden Produktes.[165] Ohne einen DPP ist somit das Produkt, für das ein nach Art. 4 ESPR erlassener delegierter Rechtsakt materiell-rechtliche Ökodesign-Anforderungen vorsieht, nicht verkehrsfähig.

---

160 Vgl. Erwägungsgrund (45) der ESPR.

161 Vgl. Erwägungsgrund (32) der ESPR.

162 Hersteller, Bevollmächtigte, Importeure, Vertreiber, Händler und Fulfilment-Dienstleister.

163 Hierzu gehören (nicht abschließend) aufgelistet: Kunden, fachlich kompetente Reparateure, unabhängige Wirtschaftsteilnehmer, Generalinstandsetzungsbetriebe, Wiederaufbereitungsunternehmen, Recyclingbetriebe, Marktüberwachungs- und Zollbehörden, zivilgesellschaftliche Organisationen, Forscher, Gewerkschaften und die Kommission, oder jede im Namen der Kommission handelnde Organisation, vgl. Erwägungsgrund (32) der ESPR.

164 Vgl. Erwägungsgrund (32) der ESPR.

165 Vgl. dazu auch Wiebe/Daelen, in: „Die neue EU-Ökodesignverordnung im Überblick“, ESG 2024, 359, 361.

2.5.1.1 Neue Rechtsbegriffe im Zusammenhang mit dem DPP

In Art. 2 Nr. 28 ESPR definiert der Gesetzgeber den DPP als

> „*produktspezifischen Datensatz, der die in dem gemäß Artikel 4 erlassenen anwendbaren delegierten Rechtsakt genannten Informationen enthält und der gemäß Kapitel III elektronisch über einen Datenträger zugänglich ist;*"

Ein Datenträger ist in diesem Zusammenhang gem. Art. 2 Nr. 29 ESPR als ein

> „*Strichcode, ein zweidimensionales Symbol oder ein anderes automatisches Datenerfassungsmedium, das von einem Gerät gelesen werden kann*",

anzusehen. Damit handelt es sich bei dem DPP vereinfacht gesprochen um produktspezifische Daten, die elektronisch über unterschiedliche Wege zugänglich sein müssen.

Ein im Kontext mit dem DPP unmittelbar stehender Akteur – und damit auch ein weiterer neuer Rechtsbegriff der Verordnung – ist der sog. „Digitalproduktpass-Dienstleister". Dieser ist nach Art. 2 Nr. 32 ESPR

> „*eine natürliche oder juristische Person, die ein Dritter ist, die im Auftrag des Wirtschaftsteilnehmers, der das Produkt in Verkehr bringt oder in Betrieb nimmt, die digitalen Produktpassdaten für dieses Produkt verarbeitet, um diese Daten Wirtschaftsteilnehmern und anderen relevanten Akteuren zur Verfügung zu stellen, die nach dieser Verordnung oder anderen Unionsvorschriften ein Recht auf Zugang zu diesen Daten haben*".

Der europäische Gesetzgeber bettet den DPP folglich in ein Drei-Personen-Verhältnis zwischen Wirtschaftsteilnehmer (der für das Produkt bzw. die Einhaltung der Ökodesign-Anforderungen verantwortlich ist), den DPP-Dienstleister und den auf die Informationen angewiesenen „*anderen relevanten Akteur*", zu dem die im Erwägungsgrund 32 beispielhaft aufgezählten Marktakteure wie Kunden, Recyclingbetriebe, Forscher oder Marktüberwachungs- und Zollbehörden gehören. Die Abbildung 16 veranschaulicht grafisch das Zusammenwirken der Akteure in diesem Drei-Personen-Verhältnis.

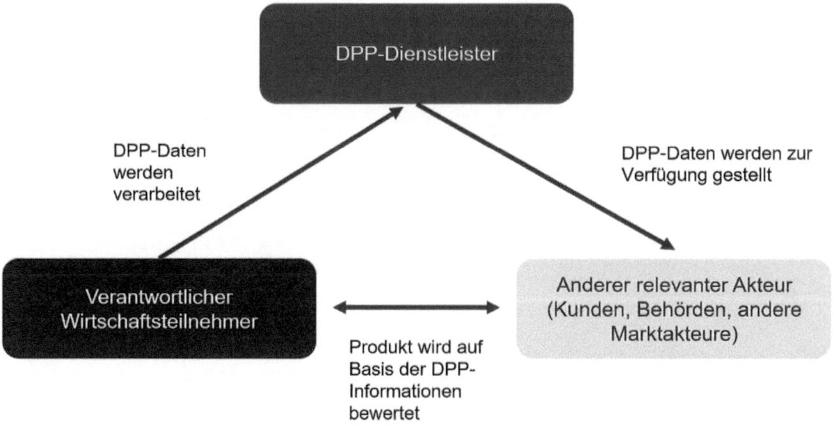

Abb. 16: Zusammenwirken im Rahmen des Drei-Personen-Verhältnisses.

2.5.1.2 Im DPP enthaltene Informationen

Der im DPP enthaltene Datensatz muss sämtliche in dem jeweiligen nach Art. 4 Abs. 1 ESPR erlassenen delegierten Rechtsakt vorgegebenen Informationen enthalten und aufrufbar zur Verfügung stellen. Diese Daten müssen „*richtig, vollständig und auf dem neuesten Stand*"[166] sein und umfassen gem. Art. 9 Abs. 2 Buchst. a) bis i) ESPR – je nach Art der von dem delegierten Rechtsakt geregelten Produktgruppe – die folgenden, mit Abbildung 17 zusammengefassten, Bestandteile:

166 Art. 9 Abs. 1 ESPR.

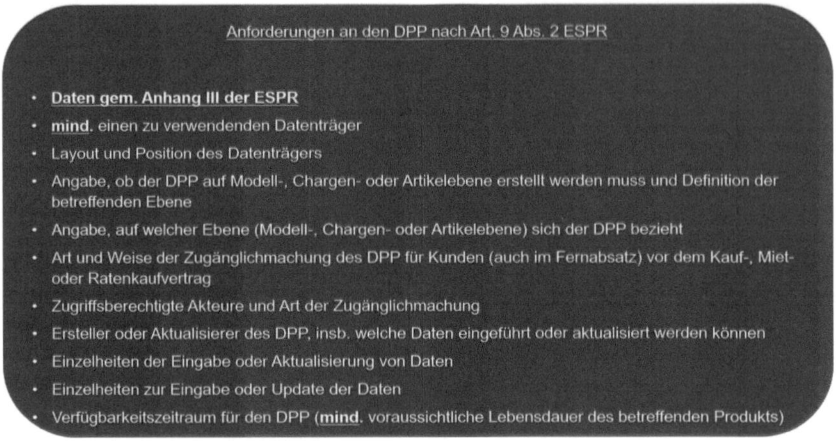

Abb. 17: Übersicht der DPP-Anforderungen.

Gleich der erste Anforderungspunkt, der Verweis des Art. 9 Abs. 2 Buchst. a) ESPR auf Anhang III der ESPR, schließt einen weitläufigen Katalog an Produktdaten sowie weiterer mit dem Produkt mittelbar zusammenhängender Dateien, zu denen neben einer eindeutigen Produktkennung[167] beispielweise auch der GTIN[168], einschlägige Warencodes wie der TARIC-Code, Gebrauchsanleitungen, Warn- und Sicherheitshinweise[169], Unterlagen und Informationen betreffend die Konformität[170], Informationen zum Hersteller[171] oder die Referenz des Digitalproduktpass-Drittdienstleisters, von dem die Sicherungskopie des digitalen Produktpasses gespeichert wird[172], gehören können, ein.[173] Eine Übersicht zu den in dem DPP enthaltenen Daten findet sich in der Abbildung 18.

167 Vgl. Anhang III Buchst. (b) der ESPR.
168 Global Trade Identification Number gem. der Norm ISO/IEC 15459-6, vgl. Anhang III Buchst. (c) der ESPR.
169 Vgl. Anhang III Buchst. (f) der ESPR.
170 Vgl. Anhang III Buchst. (e) der ESPR.
171 Vgl. Anhang III Buchst. (g) der ESPR.
172 Vgl. Anhang III Buchst. (l) der ESPR.
173 Vgl. nachfolgende Grafik und Petersen/Massow, in: „Die EU-Ökodesign-Verordnung und das „Warenvernichtungsverbot“, ZUR 2023, 67 f.

Im DPP enthaltene Daten nach Anhang III der ESPR

- Erforderliche Informationen nach Art. 7 Abs. 2 Buchst. b) und Art. 7 Abs. 5 ESPR o.a. für die betreffende Produktgruppe geltenden Unionsrechtsakten
- Produkt- und warenbezogene Kennungen (wie TARIC-Code, GTIN)
- Unterlagen und Informationen über die Konformität
- Benutzerhandbücher, Gebrauchsanleitungen, Warn- oder Sicherheitshinweise
- Informationen über den Hersteller
- Eindeutige Kennungen von anderen Wirtschaftsteilnehmern und Einrichtungen
- Angaben zum Importeur
- Name, Kontaktdaten und eindeutige Kennung des in der Union ansässigen und für die Aufgaben nach Art. 4 Verordnung (EU) 2019/1020 oder Art. 15 Verordnung (EU) 2023/988 (oder andere ähnliche Aufgaben nach sonstigem Unionsrecht) verantwortlichen Wirtschaftsteilnehmers
- Referenz des Digitalproduktpass-Drittdienstleisters

Abb. 18: Übersicht der DPP-Daten.

Ob diese im Anhang III der ESPR aufgelisteten Informationen zwingende oder rein fakultative Anforderungen an den Inhalt des DPP darstellen, hängt vom betreffenden – nach Art. 4 ESPR erlassenen – delegierten Rechtsakt ab. Dort wird genau festgelegt, welche Informationen für die Ökodesign-Anforderungen relevant sind und vom Hersteller zusätzlich zu den nach Art. 9 Abs. 2 Buchst. a) ESPR erforderlichen Angaben in den digitalen Produktpass aufgenommen werden können. Dazu gehören auch die Informationen über spezifische freiwillige Produktetiketten oder die potentiell mögliche Vergabe des EU-Umweltzeichens gem. Verordnung (EG) Nr. 66/2010 für das betreffende Produkt bzw. die Produktgruppe.[174]

2.5.1.3 Verknüpfung mit bereits bestehenden Informationsangaben

Der Gesetzgeber sieht für besondere Produktgruppen wie für Stoffe und Gemische nach der Verordnung (EG) Nr. 1907/2006, (auch EU-Chemikalienverordnung oder REACH-Verordnung genannt)[175], vor, dass deren Informationsanforderungen mit denen der ESPR verknüpft werden. Dies kann etwa mittels der verpflichtenden Bereitstel-

174 Vgl. Anhang III S. 2 und 3 der ESPR.
175 i. F. REACH-Verordnung.

lung von Sicherheitsdatenblättern geschehen.[176] Gleiches gilt für die bestehenden Datenbanken und Instrumente der Union wie der Europäischen Produktdatenbank für die Energieverbrauchskennzeichnung (EPREL) oder der Datenbank für Informationen über besorgniserregende Stoffe in Erzeugnissen als solche oder in komplexen Gegenständen (SCIP).[177]

Dass eine solche Verknüpfung der inhaltlichen Bestandteile des DPP mit anderen Datenbanken grundsätzlich möglich ist, zeigt z. B. Anhang III Buchst. f) der ESPR, der *„Warn- oder Sicherheitshinweise gemäß anderem für das Produkt geltendem Unionsrecht“* ausdrücklich erlaubt. Nichtsdestotrotz ist eine grundsätzlich denkbare Verknüpfung mit anderen Datenbanken wiederum vom dem konkret erlassenen delegierten Rechtsakt i. S. d. Art. 4 ESPR abhängig, der die inhaltlichen Anforderungen an den DPP festlegt und präzisiert. Die Entscheidung wird hier die Kommission produkt(gruppen)bezogen treffen.

2.5.1.4 Befreiung von den DPP-Anforderungen

Neben diesen konkreten Inhaltsvorgaben steht es der Kommission nach Art. 9 Abs. 4 ESPR grundsätzlich offen, bestimmte Produktgruppen von den DPP-Anforderungen zu befreien, wenn technische Spezifikationen für die wesentlichen Anforderungen an die technische Ausgestaltung und den Einsatz des DPP nicht existieren oder für ebensolche technischen Spezifikationen bereits ein unionsrechtlich etabliertes System vorgesehen ist, welches die betreffenden Akteure entlang der Wertschöpfungskette mit relevanten Produktinformationen versorgt.[178]

2.5.2 Technische Gestaltung und Verwendung des DPP

Der DPP und die in ihm enthaltenen Informationen müssen leicht zu finden und aufrufbar sein. Hierfür regelt Art. 10 ESPR allgemeine Anforderungen an die Darstellungsweise und die Art und Weise, wie auf

176 Siehe Grafik oben und Erwägungsgrund (34) der ESPR.
177 Vgl. Erwägungsgrund (34) der ESPR.
178 Vgl. Erwägungsgrund (35) der ESPR.

den DPP zugegriffen werden kann. Art. 11 ESPR konstituiert spezielle technische Modalitäten für den DPP.

Der DPP und die dort hinterlegten Daten müssen über einen längeren Zeitraum, der zumindest die Lebensdauer des betreffenden Produktes umfasst, aufrufbar sein und derart ausgestaltet und dargestellt werden, dass sie durch das Scannen eines Datenträgers (z. B. QR-Code, Strichcode, RFID-Chip oder Wasserzeichen) ohne Weiteres aufgerufen werden können.[179] Es besteht ausdrücklich nach Art. 9 Abs. 2 Buchst. b) ESPR die Möglichkeit, dass mehrere unterschiedliche Datenträger zum DPP führen können sollen und dies so in dem konkreten delegierten Rechtsakt nach Art. 4 ESPR geregelt wird. Also könnte die Kommission für beispielswiese die Produktgruppe Textilien regeln, dass für den DPP ein Strichcode zusätzlich zu dem QR-Code als Datenträger zwingend verwendet werden muss.[180]

Dieser Datenträger muss darüber hinaus unmittelbar auf dem Produkt, dessen Verpackung oder den dem Produkt beigefügten Unterlagen – stets aber im Einklang mit den Vorgaben des entsprechenden nach Art. 4 ESPR erlassenen anwendbaren delegierten Rechtsakts – angebracht werden.[181] Daneben gibt Art. 10 Abs. 1 Buchst c) bis g) weitere zwingend einzuhaltende Anforderungen vor, zu denen die Verwendung personenbezogener Daten[182], das Beruhen der Daten auf offenen Standards[183] oder der Zugang zu den Informationen im DPP[184] gehören. Zudem ist nach Art. 10 Abs. 4 ESPR vorgeschrieben, dass der Wirtschaftsteilnehmer, der das Produkt in Verkehr bringt, eine Sicherungskopie des DPP über einen unabhängigen DPP-Dienstleister beim Inverkehrbringer generell zur Verfügung stellen muss, also sowohl Kunden und Verbrauchern als auch anderen Wirtschaftsteilnehmern. Dadurch wird gewährleistet, dass der Zugang zum DPP während des gesamten Zeitraumes, der im einschlägigen delegierten Rechtsakt festgelegt wird, möglich bleibt und sich eine Einstellung der Tätigkeit, Liquidation oder gar Insolvenz des das Produkt in Verkehr bringenden

179 Vgl. Wiebe/Daelen, in: „Die neue EU-Ökodesignverordnung im Überblick“, ESG 2024, 359, 361.
180 Vgl. Art. 10 Abs. 1 Buchst. a) ESPR.
181 Vgl. Art. 10 Abs. 1 Buchst. b) ESPR.
182 Vgl. Art. 10 Abs. 1 Buchst. e) ESPR.
183 Vgl. Art. 10 Abs. 1 Buchst. d) ESPR.
184 Vgl. Art. 10 Abs. 1 Buchst. g) ESPR.

Wirtschaftsteilnehmers nicht auf die Verfügbarkeit des DPP und die interlegten Daten auswirkt.[185]

Neben dieser Bestimmung zu dem zu verwendenden Datensatz muss die Kommission im Rahmen desselben delegierten Rechtsaktes Vorgaben für das Layout sowie die Position des Datenträgers[186], die Bezugsebene (Modell-, Chargen- oder Artikel)[187] und den Verfügbarkeitszeitraum[188] treffen.[189] Folglich kann sie die Art, Abmessungen oder auch den Verwendungszweck des zu regelnden Produktes bei ihrer Entscheidung und der Festsetzung der Anforderungen einfließen lassen und berücksichtigen. Entsprechend steht es ihr auch frei, Ausnahmen für bestimmte Produkte bzw. Produktgruppen vorzusehen.[190]

2.5.3 Digitales Produktpassregister und Webportal der Kommission

Ergänzt wird das ökodesignrechtliche Novum des DPP durch das ebenfalls neu entwickelte sog. „Digitale Produktpassregister“[191], welches künftig in der Verantwortung der Kommission liegt und von dieser eingerichtet, betrieben und verwaltet wird.[192] Die jeweils zuständigen nationalen (Zoll-)Behörden erhalten Zugriffsrechte zu dem DPPR.[193] Die Kommission erhält deswegen nach Art. 13 Abs. 1 S. 1 ESPR Gelegenheit, bis zum 19. Juli 2026 ein solches DPPR zu erstellen, auf dem zumindest die eindeutigen Produktkennzeichnungen gespeichert werden müssen. Für zwei besondere Produktgruppen im Rahmen des Handels im Binnenmarkt werden spezifische Vorgaben in Bezug auf die Art der einzutragenden Informationen vorgegeben, wie aus der Darstellung der Abbildung 19 erkennbar ist:

185 Vgl. Erwägungsgrund (38) der ESPR.
186 Vgl. Art. 9 Abs. 2 Buchst. c) ESPR.
187 Vgl. Art. 9 Abs. 2 Buchst. d) ESPR.
188 Vgl. Art. 9 Abs. 2 Buchst. i) ESPR.
189 Vgl. Wiebe/Daelen, in: „Die neue EU-Ökodesignverordnung im Überblick“, ESG 2024, 361.
190 Vgl. Erwägungsgrund (37) der ESPR.
191 i. F. DPPR genannt.
192 Vgl. Art. 13 Abs. 3 ESPR.
193 Vgl. Burchert/Weber, in: „EU-Ökodesign-Verordnung – Verschärfungen durch das Europäische Parlament?“, ESG 2023, 108.

Warencode

Bei Produkten, die in das Zollverfahren „Überlassung zum zollrechtlich freien Verkehr" übergeführt werden sollen

Kennung nach Art. 77 Abs. 3 der EU-Batterieverordnung

Bei Batterien

Abb. 19: Darstellung zweier Produktgruppen mit DPP-spezifischen Regelungen zur Art der einzutragenden Informationen.

In dem delegierten Rechtsakt, der die verschiedenen Ökodesign-Anforderungen und Vorgaben zu dem DPP enthält, werden nach Art. 13 Abs. 2 ESPR ebenfalls Vorgaben in Bezug auf die Daten, die in dem DPPR gespeichert werden müssen, enthalten sein. Verantwortlich für das Hochladen der Daten ist dabei gem. Art. 13 Abs. 4 ESPR grundsätzlich der das Produkt in Verkehr bringende Wirtschaftsteilnehmer.

Zusammen mit dem DPPR, auf welches zwar die verantwortlichen Wirtschaftsteilnehmer Daten hochlanden müssen, Zugriff aber nur eingeschränkt an bestimmte (Zoll-)Behörden vergeben wird, wird die Kommission ein Webportal i. S. d. Art. 14 ESPR erstellen und pflegen. Dieses Webportal ist im Gegensatz zum DPPR öffentlich zugänglich und die interessierten Akteure – Kunden, Wirtschaftsteilnehmer oder andere Akteure – können darüber die im Register enthaltenen Daten entsprechend ihrer jeweiligen Zugangsrechte, die in den delegierten Rechtsakten vorgegeben sind, abrufen und miteinander vergleichen. Das Webportal sollte nach dem Willen des europäischen Gesetzgebers mit Links zu solchen Daten ausgestattet sein, die der verantwortliche Wirtschaftsteilnehmer beim Hochladen in seinen dezentralen digitalen Produktpass zur Verfügung gestellt hat.[194]

2.6 Pflichten der Wirtschaftsteilnehmer

Neben den grundlegenden Leistungs- und Informationsanforderungen nach Art. 6 und 7 ESPR, die die materiellen Produktanforderungen, also die konkreten Ökodesign-Anforderungen darstellen, regeln die Art. 23 ff. ESPR darauf basierende spezifische Verpflichtungen und

194 Vgl. Erwägungsgrund (42) der ESPR und Art. 14 ESPR.

Verbote für bestimmte Wirtschaftsteilnehmer, die zum Teil auf den jeweils konkreten Wirtschaftsteilnehmer (Hersteller, Bevollmächtigte, Importeure, Vertreiber, Händler u. a.) zugeschnitten sind.

Die im Vergleich zu der vormaligen Ökodesign-RL neu konstituierten Pflichten und insbesondere Verbote bezüglich der Vernichtung von unverkauften Verbraucherprodukten finden sich in den Art. 23 ff. ESPR und sind an alle Wirtschaftsteilnehmer gerichtet. Hierzu gehören neben dem Warenvernichtungsverbot des Art. 25 ESPR die neuen Offenlegungspflichten bei unverkauften Verbraucherprodukten gem. Art. 24 ESPR.

Diese unterschiedlichen Pflichtenkataloge der jeweiligen Wirtschaftsteilnehmer werden mit Ausnahme der Warenvernichtungsvorgaben und -pflichten erst durch den entsprechenden delegierten Rechtsakt für die betreffende Produktgruppe „aktiviert" und im Nachfolgenden zuerst dargestellt.

2.6.1 Pflichten des Herstellers

Für den Hersteller als Primärverantwortlichem regelt Art. 27 ESPR verschiedene Pflichtenkreise und Vorgaben, die es insbesondere vor dem Inverkehrbringen oder der Inbetriebnahme von Produkten, die durch einen delegierten Rechtsakt i. S. d. Art. 4 ESPR geregelt werden, einzuhalten und zu erfüllen gilt. Das „Inverkehrbringen" meint dabei nach Art. 2 Nr. 40 ESPR die

> *„erstmalige Bereitstellung eines Produkts auf dem Unionsmarkt"*.

Parallel dazu ist die „Inbetriebnahme" gem. Art. 2 Nr. 41 ESPR die

> *„erstmalige bestimmungsgemäße Verwendung eines Produkts in der Union"*.

Neben diesen zeitlich vorgelagerten Pflichten werden auch besondere Nachmarktspflichten, insbesondere durch Art. 27 Abs. 8 ESPR, geregelt. Die Abbildung 20 stellt die verschiedenen Pflichten mittels eines entsprechenden Zeitstrahls dar.

Abb. 20: Zeitstrahl der Herstellerpflichten.

2.6.1.1 Pflichten vor dem Inverkehrbringen bzw. Inbetriebnahme des Produkts

Ein Hersteller muss nach Art. 27 Abs. 1 ESPR vor dem Inverkehrbringen – bzw. auch vor der Inbetriebnahme – sicherstellen, dass für das Produkt die nachfolgenden Fragen des Fragenkatalogs der Abbildung 21 mit einem „Ja" bzw. einem Häkchen beantwortet werden können.

Hersteller-Fragenkatalog nach Art. 27 Abs. 1 ESPR

- □ Wurden die Produkte i.S.d. Leistungsanforderungen des einschlägigen delegierten Rechtsaktes entworfen und hergestellt?
- □ Wurden den Produkten die nach ESPR erforderlichen Informationen beigefügt?
- □ Liegt für die Produkte ein DPP und eine Sicherungskopie der aktuellen Fassung des DPP vor, die von einem unabhängigen DPP-Drittdienstleister gespeichert wird?

Abb. 21: Hersteller-Fragenkatalog zur Konformität.

Der Hersteller ist damit primär verantwortlich und trägt Sorge, dass insbesondere dem betreffenden Produkt die nach Art. 7 und Art. 4 Abs. 1 ESPR erlassenen delegierten Rechtsakt erforderlichen Informationen beigefügt sind sowie ein DPP und eine Sicherungskopie ausgestellt worden sind. Er muss nach Art. 27 Abs. 5 ESPR sicherstellen, dass das unter einen gemäß Art. 4 ESPR erlassenen delegierten Rechtsakt fallende Produkt eine Typen-, Chargen- oder Seriennummer oder ein anderes Kennzeichen zu seiner Identifikation trägt (auf dem Produkt selbst oder ggf. der Verpackung) oder ihm diese Information beigefügt ist. Zudem fordert der europäische Gesetzgeber vom Hersteller nach Art. 27 Abs. 7 ESPR eine in leicht verständlicher Sprache abgefasste digitale Gebrauchsanleitung unter gleichzeitiger Zugabe von Sicherheitsinformationen in Papierform. Diese digitale Gebrauchsanleitung soll darüber hinaus ein Bestandteil des DPP bilden und muss darin aufgenommen und über den betreffenden Datenträger zugänglich sein.[195]

Wichtig ist dabei, dass der Hersteller nach Art. 28 Abs. 1 S. 2 ESPR seine Verantwortung und Konformitätspflichten aus Art. 27 Abs. 1 ESPR nicht auf den Bevollmächtigten übertragen kann. Gleiches gilt auch für die Erstellung der technischen Unterlagen. Diese können ebenfalls nicht Teil des Auftrags des Bevollmächtigten sein. Weitere Aufgaben können ihm hingegen angeordnet werden.[196]

2.6.1.2 EU-Konformitätserklärung

Nach Art. 27 Abs. 2 S. 1 ESPR fällt es außerdem in den Pflichtenkreis des Herstellers vor dem Inverkehrbringen oder der Inbetriebnahme des betreffenden Produktes, das festgelegte Konformitätsbewertungsverfahren durchzuführen oder es in seinem Namen durchführen zu lassen. Parallel zu diesem Konformitätsbewertungsverfahren muss der Hersteller die erforderlichen technischen Unterlagen erstellen.

Nachdem vom verantwortlichen Hersteller festgestellt wurde, dass das Produkt die für es geltenden Ökodesign-Anforderungen einhält, muss vom betreffenden Hersteller eine sog. EU-Konformitätserklärung i. S. d. Art. 44 aus ESPR ausgestellt und die CE-Kennzeichnung nach Art. 46 ESPR angebracht werden.[197] Die Beteiligung einer sog. notifizierten[198] Stelle i. S. d. Art. 2 Nr. 53 ESPR ist nicht in jedem Fall notwendig, da nur einige der im Beschluss Nr. 768/2008/EG festgelegten Konformitätsbewertungsmodule das Tätigwerden von Konformi-

---

195 Vgl. Wiebe/Daelen, in: „Die neue EU-Ökodesignverordnung im Überblick", ESG 2024, 362.

196 Vgl. Art. 28 Abs. 2 Buchst. a) bis d) ESPR.

197 Vgl. Art. 27 Abs. 2 S. 2 ESPR.

198 Eine solch notifizierte Stelle ist nach Art. 2 Nr. 53 ESPR „*eine Konformitätsbewertungsstelle, die gemäß Kapitel IX notifiziert wurde*".

tätsbewertungsstellen vorschreiben. Wenn aber eine Beteiligung einer solchen Konformitätsbewertungsstelle zwingend erforderlich ist, ist diese Stelle von den Behörden der Mitgliedstaaten zu notifizieren, was von den Art. 48 ff. ESPR konkret geregelt wird. Dies soll ein EU-weit einheitliches Vorgehen bei der Konformitätsbewertung sicherstellen.[199]

Für diese EU-Konformitätserklärung i. S. d. Art. 44 ESPR hat der europäische Gesetzgeber in Anhang V der Verordnung nachfolgendes Muster vorgesehen, an dessen Aufbau sich der ausstellende Hersteller halten muss. Inhaltlich ist er bei der Formulierung freier. Er kann also die EU-Konformitätserklärung selbst formulieren, solange er sich an den vorgegebenen Aufbau und die vorgeschriebenen Elemente, wie in der Abbildung 22 wiedergegeben, hält.[200]

199 Vgl. Erwägungsgrund (85) der ESPR.

200 Art. 44 Abs. 2 S. 1 ESPR: „*Die EU-Konformitätserklärung entspricht in ihrem Aufbau dem Muster in Anhang V und enthält die im anwendbaren Konformitätsbewertungsverfahren genannten Elemente sowie einen Verweis auf die geltenden gemäß Artikel 4 erlassenen delegierten Rechtsakte.*“.

Aufbau und Inhalt EU-Konformitätserklärung nach Anhang V der ESPR

1. Eindeutige Produktkennung
2. Name und Anschrift des Herstellers und, falls ernannt, seines Bevollmächtigten
3. Angabe: *„Die alleinige Verantwortung für die Ausstellung dieser Konformitätserklärung trägt der Hersteller.“*
4. Gegenstand der Erklärung: Beschreibung des Produkts (muss eindeutig identifizierbar und rückverfolgbar sein) ggf. mit Bild
5. Angabe: *„Das unter Nr. 4 genannte Produkt dieser Erklärung entspricht der ESPR, den gemäß Art. 4 ESPR erlassenen delegierten Rechtsakten und ggf. anderen Harmonisierungsrechtsvorschriften der Union.“*
6. Zugrunde gelegte einschlägige harmonisierte Normen oder gemeinsame Spezifikationen; oder die Angabe anderer technischer Spezifikationen, für die die Konformität erklärt wird
7. ggf. die notifizierte Stelle … (Name, Kennnummer), die … (Beschreibung ihrer Mitwirkung) durchgeführt und die Bescheinigung oder Zulassung … (Nummer) ausgestellt hat
8. ggf. Erklärung der Übereinstimmung mit anderem einschlägigen Unionsrecht, die die CE-Kennzeichnung vorsehen
9. Namen und die Unterschrift der für den Hersteller oder für den Bevollmächtigten des Herstellers zeichnungsberechtigten Person
10. Datum und Unterschriften:

    Unterzeichnet für und im Namen von: ____________________

    [Ort und Datum der Ausstellung]: ____________________

    [Name, Funktion] [Unterschrift]: ____________________

Abb. 22: Muster der EU-Konformitätserklärung.

Wenn aber ein Produkt nicht unter die Anforderung für das Anbringen der CE-Kennzeichnung vor dem Inverkehrbringen oder der Inbetriebnahme fällt, also keine CE-Kennzeichnung haben muss, wird die Kommission nach Art. 4 Ab. 6 Buchst. d) ESPR alternativ zu den fehlenden CE-Vorgaben entsprechende andere Regelungen zur Kennzeichnung gem. Art. 47 ESPR treffen.

Mit einer solchen EU-Konformitätserklärung i. S. d. Art. 44 ESPR bestätigt der Hersteller somit, dass das betreffende Produkt – für das Ökodesign-Anforderungen im Rahmen eines nach Art. 4 ESPR erlassenen delegierten Rechtsakts festgelegt wurden – diese konkreten Anforderungen auch erfüllt oder stattdessen die (widerlegliche) Vermutungsregelung des Art. 44 Abs. 1 ESPR i. V. m. Art. Art. 41 ESPR greift.[201]

2.6.1.2.1 Konformitätsvermutung

Mit der Konformitätsvermutung i. S. d. Art. 41 ESPR ist gemeint, dass Prüf-, Mess- und Berechnungsmethoden, DPPs oder Produkte, die die Anforderungen von harmonisierten Normen, die die entsprechenden Anforderungen der ESPR inhaltlich abdecken, erfüllen, als auch konform i. S. d. ESPR angesehen werden.

Darüber hinaus gilt nach Art. 41 Abs. 4 ESPR diese spezielle Konformitätsvermutung auch für Produkte, die unter einen gem. Art. 4 ESPR erlassenen delegierten Rechtsakt fallen, und für die das EU-Umweltzeichen nach der Verordnung (EG) Nr. 66/2010[202] vergeben wurde. Wenn ein solches Produkt also zulässigerweise ein EU-Umweltzeichen trägt, wird vermutet, dass es die Ökodesign-Anforderungen des delegierten Rechtsakts i. S. d. Art. 4 ESPR erfüllt, soweit diese Anforderungen von den Kriterien für das EU-Umweltzeichen umfasst sind.

2.6.1.2.2 Aufzeichnungen über die Konformitätsbewertung

Gleichzeitig mit der EU-Konformitätserklärung übernimmt der die Erklärung ausstellende Hersteller gem. Art. 44 Abs. 4 ESPR ausdrück-

201 Vgl. dazu auch Wiebe/Daelen, in: „Die neue EU-Ökodesignverordnung im Überblick“, ESG 2024, 359 f.

202 Verordnung (EG) Nr. 66/2010 des Europäischen Parlaments und des Rates vom 25. November 2009 über das EU-Umweltzeichen.

lich und transparent die Verantwortung für die Konformität des Produkts. Hierfür ist es nach Art. 43 Abs. 2 ESPR erforderlich, dass die Aufzeichnungen und der Schriftwechsel im Zusammenhang mit der Konformitätsbewertung in einer Amtssprache des Mitgliedstaats formuliert werden, in dem die am Konformitätsverfahren beteiligte notifizierte Stelle, ihren Sitz hat. Wenn die notifizierte Stelle eine andere Sprache anerkennt, ist die Abfassung der Dokumente stattdessen in dieser Sprache zulässig.[203]

Darüber hinaus muss nach Art. 44 Abs. 2 ESPR die EU-Konformitätserklärung selbst stets laufend aktualisiert und in die Sprache bzw. Sprachen übersetzt werden, die von dem jeweiligen Mitgliedstaat, auf dessen Markt das Produkt in Verkehr gebracht oder etwa bereitgestellt wird, vorausgesetzt werden.[204] Dies wird zumeist die jeweilige Amtssprache bzw. die Amtssprachen sein.

2.6.1.3 Pflichten nach dem Inverkehrbringen bzw. der Inbetriebnahme des Produkts

Die grundlegenden Pflichten des Herstellers nach Art. 27 ESPR betreffen den Zeitraum vor dem Inverkehrbringen des von einem delegierten Rechtsakt i. S. d. Art. 4 ESPR geregelten Produktes. Jedoch ist der Hersteller im Fall der von ihm festgestellten oder gar nur vermuteten Nichtkonformität des Produktes nach Art. 27 Abs. 8 S. 1 und S. 2 ESPR dazu zwingend angehalten, unverzüglich die erforderlichen Korrekturmaßnahmen durchzuführen, damit die Konformität dieses Produkts wiederhergestellt wird. Er muss zudem die örtlich zuständige Marktüberwachungsbehörde der Mitgliedstaaten hierüber unverzüglich unterrichten. Ist die Wiederherstellung der Konformität nicht möglich, ist der Hersteller je nach Erforderlichkeit dazu verpflichtet, dieses Produkt sofort vom Markt zu nehmen oder zurückzurufen. Im Falle der Maßnahme des Rückrufes wird dieser – die konkrete sachverhaltsbezogene Einzelfallprüfung außen vorgelassen – mit Blick auf die durchzuführende Verhältnismäßigkeitsprüfung[205] in der Regel

203 Vgl. Art. 43 Abs. 2 ESPR.
204 Vgl. Art. 44 Abs. 2 ESPR.
205 Der Grundsatz der Verhältnismäßigkeit gilt auch für die ESPR, sodass diese Verordnung nicht über das zur Erreichung dieser Ziele erforderliche Maß hinausgehen darf, vgl. Erwägungsgrund (122) der ESPR.

unverhältnismäßig sein, da dies den Nachhaltigkeitszielen der ESPR wohl zuwiderlaufen würde.[206]

2.6.2 Pflichten des Importeurs

Die für Importeure vorgegebenen Pflichten finden sich aufgelistet im Art. 29 ESPR. Danach treffen auch den Importeur – ähnlich zu dem Hersteller gem. Art. 27 ESPR – verschiedene Pflichten, die zeitlich vor dem Inverkehrbringen oder der Inbetriebnahme des Produktes (bzw. dessen erstmalige Inbetriebnahme) greifen, sowie auch solche, die diesem Ereignis zeitlich nachgelagert sind.

2.6.2.1 Pflichten vor dem Inverkehrbringen des Produkts

Der Importeur ist, da er im Gegensatz zum Hersteller nicht primärverantwortlich i. S. d. ESPR ist, in seinen Gewährleistungs- und Sicherstellungspflichten nicht in gleichem Umfang verpflichtet. Er muss beispielsweise nicht sicherstellen und gewährleisten, dass die betreffenden Produkte im Einklang mit den Leistungsanforderungen der nach Art. 4 ESPR erlassenen delegierten Rechtsakte entworfen und hergestellt wurden. Diese Verpflichtung trifft nur den Hersteller nach Art. 27 Abs. 1 Buchst. a) ESPR.

Eine Ausnahme hiervon wird in Art. 34 ESPR für zwei konkrete Fälle geregelt[207]. Sobald nämlich der Importeur

- ein Produkt, das unter einen gem. Art. 4 ESPR erlassenen delegierten Rechtsakt fällt, unter seinem Namen oder seiner Handelsmarke in Verkehr bringt, oder
- ein solches, bereits in Verkehr gebrachtes, Produkt so verändert, dass die Konformität mit den Anforderungen der gem. Art. 4 ESPR erlassenen anwendbaren delegierten Rechtsakte, unter die das Produkt fällt, beeinträchtigt wird,

206 Vgl. Wiebe/Daelen, in: „Die neue EU-Ökodesignverordnung im Überblick“, ESG 2024, 362.

207 Art. 34 ESPR nennt in der Überschrift des Artikels den „Erzeuger“, gemeint ist aber (auch mit Blick auf die englische Sprachversion mit „manufacturer“) der Hersteller.

gilt der Importeur selbst als Hersteller i. S. d. ESPR.[208] Ihn treffen dann nach Art. 34 ESPR die umfassenden Pflichten des Herstellers i. S. d. ESPR.

Ist keiner der Spezialfälle des Art. 34 ESPR einschlägig, so muss der Importeur nach Art. 29 Abs. 2 ESPR vor dem Inverkehrbringen eines Produkts sicherstellen, dass der Hersteller das betreffende Konformitätsbewertungsverfahren durchgeführt und die technischen Unterlagen erstellt hat[209], dass dem konkreten Produkt die nach Art. 7 ESPR und den gem. Art. 4 ESPR erlassenen delegierten Rechtsakten erforderlichen Informationen beigefügt sind[210] und, dass ein DPP samt einer Sicherungskopie vorliegt und von einem unabhängigem DPP-Dienstleister gespeichert wird[211]. Zu diesem Pflichtenkatalog gehören noch die Verpflichtungen des Importeurs gem. Art. 29 Abs. 2 S. 2 ESPR sicherzustellen, dass das Produkt mit der erforderlichen CE-Kennzeichnung versehen ist, die weiteren erforderlichen Unterlagen beigefügt wurden und der Hersteller selbst die Anforderungen des Art. 27 Abs. 5 und 6 ESPR erfüllt. Zudem muss der Importeur dafür Sorge tragen, dass die erforderliche digitale Gebrauchsanweisung i. S. d. Art. 29 Abs. 4 ESPR vorhanden ist und neben den verschiedenen Kennzeichnungsanforderungen ordnungsgemäße Lagerungs- und Transportbedingungen gem. Art. 29 Abs. 5 ESPR geschaffen werden, die an der bestehenden Konformität des Produktes nichts ändern.[212]

2.6.2.2 Pflichten nach dem Inverkehrbringen bzw. der Inbetriebnahme des Produkts

Auch nach dem Inverkehrbringen gelten ähnliche Pflichten zu denen des Herstellers. Der Importeur muss bei Nichtkonformität gem. Art. 29 Abs. 6 ESPR entsprechende Korrekturmaßnahmen vornehmen und die jeweils zuständige Marktüberwachungsbehörde informieren und unterrichtet halten. Dies schließt auch die Pflicht zur Übermittlung von Unterlagen gem. Art. 29 Abs. 8 ESPR und die Kooperationspflicht mit

208 Diese Ausnahmeregelung gilt nach Art. 34 ESPR auch für Vertreiber.
209 Art. 29 Abs. 2 S. 1 Buchst. a) ESPR.
210 Art. 29 Abs. 2 S. 1 Buchst. b) ESPR.
211 Art. 29 Abs. 2 S. 1 Buchst. c) ESPR.
212 Vgl. Wiebe/Daelen, in: „Die neue EU-Ökodesignverordnung im Überblick“, ESG 2024, 362.

den Behörden gem. Art. 29 Abs. 8 ESPR ein. Trotz dieser recht umfassenden Pflichten bleibt der Hersteller der nach Art. 27 ESPR der primär verantwortliche Wirtschaftsteilnehmer.

Wichtig ist hierbei aber, dass in den Fällen, in denen ein Hersteller seinen Sitz in einem Nicht-EU-Mitgliedstaat hat, der Rückgriff der Marktüberwachungsbehörden direkt auf den Importeur möglich ist.[213]

2.6.3 Pflichten der Vertreiber und Händler

Der Begriff des Händlers nach der neuen Verordnung stellt eine spezielle Unterkategorie des Vertreibers dar. Nach Art. 2 Nr. 55 ESPR ist ein Händler ein

> „*Vertreiber oder eine sonstige natürliche oder juristische Person, die im Rahmen einer Geschäftstätigkeit, auch im Fernabsatz, Produkte an bzw. für Endnutzer zum Kauf, zur Miete oder zum Ratenkauf anbietet oder ausstellt; dies umfasst auch alle natürlichen oder juristischen Personen, die im Rahmen einer Geschäftstätigkeit ein Produkt in Betrieb nehmen*“.

Demgegenüber ist ein Vertreiber gem. Art. 2 Nr. 45 ESPR

> „*jede natürliche oder juristische Person in der Lieferkette, die ein Produkt auf dem Markt bereitstellt, mit Ausnahme des Herstellers und des Importeurs*“.

Der Oberbegriff des Vertreibers beschreibt damit einen Wirtschaftsteilnehmer, der gegenüber Endverbrauchern (dann ist er ein Händler) auftritt gleichsam wie gegenüber anderen Akteuren in der Lieferkette. Die Abbildung 23 stellt diese vorgegebene Untergliederung verschiedener Wirtschaftsteilnehmer dar.

213 Vgl. Wiebe/Daelen, in: „Die neue EU-Ökodesignverordnung im Überblick“, ESG 2024, 362.

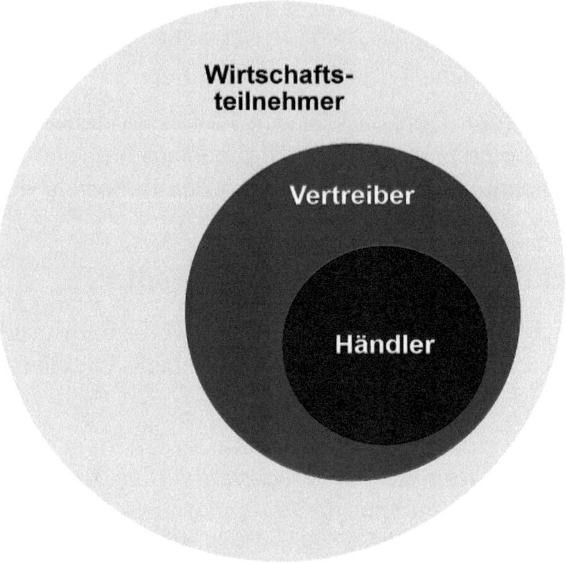

Abb. 23: Darstellung der unterschiedlichen Wirtschaftsteilnehmer.

Von dem Vertreiber – wie auch dem Händler – werden Produkte auf dem Markt, nachdem diese Produkte im Vorfeld von dem betreffenden Hersteller oder Importeur in Verkehr gebracht wurden, für Kunden[214] bereitgestellt und diesen unmittelbar angeboten. Vertreiber und Händler sind damit die letzte Instanz, bevor das Produkt zu dem Kunden gelangt. Der europäische Gesetzgeber möchte sie genau wegen dieser Schlüsselposition auf den Markt bei den Pflichten rund um die Produktkonformität mit einbeziehen. Sie werden deswegen in die Marktüberwachungsaufgaben der zuständigen nationalen Behörden eingebunden und zu einer aktiven Mitwirkung aufgefordert. Diese Mitwirkung betrifft insbesondere die Zurverfügungstellung der nötigen Informationen zu dem betreffenden Produkt, wenn die betreffende Behörde diese benötigt.[215] Auch müssen Vertreiber und Händler im

214 Ein Kunde ist nach Art. 2 Nr. 35 ESPR „*eine natürliche oder juristische Person, die ein Produkt für den Eigengebrauch kauft, mietet oder erhält, unabhängig davon, ob sie zu Zwecken handelt, die ihrer gewerblichen, geschäftlichen, handwerklichen oder beruflichen Tätigkeit zugerechnet werden können, oder nicht*“.

215 Vgl. Erwägungsgrund (66) der ESPR.

Rahmen ihrer Tätigkeit sorgfältig sicherstellen, dass ihre Handhabung bzw. ihr Umgang (v. a. Lagerung und Transport) mit den Produkten deren Konformität nicht beeinträchtigt.[216]

Den Händler treffen deswegen – da er ja nur gegenüber dem Endverbraucher aktiv wird – nach Art. 31 ESPR ausschließlich verschiedene Informations- und Zugänglichmachungspflichten. So müssen Händler gem. 31 Abs. 1 ESPR darauf achten, dass ihre (potentiellen) Kunden Zugang zu sämtlichen einschlägigen, dem Produkt beiliegenden Informationen erhalten, die in den nach Art. 4 ESPR erlassenen delegierten Rechtsakten vorgeschrieben sind. Das Fernabsatzgeschäft wird hierbei gleich zum stationären Handel behandelt.

Die Pflichten des Händlers lassen sich wie folgt mit der Abbildung 24 darstellen:

Händler-Pflichtenkatalog nach Art. 31 Abs. 2 und 3 ESPR

- DPP ist für die (potenziellen) Kunden leicht zugänglich
- Etiketten gem. Art. 32 ESPR sind auf gut sichtbare Weise den (potenziellen) Kunden darzubieten
- das visuelle oder technische Werbematerial für ein bestimmtes Produktmodell nimmt auf die Informationen der Etiketten nach Art. 32 ESPR Bezug
- Irreführungsverbot: andere Etiketten, Markierungen, Symbole oder Beschriftungen, mit denen die (potenziellen) Kunden bzgl. der Informationen auf dem Etikett über die Ökodesign-Anforderungen irregeführt oder verwirrt werden könnten, dürfen weder bereitgestellt noch angebracht werden

Abb. 24: Übersicht des Händler-Pflichtenkatalogs.

Der Vertreiber ist ergänzend dazu nach Art. 30 ESPR dazu verpflichtet, unter anderem sicherzustellen, dass das Produkt mit der erforderlichen CE-Kennzeichnung versehen ist[217], die notwendigen Unterlagen und eine digitale Gebrauchsanleitung beigefügt sind[218] und der Hersteller sowie auch der Importeur die ihnen obliegenden Pflichten des Art. 27 Abs. 5 und 6 ESPR sowie des Art. 29 Abs. 3 ESPR erfüllen.[219] Zudem gelten wieder die bereits dargestellten Pflichten, die im Fal-

216 Vgl. Erwägungsgrund (65) der ESPR.
217 Vgl. Art. 30 Abs. 2 Buchst. a) ESPR.
218 Vgl. Art. 30 Abs. 2 Buchst. b) ESPR.
219 Vgl. Art. 30 Abs. 2 Buchst. c) ESPR.

le einer Nichtkonformität des Produktes gem. Art. 30 Abs. 3, 4 und 5 ESPR greifen.

2.6.4 Pflichten des Fulfilment-Dienstleisters und der Anbieter von Online-Marktplätzen und Online-Suchmaschinen

Der Fulfilment-Dienstleister[220] gehört auch zum Kreis der Wirtschaftsteilnehmer nach Art. 2 Nr. 46 ESPR, wohingegen die Anbieter von Online-Marktplätzen[221] und Online-Suchmaschinen[222] eine eigene Kategorie von Marktakteuren bilden. Diese Unterscheidung zwischen den beiden Akteuren wirkt sich auch im divergierenden Pflichtenkreis aus.

2.6.4.1 Fulfilment-Dienstleister

Vom Begriff des Fulfilment-Dienstleisters, legal definiert in Art. 2 ESPR i. V. m. Art. 3 Nr. 11 Verordnung (EU) 2019/1020[223], werden ausdrücklich Post-, Paketzustell- und Frachtverkehrsdienste ausgeschlossen. Dieser Fulfilment-Dienstleister muss nach Art. 33 ESPR sicherstellen, dass die

> „*Bedingungen während der Lagerhaltung, Verpackung, Adressierung oder dem Versand von Produkten, die sie handhaben und die unter einen gemäß Artikel 4 erlassenen delegierten Rechtsakt fallen, die Konformität der Produkte mit diesem delegierten Rechtsakt nicht beeinträchtigen*".

---

220 Siehe dazu die Legaldefinition in Art. 2 ESPR i. V. m. Art. 3 Nr. 11 Verordnung (EU) 2019/1020.

221 Siehe hierzu Legaldefinition in Art. 2 Nr. 54 ESPR.

222 Dieser Begriff wird hingegen in der ESP nicht näher konkretisiert oder definiert und die einzige Erwähnung findet sich in der Überschrift des Art. 35 ESPR.

223 Art. 2 ESPR i. V. m. Art. 3 Nr. 11 Verordnung (EU) 2019/1020: „*jede natürliche oder juristische Person, die im Rahmen einer Geschäftstätigkeit mindestens zwei der folgenden Dienstleistungen anbietet: Lagerhaltung, Verpackung, Adressierung und Versand von Produkten, an denen sie kein Eigentumsrecht hat, ausgenommen Postdienste im Sinne von Artikel 2 Nummer 1 der Richtlinie 97/67/EG […], Paketzustelldienste im Sinne von Artikel 2 Nummer 2 der Verordnung (EU) 2018/644 […] und alle sonstigen Postdienste oder Frachtverkehrsdienstleistungen*".

Er hat damit Sorge dafür zu tragen, dass sich die Produktqualität während der Zeit, in der sich das Produkt bei ihm befindet, nicht verschlechtert.[224]

2.6.4.2 Anbieter von Online-Marktplätzen und Online-Suchmaschinen

Anbieter von Online-Marktplätzen i. S. d. Art. 2 Nr. 54 ESPR wurden von der vormaligen Ökodesign-RL nicht erfasst und in den Kreis der verpflichteten Wirtschaftsakteure aufgenommen. Dies ändert sich nun mit der ESPR. Der europäische Gesetzgeber hat erkannt, dass Online-Marktplätze und dortige Anbieter in der Produktlieferkette im Laufe der Jahre eine zentrale Rolle als Vermittler zwischen Wirtschaftsteilnehmern und Kunden beim Verkauf von Produkten eingenommen haben. Wirtschaftsteilnehmer können über Online-Marktplätze und solche Plattformen eine immens große Zahl an Kunden erreichen, was über den stationären Handel oder den eigenen Onlineshop nicht möglich ist. Deswegen wird mit der EPSR auch diesen Anbietern von Online-Marktplätzen die Verantwortung für den Verkauf von Produkten, die nicht den Ökodesign-Anforderungen entsprechen, aufgebürdet.[225]

Aufbauend auf dem allgemeinen Rechtsrahmen der Richtlinie 2000/31/EG[226], die konkrete Pflichten für Online-Plattformen regelt, sowie auf dem DSA[227], der unter anderem die Rechenschaftspflicht der Anbieter von Online-Vermittlungsdiensten im Hinblick auf illegale Inhalte regelt, werden Anbieter von Online-Marktplätzen künftig in Fällen der Nichtkonformität von Produkten mit den zuständigen Marktüberwachungsbehörden zusammenarbeiten müssen.[228]

---

224 Vgl. Wiebe/Daelen, in: „Die neue EU-Ökodesignverordnung im Überblick", ESG 2024, 363.

225 Vgl. Erwägungsgrund (70) der ESPR.

226 Richtlinie 2000/31/EG des Europäischen Parlaments und des Rates vom 8. Juni 2000 über bestimmte rechtliche Aspekte der Dienste der Informationsgesellschaft, insbesondere des elektronischen Geschäftsverkehrs, im Binnenmarkt („Richtlinie über den elektronischen Geschäftsverkehr").

227 Verordnung (EU) 2022/2065 des Europäischen Parlaments und des Rates vom 19. Oktober 2022 über einen Binnenmarkt für digitale Dienste und zur Änderung der Richtlinie 2000/31/EG (Gesetz über digitale Dienste).

228 Vgl. Erwägungsgrund (70) der ESPR.

Folglich ist ein Anbieter von Online-Marktplätzen und Online-Suchmaschinen, wobei es zu Letztem keine konkret vorgegebene Legaldefinition gibt, neben den allgemeinen Verpflichtungen gemäß den Artikeln 11 und 30 des DSA nach Art. 35 Abs. 1 S. 2 ESPR zur Mitwirkung und Kooperation mit Marktüberwachungsbehörden verpflichtet, wenn es darum geht, gegen nicht konforme Produkte, die über die Dienste der Online-Marktplätze online zum Verkauf angeboten wurden oder weiterhin werden, Maßnahmen zu unterstützen. Darüber hinaus müssen solche Anbieter gem. Art. 35 Abs. 3 S. 1 ESPR eine zentrale Kontaktstelle zur direkten Kommunikation mit den Marktüberwachungsbehörden der Mitgliedstaaten einrichten, um derartige Konformitätsfälle effizient bearbeiten zu können.

2.6.5 Weitere Pflichten, Grundsätze und Verbote

Zusätzlich zu den spezifischen, auf den jeweiligen Wirtschaftsteilnehmer (Hersteller, Importeur u. a.) zugeschnittenen Pflichtenkatalogen sieht der europäische Gesetzgeber mehrere Pflichten als derart essentiell an, dass sie unabhängig von der Position und Rolle des Wirtschaftsteilnehmers in der Lieferkette für alle gelten.

2.6.5.1 Pflicht zur Verhinderung der Vernichtung

Die Vernichtung unverkaufter Verbraucherprodukte ist ein Themengebiet, das der europäische Gesetzgeber erstmals mittels eines neuen Rechtsaktes zu regeln versucht. Betroffene Produkte sind meist für Endverbraucher bestimmte Produkte wie Textilien oder Schuhe, die in großen Mengen hergestellt, befördert und anschließend, ohne jemals für ihren Verwendungszweck genutzt zu werden, vernichtet werden. Der Vertrieb über die sich wachsender Beliebtheit erfreuenden Onlinemarktplätze und Onlineshops hat dieses Phänomen befeuert und verstärkt. In erster Linie aus Gründen des Umweltschutzes soll mittels der ESPR ein rechtlicher Rahmen geschaffen werden, der die Vernichtung solcher unverkaufter Endverbraucherprodukte verhindert.[229] Die grundlegende Pflicht zur Verhinderung der Vernichtung findet sich in Art. 23 ESPR. Allen „*Wirtschaftsakteuren*“ wird auferlegt, solche Maßnahmen zu ergreifen, die dafür erforderlich sind und bei denen

229 Vgl. Erwägungsgrund (55) der ESPR.

nach vernünftigem Ermessen davon ausgegangen werden kann, dass sie die Vernichtung unverkaufter Verbraucherprodukte verhindern.[230]

2.6.5.2 Offenlegungspflichten

Um die Durchschlagskraft dieses neuen Warenvernichtungsverbotes weiter zu intensivieren und zu verschärfen, schafft der Gesetzgeber neben dem Verbot eine Offenlegungspflicht im Hinblick auf die Daten über die Menge und das Gewicht der unverkauften Verbraucherprodukte, die pro Jahr vernichtet werden.[231] Art. 24 ESPR regelt bestimmte Offenlegungspflichten der Wirtschaftsteilnehmer, ist aber nach Art. 24 Abs. 1 S. 1 ESPR begrenzt auf solche Akteure, die unverkaufte Ware unmittelbar entsorgen.

Die Informationen, die in diesem Rahmen offengelegt werden müssen, sind die Folgenden, wie auch mit Abbildung 25 dargestellt:

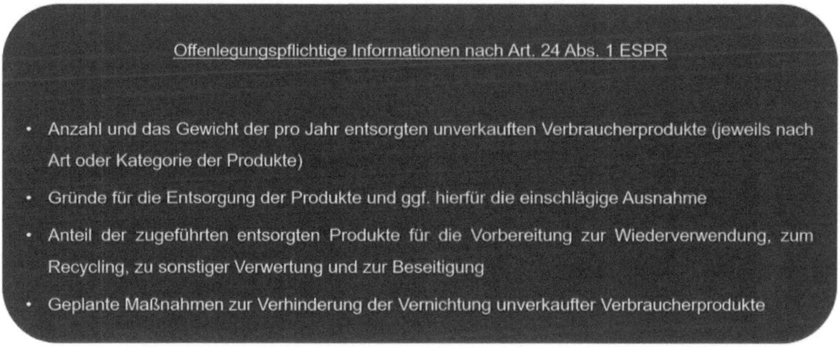

Abb. 25: Übersicht der offenlegungspflichtigen Informationen bezüglich der Vernichtung unverkaufter Verbraucherprodukte.

Ausnahmen von dieser recht umfassenden Offenlegungs- und Informationspflicht regelt Art. 24 Abs. 1 Buchst. b) i. V. m. Art. 25 Abs. 5 ESPR, der es der Kommission ermöglicht, gem. Art. 72 ESPR delegierte Rechtsakte zur Ergänzung dieser Verordnung zu erlassen. Als Gründe für eine solche Ausnahme nennt der Gesetzgeber abschließend sieben verschiedene Aspekte in Art. 25 Abs. 5 Buchst. a) bis g) ESPR,

---

230 Vgl. Art. 23 ESPR.
231 Vgl. Erwägungsgrund (56) der ESPR.

zu denen neben Gesundheits-, Hygiene- und Sicherheitsaspekten auch die reine Ablehnung von Produkten für die Verwendung als Spende gehören kann. Letzteres hängt von der jeweiligen Spendenorganisation und den dortigen Gepflogenheiten und Vorgaben ab, welche Art von Waren abgelehnt werden.

Eine weitere Erleichterung sieht der europäische Gesetzgeber zudem für bestimmte Unternehmen – je nach Größe – vor: So gelten gem. Art. 24 Abs. 1 S. 7 ESPR die Offenlegungspflichten des Art. 24 Abs. 1 ESPR nicht für Kleinst- und Kleinunternehmen[232] und für mittlere Unternehmen erst ab dem 19. Juli 2030.

Wenn also ein Unternehmen weniger als 50 Personen beschäftigt und einen Jahresumsatz bzw. eine Jahresbilanz von höchstens 10 Mio. EUR verzeichnen kann[233], gelten für dieses Unternehmen die Pflichten des Art. 24 Abs. 1 ESPR nicht. Werden im Unternehmen hingegen weniger als 50 Personen beschäftigt und entweder ein Jahresumsatz von höchstens 50 Mio. EUR erzielt oder eine Jahresbilanzsumme von maximal 43 Mio. EUR verzeichnet[234], muss das Unternehmen erst ab dem 19. Juli 2030 Offenlegungs- und Informationspflichten des Art. 24 Abs. 1 ESPR erfüllen.

Wie genau die Informationen offenzulegen sind, wird von der Kommission in entsprechenden, noch zu erlassenden Durchführungsrechtsakten künftig geregelt.[235] Der erste derartige Durchführungsrechtsakt muss nach Art. 24 Abs. 3 S. 3 ESPR bis zum 19. Juli 2025 erlassen werden. Jedoch ist es bereits zum gegenwärtigen Zeitpunkt vorgegeben, dass die offenzulegenden Informationen nach Art. 24 Abs. 1 S. 2 ESPR klar und deutlich erkennbar sowie zumindest auf einer leicht zugänglichen Seite der Website des jeweiligen Wirtschaftsteilnehmers

---

232 Vgl. Art. 2 S. 2 ESPR i. V. m. Titel I Art. 2 Nr. 1, 2 bzw. 3 des Anhangs der Empfehlung 2003/361/EG.

233 Dann handelt es sich um ein kleines Unternehmen nach Titel I Art. 2 Nr. 2 des Anhangs der Empfehlung 2003/361/EG; für ein Kleinstunternehmen ist die Schwelle geringer angesetzt: in einem solchen Kleinstunternehmen werden weniger als 10 Personen beschäftigt und ein Jahresumsatz bzw. eine Jahresbilanz von maximal 2 Mio. EUR erzielt, vgl. Titel I Art. 2 Nr. 3 des Anhangs der Empfehlung 2003/361/EG.

234 Dann handelt es sich um ein mittleres Unternehmen nach Titel I Art. 2 Nr. 1 des Anhangs der Empfehlung 2003/361/EG.

235 Art. 24 Abs. 3 S. 1 ESPR.

veröffentlicht werden müssen. Für nach Art. 19a oder 29a der Richtlinie 2013/34/EU (sog. Bilanz-Richtlinie) verpflichtete Wirtschaftsteilnehmer können die offenzulegenden Informationen optional auch in die Nachhaltigkeitsberichterstattung aufgenommen werden.

2.6.5.3 Warenvernichtungsverbot

Mit dem Grundsatz des Art. 23 ESPR und der Offenlegungspflicht des Art. 24 ESPR einhergehend regelt der europäische Gesetzgeber mit Art. 25 ESPR ein ab dem 19. Juli 2026 geltendes Warenvernichtungsverbot für unverkaufte Verbraucherprodukte nach dem Anhang VII der ESPR. Dieses Verbot ist im Vergleich zu der aufgehobenen Ökodesign-RL ein gänzlich neues Regularium, das selbst im Hinblick auf das bisherige EU-Abfallrecht ein rechtliches Novum darstellt.

Zur Rechtfertigung des Verbots führt der europäische Gesetzgeber an, dass die Vernichtung unverkaufter Verbraucherprodukte – wie insbesondere Textilien und Schuhen – befeuert durch den verbreiteten Onlineverkauf überhandgenommen hat und zu einem weitverbreiteten und schwer händelbaren Umweltproblem in der gesamten Union geführt hat. Diese großen Abfallmengen führten zum Verlust wertvoller wirtschaftlicher Ressourcen, da Produkte aufwändig produziert wurden, die schlussendlich nicht zum Einsatz kommen und ungenutzt direkt der Abfallentsorgung zugeführt werden.[236] Deswegen schafft die ESPR – wie bereits ausgeführt – erstmalig einen Rechtsrahmen, der verhindern soll, dass unverkaufte Produkte, die in erster Linie für Verbraucher bestimmt sind, sowie auch solche, die bereits von vornherein gar nicht zum Verkauf angeboten wurden oder vom Verbraucher im Zuge seines Widerrufsrechts[237] oder während einer von dem Einzelhändler eingeräumten längeren Widerrufsfrist zurückgegeben wurden, unnötig vernichtet werden.[238]

Um diese vorgegebenen Ziele zu erreichen, wird – ähnlich zu der nationalen „Obhutspflicht“ des § 23 Abs. 1 S. 3 KrWG – ein aus zwei Stufen bestehendes Konzept in den Art. 24 und 25 ESPR vorgege-

236 Vgl. Erwägungsgrund (55) der ESPR; Petersen/Massow, in: „Die EU-Ökodesign-Verordnung und das „Warenvernichtungsverbot““, ZUR 2023, 69.

237 Gemeint ist das Widerrufsrecht nach der Richtlinie 2011/83/EU.

238 Vgl. Erwägungsgrund (55) der ESPR.

ben. Dieses Regelungskonzept besteht auf der ersten Stufe nach Art 24 ESPR aus einem unmittelbar geltenden Transparenzgebot und als zweite Stufe nach Art. 25 ESPR aus einem Warenvernichtungsverbot, das durch einen nach Art. 72 ESPR zu erlassenden delegierten Rechtsakt vorgegeben wird.[239] Die Abbildung 26 bildet grafisch diese beiden Stufen wie folgt ab:

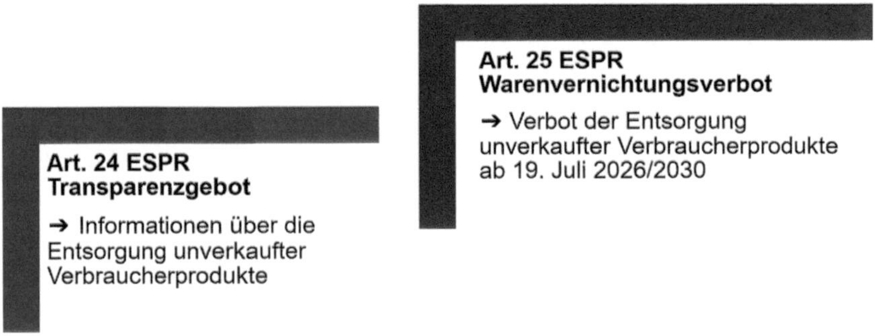

Abb. 26: Darstellung des Zwei-Stufen Konzeptes zur Vermeidung der Warenvernichtung.

2.6.5.3.1 Vom Warenvernichtungsverbot umfasste Produkte

Von dem Warenverbot umfasst sein sollen gem. Art. 25 Abs. 1 S. 1 ESPR grundsätzlich nur bestimmte unverkaufte Verbraucherprodukte. Ein Verbraucherprodukt ist dabei nach Art. 2 Nr. 36 ESPR

> *„jedes Produkt mit Ausnahme von Bauteilen und Zwischenprodukten, das in erster Linie für Verbraucher*[240] *bestimmt ist*".

Als unverkauft gilt ein Verbraucherprodukt dann, wenn es nach Art. 2 Nr. 37 ESPR

> *„nicht verkauft wurde, darunter Warenüberschuss, überhöhte Lagerbestände, und totes Inventar sowie Produkte, die von*

239 Vgl. Petersen/Massow, in: „Die EU-Ökodesign-Verordnung und das „Warenvernichtungsverbot"", ZUR 2023, 69.

240 Verbraucherbegriff ist hierbei nach Art. 2 ESPR i. V. m. Art. 2 Nr. 2 Richtlinie (EU) 2019/771 (sog. Warenkauf-Richtlinie) *„jede natürliche Person, die in Bezug auf von dieser Richtlinie erfasste Verträge zu Zwecken handelt, die außerhalb ihrer gewerblichen, geschäftlichen, handwerklichen oder beruflichen Tätigkeit liegen*".

einem Verbraucher auf der Grundlage seines Widerrufsrechts gemäß Artikel 9 der Richtlinie 2011/83/EU oder gegebenenfalls während einer vom Unternehmer gewährten längeren Widerrufsfrist zurückgegeben wurden".

Die konkret festgesetzten Produktgruppen, die als Verbraucherprodukte in Betracht kommen können, sind der Auflistung des Anhang VII der ESPR zu entnehmen. Abbildung 27 enthält eine Übersicht über diese spezifischen Produktgruppen.

Kleidung und Bekleidungszubehör

Warencodes der kombinierten Nomenklatur: 4203; 61; 62; 6504; 6505

Schuhe

Warencodes der kombinierten Nomenklatur: 6401; 6402; 6403; 6404; 6405

Abb. 27: Übersicht der spezifischen Produktgruppen des Anhangs VII der ESPR.

Die Kommission hat aber über diese in Anhang VII der ESPR aufgelisteten beiden Produktgruppen hinaus nach Art. 25 Abs. 3 S. 1 ESPR die Befugnis gem. Art. 72 ESPR delegierte Rechtsakte zu erlassen, mit denen die Auflistung des Anhangs VII der ESPR erweitert oder aktualisiert[241] wird. Eine Befugnis, Produktgruppen aus der Liste des Anhangs VII der ESPR zu streichen, hat die Kommission hingegen nicht. Sie kann aber nach Art. 25 Abs. 5 ESPR Ausnahmen von dem Warenvernichtungsverbot regeln, wenn einer der in Art. 25 Abs. 5 Buchst. a) bis g) ESPR genannten Gründe (wie etwa Sicherheitsaspekte oder Gesundheitsschutz[242]) einschlägig ist.

241 Die Aktualisierungsmöglichkeit ist auf die Warencodes und -bezeichnungen, die in Anhang I der Verordnung (EWG) Nr. 2658/87 vorgenommen werden, beschränkt, vgl. Art. 25 Abs. 3 Buchst. b) ESPR.

242 Vgl. Art. 25 Abs. 5 Buchst. a) ESPR.

2.6.5.3.2 Ausnahmen für bestimmte Unternehmen

Parallel zu den Offenlegungs- und Informationspflichten des Art. 24 ESPR werden Kleinst- und Kleinunternehmen von dem Warenvernichtungsverbot nach Art. 25 Abs. 1 S. 1 ESPR ausgenommen. Für mittlere Unternehmen gilt das Verbot ab dem 19. Juli 2030.[243] Eine Besonderheit im Vergleich zu den Regelungen des Art. 24 ESPR zur Offenlegungspflicht ist Art. 25 Abs. 2 ESPR, der ein Umgehungsverbot konstituiert. Nach Art. 25 Abs. 2 ESPR dürfen Wirtschaftsteilnehmer, die aufgrund ihrer Unternehmensgröße vom Verbot der Warenvernichtung ausgenommen sind, die an sie gelieferten unverkauften Verbraucherprodukte nicht vernichten, wenn das Liefern der Produkte nur der Umgehung dieses Verbots dient. Wenn also das kleinere Unternehmen quasi als Vernichtungs-Strohmann für das größere Unternehmen agiert und für das andere Unternehmen unverbrauchte Produkte entsorgen soll, ist dies nicht zulässig.[244]

2.6.5.3.3 Begriff der Vernichtung

Mit dem Begriff der Vernichtung beschreibt der Gesetzgeber gem. Art. 2 Nr. 34 ESPR

> *„die vorsätzliche Beschädigung oder Entsorgung eines Produkts als Abfall, mit Ausnahme der Entsorgung zum alleinigen Zweck der Bereitstellung des entsorgten Produkts zur Vorbereitung zur Wiederverwendung, einschließlich der Instandsetzung oder der Wiederaufarbeitung*“.

Die reine Vorbereitung des Verbraucherproduktes zur Wiederverwendung, die auch die Instandsetzung und Wiederaufarbeitung umfasst, gilt folglich im Kontext der ESPR nicht als Vernichtung. Bei der im Rahmen des Vernichtungsbegriffs genannten „Entsorgung“ – im Unterschied dazu heißt es in der englischen Sprachversion „discarding“, was mit „entledigen“ übersetzt werden kann – ist das Warenvernichtungsverbot des Art. 25 Abs. 1 ESPR bereits bei der vorsätzlichen Erzeugung von Abfällen einschlägig.[245]

---

243 Art. 25 Abs. 1 S. 3 ESPR.

244 Vgl. Art. 25 Abs. 2 ESPR.

245 Vgl. Petersen/Massow, in: „Die EU-Ökodesign-Verordnung und das „Warenvernichtungsverbot““, ZUR 2023, 75.

Beim Begriff des Vorsatzes lässt der europäische Gesetzgeber die Bedeutung undefiniert. Dass die im deutschen – und damit rein einzelstaatlichen – Strafrecht vorherrschende Definition des Vorsatzes[246] als „Wissen und Wollen der zum gesetzlichen Tatbestand gehörenden objektiven Merkmale“ auf den Vernichtungsbegriff nach Art. 2 Nr. 34 ESPR übertragbar ist, ist fraglich. Der Vorsatz im deutschen Strafrecht umfasst drei Arten des Vorsatzes: die Absicht (auch genannt „dolus directus 1. Grades“), das Wissen um die Erfüllung des Tatbestandes (sog. „dolus directus 2. Grades“) und der bedingte Vorsatz[247] (sog. „dolus eventualis“). Zwar spricht die englische Sprachfassung des Art. 2 Nr. 34 ESPR („intentional damaging or discarding of a product“) dafür, dass allein die reine Absicht vom Vorsatzbegriff umfasst sein soll, was den im deutschen Recht vom Vorsatzbegriff ebenfalls umfassten Eventualvorsatz ausschließen würde.[248] Wie weit der Vorsatzbegriff schlussendlich zu verstehen sein wird und, ob ein „Verrottenlassen“ oder die rein in Kauf genommene Zerstörung von Produkten davon umfasst sind, bleibt deswegen der zukünftigen Rechtsprechung überlassen.

Davon aber unabhängig ist jedenfalls das fahrlässige Handeln des Wirtschaftsteilnehmers bei der Vernichtung unverkaufter Verbraucherprodukte nicht von der Legaldefinition des Art. 2 Nr. 34 ESPR umfasst. Wenn also der Wirtschaftsteilnehmer ohne direkte Zerstörungsabsicht grob gegen die ihm obliegenden Sorgfaltspflichten verstößt und Waren i. S. d. Anhangs VII der ESPR vernichtet werden, greift das Vernichtungsverbot des Art. 25 Abs. 1 ESPR nicht. Dies schafft eine Regelungslücke, da insbesondere absichtliches Tun in der Praxis wohl schwierig nachzuweisen sein wird.[249]

Zuletzt wird durch die Ausnahme *„der Entsorgung zum alleinigen Zweck der Bereitstellung des entsorgten Produkts zur Vorbereitung*

---

246 Nach § 15 StGB ist nur vorsätzliches Handeln strafbar, es sei denn das Gesetz ordnet für fahrlässiges Handeln ausdrücklich eine Strafe an.

247 Im Unterschied zu der bewussten Fahrlässigkeit (der Täter denkt sich bei seiner Tat „wird schon gut gehen“), nimmt er im Falle des Eventualvorsatzes den Erfolg seiner Tat billigend in Kauf.

248 Vgl. Petersen/Massow, in: „Die EU-Ökodesign-Verordnung und das „Warenvernichtungsverbot““, ZUR 2023, 75.

249 Vgl. Petersen/Massow, in: „Die EU-Ökodesign-Verordnung und das „Warenvernichtungsverbot““, ZUR 2023, 75.

zur Wiederverwendung, einschließlich der Instandsetzung oder der Wiederaufarbeitung" im Art. 2 Nr. 34 ESPR vom Vernichtungsbegriff ein Verwertungsverfahren ausgenommen. Da ein solches Verfahren aber die Abfalleigenschaft des Produktes voraussetzt, entsteht durch diesen Ausnahmezusatz ein Wertungswiderspruch mit der Abfallhierarchie.[250]

2.6.5.4 Pflichten in Bezug auf Etiketten

Eine besondere Pflicht kann in Bezug auf die Anbringung und Darstellung von Etiketten bestehen, wenn es in einem nach Art. 4 ESPR erlassenen delegierten Rechtsakt vorgesehen ist, dass Produkte mit einem in Art. 16 ESPR genannten Etikett[251] versehen sein müssen. Diese Etiketten sind vom in Verkehr bringenden Wirtschaftsteilnehmer dann nach Art. 32 Abs. 1 Buchst. a) ESPR dem einzelnen Produkt unentgeltlich und ausgedruckt beizulegen. Zudem müssen sie in gedruckter oder digitaler Weise einem Händler unentgeltlich und innerhalb von fünf Werktagen zur Verfügung gestellt werden.[252] Der in Verkehr bringende Wirtschaftsteilnehmer muss aber grundsätzlich sicherstellen und gewährleisten, dass seine Etiketten korrekt sind, damit dies auch anhand ausreichender technischer Unterlagen überprüft werden kann.[253]

2.6.5.5 Informationspflichten im Fernabsatz

Wirtschaftsteilnehmer sind nach Art. 36 ESPR verschiedenen Informationspflichten unterworfen, wenn sie im Fernabsatz Produkte auf dem Markt bereitstellen. Dadurch soll es insbesondere Verbrauchern ermöglicht werden, innerhalb des Angebotes für ein unter einen nach Art. 4 ESPR erlassenen delegierten Rechtsakt fallendes Produkt die

250 Vgl. Petersen/Massow, in: „Die EU-Ökodesign-Verordnung und das „Warenvernichtungsverbot"", ZUR 2023, 75.

251 Solche Etiketten werden in der Regel bei energieverbrauchsrelevanten Produkten vorgegeben werden. Art. 16 Abs. 1 ESPR regelt dazu, dass in den Informationsanforderungen ausdrücklich festgelegt werden muss, dass die betreffenden Informationen nach Art. 7 Abs. 7 Buchst. c) ESPR auf einem Etikett anzugeben sind. Dann besteht eine Etikettenpflicht, die inhaltlich von einem gem. Art. 4 ESPR erlassenen delegierten Rechtsakt ausgestaltet wird.

252 Vgl. Art. 32 Abs, 1 Buchst. b) ESPR.

253 Vgl. Art. 32 Abs, 1 Buchst. c) ESPR.

nachfolgenden, mittels der Abbildung 28 dargestellten, Informationen gut sichtbar und klar verständlich anzutreffen[254]:

Im Fernabsatz nach Art. 36 ESPR erforderliche Informationen

- Name, eingetragener Handelsname oder eingetragene Handelsmarke des Herstellers
- Postanschrift und die E-Mail-Adresse, unter denen der Hersteller kontaktiert werden kann
- Bei einem nicht in der Union ansässigen Hersteller: Name, Postanschrift, E-Mail-Adresse und Telefonnummer des in der Union ansässigen Wirtschaftsteilnehmers
- Angaben, zur Identifizierung des Produktes (einschließlich Produktabbildung, Angaben zur Produktart und sonstiger Kennungen)

Abb. 28: Übersicht der im Fernabsatz erforderlichen Informationen.

2.6.5.6 Weitergehende Überwachungs- und Berichterstattungspflichten sowie Anforderungen in der Lieferkette

Für die weitergehenden Überwachungs- und Berichterstattungspflichten der Wirtschaftsteilnehmer regelt Art. 37 Abs. 1 ESPR, dass im Falle einer klaren Aufforderung der Kommission gerichtet an Hersteller, deren Bevollmächtigte oder Importeure, diese ihr nach Art. 4 Abs. 6 Buchst. b) ESPR Informationen zu den Mengen eines Produkts zur Verfügung stellen müssen. Diese Berichterstattungspflichten – ergänzt um weitere Überwachungspflichten – bedürfen nach den weiteren Absätzen des Art. 37 ESPR der konkreten Ausgestaltung durch die Kommission.

Zuletzt ergeben sich nach Art. 38 ESPR – wenn es in einem gem. Art. 4 ESPR erlassenen delegierten Rechtsakt auch tatsächlich so festgelegt ist – zusätzliche Pflichten für Akteure entlang der Lieferkette, die aber vor allem auf die Zurverfügungstellung produktbezogener Informationen gemünzt sind.

254 Vgl. Art. 36 Abs. 1 ESPR.

2.7 Rechtsfolgen und weitere Auswirkungen auf Unternehmen

Die neue ESPR wird sich insbesondere durch die verschiedenen rechtlichen Neuheiten wie das Warenvernichtungsverbot oder den umfassenden sachlichen Anwendungsbereich nachhaltig auf den bisherigen Handel mit Produkten sowie die Herstellung derselbigen auswirken.

2.7.1 Marktüberwachung

Die Marktüberwachung, geregelt in den Art. 66 ff. ESPR, erfolgt allgemein auf Grundlage der Verordnung (EU) 2019/1020 (sog. Marktüberwachungsverordnung) und führt zu entsprechenden neuen Aufgaben und Befugnissen der jeweiligen Marktüberwachungsbehörde. So wird nach Art. 66 Abs. 1 ESPR i. V. m. Art. 13 Verordnung (EU) 2019/1020 den EU-Mitgliedsstaaten vorgegeben, dass sie ihre nationalen Marktüberwachungsstrategien um einen Abschnitt mit den geplanten Marktüberwachungstätigkeiten erweitern müssen, der sicherstellt, dass die im Zusammenhang mit der ESPR und den gem. Art. 4 ESPR erlassenen delegierten Rechtsakten festgesetzten ökodesignrechtlichen Vorgaben durch geeignete Kontrollen in einem angemessenen Umfang – ggf. auch durch physische Kontrollen und Laborprüfungen (oder nach Art. 66 Abs. 3 ESPR mittels Stichproben) – überprüft werden.

Dieser neu zu erstellende Abschnitt in den Marktüberwachungsstrategien wird Produkte benennen und aufführen müssen, die anhand objektiver Kriterien bestimmt werden sollen und entsprechend den Prioritäten zu überwachen sind. Die im Falle einer festgestellten Nichtkonformität von Produkten entstandenen Verfahrenskosten, zu denen nach Art. 66 Abs. 3 S. 2 ESPR die Kosten der Dokumentenüberprüfung und der physischen Produktprüfungen gehören, können die Marktüberwachungsbehörden von den verantwortlichen Wirtschaftsteilnehmer erstattet bekommen. Zudem können sie nach Art. 69 Abs. 1, 2 ESPR geeignete und verhältnismäßige Korrekturmaßnahmen einfordern.[255]

---

255 Vgl. Wiebe/Daelen, in: „Die neue EU-Ökodesignverordnung im Überblick", ESG 2024, 359, 364.

2.7.2 Vorgesehene Sanktionen

Nach Art. 74 Abs. 1 ESPR wird es den Mitgliedsstaaten aufgetragen, nationale Vorschriften zu Sanktionen, die bei Verstößen gegen Vorgaben der ESPR zu verhängen sind, zu erlassen. Diese Vorschriften müssen eine wirksame, verhältnismäßige und abschreckende Wirkung auf die betreffenden Wirtschaftsteilnehmer haben, damit diese dazu angehalten sind, die Anforderungen und Plichten nach dem neuen Ökodesignrecht einzuhalten.[256] Den Mitgliedstaaten wird in Art. 74 Abs. 2 Buchst. a) bis h) ESPR ein achtteiliger Katalog an berücksichtigungspflichtigen Aspekten vorgegeben, der bei den zu verhängenden Sanktionen Beachtung finden muss. Hierzu gehören neben der Art, Schwere und Dauer des Verstoßes[257] auch Aspekte wie die finanzielle Situation des für den Verstoß verantwortlichen Akteurs[258] oder auch der durch den Verstoß verursachte Umweltschaden[259].

Als Mindestsanktionen sieht der europäische Gesetzgeber gem. Art. 74 Abs. 3 Buchst. a) und b) ESPR die folgenden, mit Abbildung 29 zusammengefassten, Sanktionen vor:

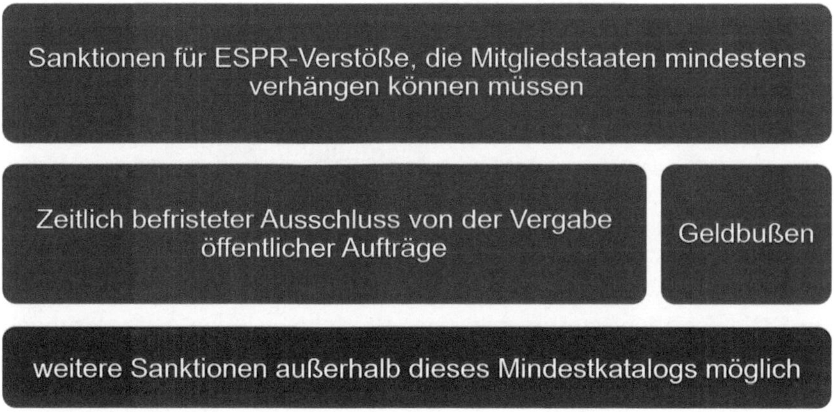

Abb. 29: Zusammenfassende Darstellung der Mindestsanktionen bei ESPR-Verstößen.

256 Vgl. Wiebe/Daelen, in: „Die neue EU-Ökodesignverordnung im Überblick", ESG 2024, 359, 364.
257 Vgl. Art. 74 Abs. 2 Buchst. a) ESPR.
258 Vgl. Art. 74 Abs. 2 Buchst. c) ESPR.
259 Vgl. Art. 74 Abs. 2 Buchst. e) ESPR.

In Deutschland werden die Sanktionen zu einer Ergänzung bzw. Anpassung des EVPG[260] bzw. der EVPGV[261] führen und darüber hinaus noch in weiteren, noch zu schaffenden Rechtsvorschriften Eingang finden.[262]

2.7.3 Haftungsrisiken

Anders als bei der aufgehobenen Ökodesign-RL regelt Art. 76 ESPR eine umfassende Schadensersatzpflicht, die stufenweise verschiedene Wirtschaftsteilnehmer betrifft. Abbildung 30 zeigt grafisch die verschiedenen Haftungsstufen auf.

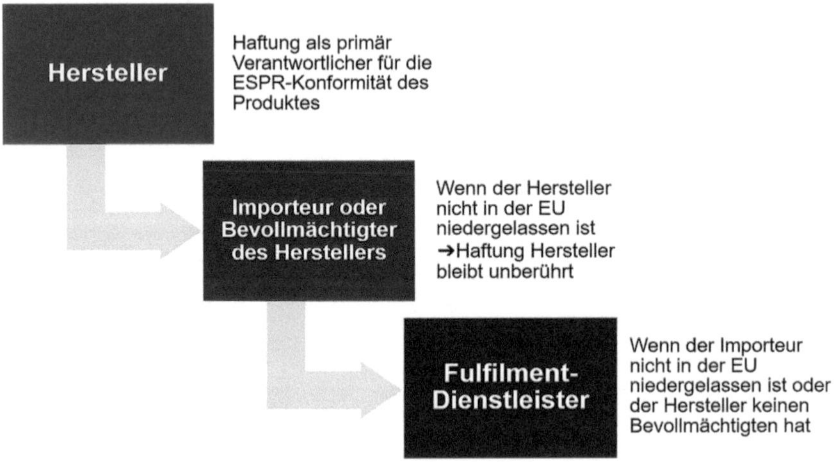

Abb. 30: Übersicht der Haftungsstufen für die ESPR-Konformität.

Im Falle der Nichtkonformität eines Produkts mit den Anforderungen der ESPR haftet der Hersteller nach Art. 76 S. 1 Buchst. a) ESPR verschuldensunabhängig für die dem Verbraucher dadurch entstandenen kausalen Schäden. Eine schadensverursachende Nichtkonformität

260 Gesetz über die umweltgerechte Gestaltung energieverbrauchsrelevanter Produkte.
261 Verordnung zur Durchführung des Gesetzes über die umweltgerechte Gestaltung energieverbrauchsrelevanter Produkte.
262 Vgl. Wiebe/Daelen, in: „Die neue EU-Ökodesignverordnung im Überblick", ESG 2024, 359, 364.

eines Produktes kann in diesem Zusammenhang beispielsweise eine Abweichung von den ökodesignrechtlichen Leistungsanforderungen darstellen, die bei einem Haushaltselektrogerät wie der Waschmaschine zu einem höheren Wasser- und Stromverbrauch führen, der schlussendlich beim Verbraucher höhere Kosten verursacht. Diese Mehrkosten (also die Wasser- und Stromkosten) könnten als Schaden nach Art. 76 ESPR vom betroffenen Verbraucher gefordert werden.[263]

Subsidiär zu dem Hersteller haften der Importeur oder der Bevollmächtigte des Herstellers[264] (wobei die Haftung des Herstellers davon weiterhin unberührt bleibt) und auf der dritten Stufe subsidiär dazu der Fulfilment-Dienstleister[265].[266] Wie hoch dieser Schadensersatzanspruch des betroffenen Verbrauchers ausfällt, wird von der ESPR nicht konkret geregelt. Der europäische Gesetzgeber möchte dadurch ermöglichen, dass der Verbraucher je nach Einzelfall einen dem erlittenen Schaden *„entsprechenden Schadenersatz"*[267] vom verantwortlichen Wirtschaftsteilnehmer verlangen kann. Auch hier werden die von der Rechtsprechung künftig zu entscheidenden Sachverhalte die Modalitäten und den Rahmen des ersatzfähigen Schadens für den Verbraucher herausbilden müssen.[268]

Von der Schadenersatzpflicht und Haftung der Wirtschaftsteilnehmer nach Art. 76 ESPR ausgenommen sind produktbedingte Personenschäden, die mangels unmittelbaren Sicherheitsbezuges der ESPR vom Produkthaftungsrecht – wie etwa durch die Richtlinie 85/374/EWG oder die neue Verordnung (EU) 2023/988[269] – geregelt werden.[270]

263 Vgl. Wiebe/Daelen, in: „Die neue EU-Ökodesignverordnung im Überblick", ESG 2024, 359, 364.
264 Vgl. Art. 76 S. 1 Buchst. a) ESPR.
265 Vgl. Art. 76 S. 1 Buchst. c) ESPR.
266 Vgl. Wiebe/Daelen, in: „Die neue EU-Ökodesignverordnung im Überblick", ESG 2024, 359, 364.
267 Vgl. Erwägungsgrund (117) der ESPR.
268 Vgl. Wiebe/Daelen, in: „Die neue EU-Ökodesignverordnung im Überblick", ESG 2024, 359, 364.
269 Die neue sog. Produktsicherheitsverordnung, die in Art. 43 Verordnung (EU) 2023/988 Regelungen zur Haftung trifft.
270 Vgl. Wiebe/Daelen, in: „Die neue EU-Ökodesignverordnung im Überblick", ESG 2024, 359, 364.

Neben dieser Schadensersatzpflicht ermöglicht Art. 76 S. 2 ESPR die parallele Anwendung sonstiger Rechtsbehelfe, die Verbrauchern nach Unionsrecht oder nationalem Recht zur Verfügung stehen. Hierzu gehören etwa die Rechtsbehelfe gegen den Verkäufer bei Vertragswidrigkeit der verkauften Waren nach Warenkauf-Richtlinie, der Richtlinie (EU) 2019/771. Die EU-Mitgliedstaaten können darüber hinaus weitere Rechte und Anspruchsgrundlagen vor betroffenen Verbrauchern neu einführen oder anpassen, um beispielsweise den Austausch eines nicht konformen Produktes durchsetzen zu können.[271]

2.7.4 Auswirkungen auf Unternehmen

Die neuen ökodesignrechtlichen Vorgaben und Regularien weiten nicht nur die Leistungs- und Informationspflichten der Wirtschaftsteilnehmer aus und verschärfen diese. Sie lassen eine neue Quelle privatrechtlicher Haftungsrisiken der verantwortlichen Unternehmen hervorsprudeln. Insbesondere das rechtliche Novum des Warenvernichtungsverbots wird ein kollektives Umdenken bei der Konzeption und Vermarktung von Produkten mit sich bringen.

Da die ESPR in Verbindung zu weiteren neuen Rechtsakten wie der „Recht auf Reparatur"-Richtlinie (EU) 2024/1799[272] steht und überdies auch mit der Richtlinie (EU) 2024/825[273] inhaltliche Überschneidungen vor allem mit Blick auf die Vorgaben zur Haltbarkeit und Reparierbarkeit aufweist, wird künftig ein Schwerpunkt der unternehmerischen Tätigkeit auf der Sicherstellung der Produktkonformität liegen müssen.

Die Überwachung ökodesignrechtlicher Standards liegt generell im Verantwortungsbereich der zuständigen staatlichen Überwachungsbehörden. Ob Verstöße gegen die ESPR und Vorgaben der delegierten produktbezogenen Rechtsakte i. S. d. Art. 4 ESPR über das Privatrecht,

271 Vgl. Erwägungsgrund (117) der ESPR.

272 Siehe hierzu ergänzend Croon-Gestefeld, in: „Das Recht auf Reparatur – Vorschläge aus Brüssel", ZEuP 2024, 398.

273 Richtlinie (EU) 2024/825 zur Änderung der Richtlinien 2005/29/EG und 2011/83/EU hinsichtlich der Stärkung der Verbraucher für den ökologischen Wandel durch besseren Schutz gegen unlautere Praktiken und durch bessere Informationen.

insbesondere das Sonderprivatrecht des UWG, ebenfalls angegriffen werden können, wird sich in Zukunft noch zeigen. Es liegt aber nahe, dass künftig manche Verstöße gegen ökodesignrechtliche Regelungen und Vorgaben, insbesondere die Informationspflichten im Zusammenhang mit dem DPP,[274] auch im Rahmen des Lauterkeitsrechts eine zentrale Rolle einnehmen werden.

2.7.4.1 Schwarze Liste des UWG

Einer der Tatbestände der sog. Schwarzen Liste des UWG im Anhang zu § 3 Absatz 3 UWG könne beispielsweise bei Verstößen gegen die ESPR oder gegen die im Einklang mit ihr festgelegte Ökodesignanforderung einschlägig sein: Anhang Nr. 9 (zu § 3 Absatz 3) UWG. Hiernach handelt ein Unternehmer stets unlauter, wenn gegenüber Verbrauchern

> *„die unwahre Angabe oder das Erwecken des unzutreffenden Eindrucks, eine Ware oder Dienstleistung sei verkehrsfähig"*

gemacht wird. Mit diesem Per-se-Verbot der Nr. 9 des UWG-Anhangs, die einen Spezialtatbestand gegenüber den § 5 Abs. 2 Nr. 1 UWG („Verwendungsmöglichkeit"; „Zwecktauglichkeit") und § 5 Abs. 2 Nr. 3 („Zulassung") darstellt, werden Verbraucher vor einer Irreführung über die Verkehrsfähigkeit einer Ware oder Dienstleistung geschützt, da von einer nicht verkehrsfähigen Ware unmittelbar Gefahren ausgehen können und zudem diese Produkte nahezu wertlos sind. Dieses Verbot spielt vor allem im Bereich des Vertriebs von Lebensmitteln, Kosmetikprodukten und Arzneimitteln eine große Rolle.[275] Bereits das bloße Anbieten des betreffenden Produktes, ohne zugleich auf dessen fehlende Verkehrsfähigkeit hinzuweisen, qualifiziert das Handeln des Unternehmers als unzulässig i. S. d. Anhangs Nr. 9 des UWG. Der von solch einem Warenangebot angesprochene Durchschnittsverbraucher wird nämlich schlussfolgern, dass das ihm angebotene Produkt selbstverständlich verkehrsfähig sei und wird somit konkludent in die Irre geführt. Wird hingegen ein nicht verkehrsfähiges Produkt mit einem aufklärenden Hinweis, dass es nicht ver-

274 Vgl. Art. 9 ff. ESPR.
275 Vgl. Köhler, in: Köhler/Feddersen, UWG, Anh. § 3, Rn. 9.1 f.

kehrsfähig ist, angeboten, ist Nr. 9 des UWG-Anhangs nicht erfüllt, möglicherweise aber der Rechtsbruchtatbestand des § 3a UWG.[276]

Wenn also ein Produkt, das dem Geltungsbereich eines nach Art. 4 ESPR erlassenen delegierten Rechtsakts unterfällt, die ihm auferlegten materiell-rechtlichen Ökodesign-Anforderungen, zu welchen neben bestimmten Leistungsanforderungen auch Informationsanforderungen gehören, nicht erfüllt, ist das Produkt nicht verkehrsfähig. Wird ein solches Produkt von einem Wirtschaftsteilnehmer – unabhängig davon, ob vom Hersteller selbst oder dem Importeur oder Händler – Verbrauchern zum Kauf angeboten, ohne dass diese darauf hingewiesen werden, dass das Produkt nicht verkehrsfähig ist, stellt dies eine stets unzulässige irreführende Geschäftspraktik nach Anhang Nr. 9 des UWG dar. Diese unzulässige irreführende Handlung muss dann auch nicht mehr auf die geschäftliche oder wettbewerbliche Relevanz für das Verhalten des Verbrauchers geprüft werden. Auch die Spürbarkeitsschwelle des § 3 Abs. 2 UWG ist nicht weiter relevant.[277]

Jeder Mitbewerber oder ein speziell qualifizierter Wirtschafts- oder Verbraucherverband sowie bestimmte Industrie- und Handelskammern können dann diesen Verstoß nach § 8 Abs. 3 UWG verfolgen und eigene Unterlassungsansprüche geltend machen. In der Regel geschieht dies zunächst im Rahmen einer Abmahnung, die dann – je nach Entwicklung der rechtlichen Auseinandersetzung – zu einem Verfahren vor den Zivilgerichten führen kann.

2.7.4.2 Irreführung durch Vorenthalten wesentlicher Informationen

Auch wenn die ökodesignrechtlichen Vorgaben der ESPR bislang noch nicht Gegenstand von gerichtlichen Entscheidungen sein konnten, gibt es eine Reihe von Entscheidungen zur CE-Kennzeichnung und Angabe von verschiedenen Energieeffizienzlabels, deren Grundsätze und rechtlichen Schlussfolgerungen sich auch auf Verstöße gegen ökodesignrechtliche Regelungen zur Kennzeichnung von Produkten, insbesondere den DPP-Informationspflichten, übertragen lassen.

---

276 Vgl. Köhler, in: Köhler/Feddersen, UWG, Anh. § 3, Rn. 9.3.
277 Vgl. Köhler, in: Köhler/Feddersen, UWG, Anh. § 3, Rn. 0.10.

So ist beispielsweise das Anbieten von Elektrogeräten ohne die gesetzlich vorgeschriebene CE-Kennzeichnung als ein unlauteres Handeln des betreffenden Händlers gem. § 4 Nr. 11 UWG und § 5a Abs. 2, 4 UWG zu qualifizieren, da § 3 ProdSG ein Bereitstellungsverbot für solche Produkte vorsieht.[278] Ähnlich entschied auch das OLG Hamm, indem es bereits die Angabe einer fehlerhaften Energieeffizienzklasse auf einem Elektrogerät mit dem vollständigen Fehlen sämtlicher Energieeffizienzklassen gleichstellte.[279] Selbiges Gericht urteilte zudem im gleichen Jahr, dass die Angabe eines falschen Spektrums der Energieeffizienzklassen nach § 5a Abs. 1, § 5b Abs. 4 UWG zu beurteilen sei, da die von Art. 6 Unterabsatz 1 Buchst. a) Verordnung (EU) 1369/2017 vorgeschriebenen Angaben wesentliche Informationen i. S. d. § 5b Abs. 4 UWG darstellen, auf die der Verbraucher ausdrücklich auf Grund unionsrechtlicher Verordnungen oder nach Rechtsvorschriften zur Umsetzung unionsrechtlicher Richtlinien für kommerzielle Kommunikation einschließlich Werbung und Marketing ein Recht hat. Der Rechtsbruchtatbestand des § 3a UWG tritt insoweit zurück und hat bei derartigen Kennzeichenverstößen keine eigenständige Bedeutung mehr.[280]

Folglich würde ein Verstoß gegen ökodesignrechtliche Kennzeichnungsvorgaben, vor allem gegen DPP-Informationspflichten, ein Vorenthalten von wesentlichen Informationen nach § 5b Abs. 4 UWG darstellen, deren Weglassen oder inkorrekte Angabe nach § 5a UWG Verbraucher irreführen kann. Ein solcher Verstoß eröffnet dann wieder sämtlichen Mitbewerbern oder speziell qualifizierten Wirtschafts- oder Verbraucherverbänden u. a. die Gelegenheit, eigene Unterlassungsansprüche sowie auch weitere Ansprüche geltend zu machen.

---

278 Vgl. OLG Frankfurt a. M. (6. Zivilsenat), Urt. v. 12.03.2015 – 6 U 218/14, BeckRS 2015, 6820.

279 Vgl. OLG Hamm, Beschl. v. 27.06.2023 – Az.: I-4 W 50/22, BeckRS 2023, 37824.

280 Vgl. OLG Hamm Urt. v. 01.06.2023 – 4 U 225/22 – Haushaltsgeschirrspüler, GRUR-RS 2023, 14307, Rn. 90; siehe auch OLG Frankfurt a. M., Urt. v. 17.11.2016 – 6 U 231/15 – S-Cross limited, BeckRS 2016, 20445.

2.7.4.3 Rechtsbruchtatbestand des § 3a UWG

Zuletzt könnte ein Verstoß gegen materiell-rechtliche Ökodesign-Anforderungen eines Produktes über den Rechtsbruchtatbestand des § 3a UWG als unlauter angesehen werden.

Die Generalklausel § 3a UWG ermöglicht es, dass Verstöße gegen gesetzliche Vorschriften außerhalb des UWG, die auch dazu bestimmt sind, im Interesse der Marktteilnehmer das Marktverhalten zu regeln (sog. Marktverhaltensregelung), lauterkeitsrechtlich von Mitbewerbern oder bestimmten qualifizierten Wirtschafts- oder Verbraucherverbänden u. a. abgemahnt und auch gerichtlich geltend gemacht werden können. Der Verstoß gegen eine solche spezifische Marktverhaltensregelung muss deswegen auch dazu geeignet sein, die Interessen von Verbrauchern, sonstigen Marktteilnehmern oder Mitbewerbern spürbar zu beeinträchtigen.

Der Rechtsbruchtatbestand des § 3a UWG bezweckt aber nur die lauterkeitsrechtliche Sanktion von Verstößen gegen Marktverhaltensregelungen, nicht gegen reine Marktzutrittsregelungen. Es ist nämlich explizit nicht Aufgabe des Lauterkeitsrechts, alle denkbaren Gesetzesverstöße im Zusammenhang mit geschäftlichen Handlungen zu regeln.[281]

Die Vorgaben der ESPR müssen somit eine Regelung des Marktverhaltens zum Gegenstand haben. Als Marktverhalten i. S. d. § 3a UWG wird grundsätzlich jegliche Tätigkeit auf einem Markt verstanden, die objektiv der Förderung des Absatzes oder Bezugs dient und durch die ein Unternehmer auf Mitbewerber, Verbraucher oder sonstige Marktteilnehmer einwirkt. Neben dem Produkt- bzw. Dienstleistungsangebot gehören auch die Nachfrage, (Aufmerksamkeits-)Werbung, Vertragsschluss und -durchführung dazu. Anders ist dies aber bei Tätigkeiten, die keine unmittelbare Außenwirkung auf einem Markt für die betreffenden Waren oder Dienstleistungen haben. Hierunter sind Tätigkeiten im Vorfeld oder Nachgang zu der Betätigung auf dem Markt anzusehen, wie es bei der Produktion, Forschung und Entwicklung von Produkten oder Dienstleistungen der Fall ist.[282] Entschieden wurde bisher in diesem Zusammenhang unter anderem, dass reine

281 Vgl. Köhler/Odörfer, in: Köhler/Feddersen, UWG, § 3a, Rn. 1.6.
282 Vgl. Köhler/Odörfer, in: Köhler/Feddersen, UWG, § 3a, Rn. 1.62.

Produktionsvorschriften, die nur die Art und Weise der Produktion regeln, ohne zugleich einen Marktbezug zu haben, von § 3a WUG nicht umfasst sind. Solche Vorschriften sind reine Umweltschutz[283]- und Tierschutzvorschriften[284], die unter keinem Aspekt den Verbraucherschutz bezwecken.[285] Auch die Offenlegungspflichten der Mitglieder des vertretungsberechtigten Organs einer Kapitalgesellschaft nach § 325 HGB wurden von der Rechtsprechung nicht als Marktverhaltensregelung i. S. d. § 3a UWG angesehen, wobei hier die juristische Literaturmeinung dem nicht zustimmt.[286]

Die neuen Regelungen, Pflichten und Verbote der ESPR verfolgen nach Art. 1 Abs. 1 S. 1 ESPR das grundlegende Ziel, nachhaltige Produkte im EU-Binnenmarkt zu fördern und deren Umwelt- und Klimaauswirkungen über ihren gesamten Lebenszyklus hinweg zu verringern. Der Schutz der Verbraucher spielt hier allenfalls eine untergeordnete Rolle[287]. Die ökodesignrechtlichen Regelungen zum nachhaltigeren Design von Produkten gehen darüber hinaus der Betätigung des jeweiligen Wirtschaftsteilnehmers auf dem Markt zeitlich vor. Das Warenvernichtungsverbot des Art. 25 ESPR folgt der Bereitstellung von Verbraucherprodukten auf dem Markt nach. Diese vor- und nachgelagerten Pflichten sind damit keine Vorschriften zur Regelung des Marktverhaltens, was eine Anwendung des § 3a UWG auf solche Fälle von Verstößen ausschließen würde. Schlussendlich wird aber die Frage, ob und welche Vorgaben der ESPR und die der delegierten produktbezogenen Rechtsakte i. S. d. Art. 4 ESPR, die nicht nur Kennzeichnungsanforderungen betreffen, als Marktverhaltensregelungen i. S. d. § 3a UWG anzusehen sind, von der Rechtsprechung künftig beantwortet werden müssen.

283 BGH, Urt. v. 11.05.2000 – I ZR 28/98 – Abgasemissionen, NJW 2000, 3351 zu einem Verstoß gegen die Immissionsschutzvorschriften der 13. BImSchV.

284 BGH, Urt. v. 06.07.1995 – I ZR 4/93 – Legehennenhaltung (BGHZ 130, 182 = GRUR 1995, 817) zu einem Verstoß gegen die Verordnung zum Schutz von Legehennen bei Käfighaltung vom 10.12.1987.

285 Vgl. Köhler/Odörfer, in: Köhler/Feddersen, UWG, § 3a, Rn. 1.69.

286 Siehe hierzu OLG Köln, Urt. v. 28.04.2017 – 6 U 152/16 – Dampfreinigungsgeräte, GRUR 2017, 1048, aA. Meier GRUR 2019, 581, 586 f.

287 Das Wort „Verbraucherschutz“ wird in der gesamten ESPR nicht einmal erwähnt.

Es spricht aber einiges dafür, diese ökodesignrechtlichen Regelungen und Vorgaben an das Design und die Herstellung von Produkten[288] sowie auch das speziell neu eingeführte Warenvernichtungsverbot des Art. 25 ESPR nicht als derartige Marktverhaltensregelungen i. S. d. § 3a UWG anzusehen.

288 Vgl. Art. 16 f. ESPR.

3 Managementaufgaben für Verantwortliche und Zuständige

Nachhaltigkeit ist nicht länger die freiwillige Umsetzung unternehmerischer Verantwortung, sondern entwickelt sich zunehmend zu einem steuerungsrelevanten Faktor für langfristigen wirtschaftlichen Erfolg. Die wachsende Bedeutung von ESG-Kriterien – also ökologischen, sozialen und führungsbezogenen Kennzahlen und Prozessen – hat tiefgreifende Auswirkungen auf die Art und Weise, wie Unternehmen organisiert und gesteuert werden. Was noch vor zehn Jahren in CSR-Abteilungen verortet war, wird heute als Aufgabe des Top-Managements verstanden: ESG erfordert eine strategische Rahmensetzung, ein klares Verständnis von Risiken und Chancen sowie eine konsequente operative Umsetzung – über Abteilungsgrenzen hinweg.

Diese Entwicklung ist nicht nur Ausdruck steigender gesellschaftlicher und politischer Erwartungen, sondern folgt auch einer zunehmenden rechtlichen Verbindlichkeit. Unternehmen werden in wachsendem Maße in die Pflicht genommen, entlang ihrer gesamten Wertschöpfungskette ökologische und soziale Auswirkungen zu kennen, zu bewerten und aktiv zu steuern. Der Gesetzgeber bringt dies im Zuge des EU-Green Deals in beeindruckendem Umfang zum Ausdruck: Ob es um menschenrechtliche Sorgfaltspflichten (z. B. durch das Lieferkettensorgfaltspflichtengesetz in Deutschland und die geplante Corporate Sustainability Due Diligence Directive), um nicht finanzielle Berichterstattung (CSRD), um die Ausrichtung von Investitionen (EU-Taxonomie), um produktbezogene Einzelregelungen (z. B. EUDR, EFLR) oder um eine nachhaltige Produktgestaltung geht – immer stärker ist das Management in Unternehmen gefordert, Nachhaltigkeitsvorschriften systematisch in ihre Steuerungsprozesse im Unternehmen und entlang der Lieferkette zu integrieren.

Dabei ist entscheidend, dass ESG nicht als „zusätzliches Thema“ verstanden werden sollte, sondern als ein Querschnittsbereich, der viele bestehende Managementpraktiken transformiert und mannigfaltige Möglichkeiten eröffnet. Die Anforderungen betreffen nicht nur Kommunikation oder Berichtspflichten, sondern durchdringen die operative Ebene: Produktentwicklung, Einkauf, Produktion, IT, Vertrieb, Recht, Controlling, HR – alle Bereiche müssen ESG-Anforderungen mitdenken und mitgestalten. Genau hier zeigt sich die Notwendigkeit eines professionellen, funktionsübergreifenden Managements. Nur wenn ESG strategisch verankert, operativ übersetzt und systematisch gesteuert wird, können Unternehmen sowohl die regulatorischen als auch gesellschaftlichen Anforderungen erfüllen und somit ihre eigene Resilienz, Innovationsfähigkeit und Zukunftsfähigkeit stärken.

Ein professionelles ESG-Management bedeutet in diesem Zusammenhang mehr als die bloße Reaktion auf externe Anforderungen. Es geht um die aktive Gestaltung eines Rahmens, in dem Zielsysteme, Rollen, Prozesse, Systeme und Unternehmenskultur aufeinander abgestimmt sind. Benötigt werden Governance-Strukturen, die Nachhaltigkeit als Teil der Unternehmensführung verankern; es braucht Risikomanagementprozesse, die ESG-Faktoren systematisch einbeziehen; es braucht Daten- und Berichtssysteme, die Transparenz ermöglichen; und es braucht eine Kultur, die Verantwortung und Veränderungsbereitschaft fördert. All dies ist nicht durch punktuelle Maßnahmen zu erreichen, sondern setzt einen integrierten, strategischen Managementansatz voraus.

Darüber hinaus stehen Unternehmen zunehmend im Fokus unterschiedlicher Stakeholder Gruppen, die ESG-Performance einfordern – sei es aus der Perspektive von Geschäftspartnern, Investoren, Beschäftigten oder zivilgesellschaftlichen Akteuren wie NGOs und Endverbrauchern. In dieser Hinsicht wird ESG auch zu einem Kommunikations- und Reputationsfaktor, der langfristig über Zugang zu Märkten, Kapital und Talenten mitentscheidet. Professionelles ESG-Management bildet die Voraussetzung dafür, auf diese Anforderungen nicht nur zu reagieren, sondern glaubwürdig und wirksam zu agieren.

Insgesamt lässt sich festhalten: Die Umsetzung von ESG-Anforderungen ist kein rein technisches oder rechtliches Thema, sondern ein tiefgreifender organisatorischer Wandel. Unternehmen benötigen ein professionelles Management, das Nachhaltigkeit nicht als „nice-to-have“, sondern als strategische Aufgabe begreift – mit klarer Verantwortung, verlässlichen Prozessen, fundierten Daten, effizienter Steuerung und kontinuierlicher Weiterentwicklung. Nur so lässt sich ESG nicht nur als reine Pflicht, sondern als Potenzial gestalten.

Diese Veränderung ist nicht nur durch externe Regulierungen angestoßen, sondern entsteht auch durch interne Widersprüche: Unternehmen müssen heute wirtschaftliche Effizienz mit ökologischer Verantwortung, globale Lieferketten mit sozialer Sorgfalt und Innovationsdruck mit regulatorischer Absicherung vereinen. ESG wirkt in diesem Spannungsfeld als Transformationshebel – und konfrontiert Organisationen mit der Notwendigkeit, Ziele, Werte und Strukturen neu auszurichten. Die zentrale Herausforderung liegt dabei nicht allein in der Umsetzung einzelner Maßnahmen, sondern in der kohärenten Steuerung komplexer, oft konflikthafter Anforderungen.

Die ESPR markiert in diesem Zusammenhang eine neue Stufe regulatorischer Konkretion. Während viele andere ESG-Regelwerke auf Unternehmensstrukturen, Berichtspflichten oder Finanzflüsse zielen, richtet sich die ESPR direkt auf das Produkt als zentrales Objekt unternehmerischer Wertschöpfung. Sie greift in technische Entwicklungsprozesse, Materialentscheidungen, Produktgestaltung, Informationspflichten und Lebenszyklusmanagement ein – und fordert damit eine operative Umsetzungstiefe, die bisher in dieser Form kaum erreicht wurde. Unternehmen können sich der Auseinandersetzung mit der ESPR nicht durch organisatorische Abgrenzung entziehen; vielmehr müssen sie deren Anforderungen in das Herz ihrer betrieblichen Prozesse integrieren.

Diese neue Tiefe der Regulierung verlangt nach einer neuen Qualität des Managements. ESG ist kein Compliance-Modul, das sich an bestehende Abläufe andocken lässt. Vielmehr bedingt die Gleichzeitigkeit und Interdependenz der Regelwerke eine bereichsübergreifende, koordinierte und strategisch verankerte Steuerung. Unternehmen müssen in der Lage sein, regulatorische Anforderungen nicht nur zu erfüllen, sondern miteinander zu verknüpfen, Zielkonflikte zu identifizieren, Synergien zu heben und Governance-Strukturen zu etablieren, die sowohl Orientierung als auch Anpassungsfähigkeit bieten. Die nachfolgenden Abschnitte zeigen auf, welche strukturellen, prozessualen und kulturellen Voraussetzungen dafür notwendig sind – und welche Rolle insbesondere das Risikomanagement in der Transformation zur ESG-konformen Unternehmensführung spielt.

Vor diesem Hintergrund lässt sich die ESPR nicht nur als eine weitere Regulierungsinitiative verstehen, sondern als Ausdruck einer grundlegenden Verschiebung regulatorischer Logiken: Weg von punktuellen Berichtspflichten und reaktiver Governance hin zu einer proaktiven Steuerung materieller Wertschöpfung im Sinne nachhaltiger Transformation. Mit ihrem Fokus auf die ökologische Gestaltung von Produkten, auf Kreislauffähigkeit, Ressourceneffizienz und digitale Transparenz über den gesamten Produktlebenszyklus hinweg greift die Verordnung tief in unternehmerische Kernprozesse ein – von der Entwicklung über die Beschaffung bis hin zur Kommunikation mit Verbrauchern.

Besonders hervorzuheben ist dabei die normative Funktion der ESPR: Sie definiert Nachhaltigkeit nicht mehr nur als unternehmerische Zielvorstellung, sondern als Zugangsvoraussetzung zum Binnenmarkt. Produkte, die nicht den neuen Ökodesign-Anforderungen entsprechen, dürfen künftig nicht mehr in Verkehr gebracht werden – unabhängig davon, wie nachhaltig das Unternehmen als Ganzes aufgestellt ist. Damit entsteht eine neue, produktzentrierte Qualität von Marktzugangskonditionen, die technische, ökologische und informationelle Anforderungen untrennbar miteinander verbindet.

Diese Produktzentrierung der Regulierung hat weitreichende Folgen für das Management: Nachhaltigkeit wird nicht mehr nur auf der Ebene von Unternehmensstrategien, Berichten oder Investitionsentscheidungen verhandelt, sondern dort, wo Wertschöpfung konkret stattfindet – im Design, entlang der Lieferkette, in der Logistik, im After-Sales. Die Umsetzung der ESPR zwingt Unternehmen dazu, Nachhaltigkeit als operatives Gestaltungsprinzip zu verstehen – und sie fordert Strukturen, Prozesse und Kompetenzen, die in der Lage sind, diesem Anspruch gerecht zu werden.

Der Weg zu einer wirksamen Umsetzung der ESPR ist daher nicht primär eine technische oder rechtliche Herausforderung, sondern eine Frage der Transformationsfähigkeit des Unternehmens. Es braucht ein Managementsystem, das in der Lage ist, Nachhaltigkeit nicht nur als Reaktion auf Regulierung zu organisieren, sondern als strategisches und operatives Steuerungsprinzip zu verankern. Der Aufbau dieser Fähigkeit – strukturell, kulturell, prozessual – steht im Zentrum des folgenden Kapitels.

3.1 Grundlagen erfolgreicher Transformation

Die Umsetzung der ESPR stellt Unternehmen vor die Aufgabe, ökologische Prinzipien in ihre Wertschöpfung zu integrieren und gleichzeitig komplexe Anforderungen an Transparenz, Datenverfügbarkeit und Konformität zu erfüllen. Eine solche Umstellung berührt das Fundament unternehmerischen Handelns – und kann nur gelingen, wenn Unternehmen über die nötige Transformationsfähigkeit verfügen. Diese wiederum ist keine Eigenschaft einzelner Personen oder Abteilungen, sondern ergibt sich aus dem Zusammenspiel von Struktur, Kultur, Ressourcen und methodischem Know-how im gesamten Unternehmen.

Transformationsfähigkeit beginnt mit einem klaren, strategisch verankerten Steuerungsverständnis. Nachhaltigkeitsanforderungen lassen sich nicht wirksam umsetzen, solange sie als isolierte Einzelverantwortung betrachtet werden. Stattdessen bedarf es integrierter Steuerungsansätze, in denen ESG-Kriterien Teil der operativen Entscheidungsprozesse sind – ob in der Produktentwicklung, im Einkauf, im Controlling oder in der Lieferantenbewertung. Dies erfordert nicht nur neue Verantwortlichkeiten, sondern auch eine veränderte Führungskultur, in der Nachhaltigkeit als gemeinsames Ziel und nicht als externe Anforderung verstanden wird.

Ein mögliches Gestaltungsinstrument in diesem Zusammenhang ist das Konzept ESGenios®, das den Transformationsprozess in vier aufeinander aufbauende Handlungsfelder strukturiert: *Verstehen*, *Verankern*, *Verbinden* und *Verändern*. Diese Phasen beschreiben nicht nur ein methodisches Vorgehen, sondern auch eine Haltung zur Transformation. In der Phase des Verstehens geht es darum, die Ausgangslage im Unternehmen zu analysieren, regulatorische Anforderungen zu erfassen, Wirkzusammenhänge zu erkennen und vorhandene Lücken zu identifizieren. Die Phase des Verankerns zielt auf die institutionelle Verfestigung – etwa durch Governance-Strukturen, Zielsysteme oder das Risikomanagement. Im dritten Schritt, dem Verbinden, geht es um die Integration von Nachhaltigkeit in bestehende Geschäftsprozesse, Abteilungen und Steuerungsinstrumente. Erst auf dieser Basis wird in der letzten Phase – dem Verändern – gezielt an der Weiterentwicklung von Produkten, Prozessen und Geschäftsmodellen gearbeitet.

Das Konzept bildet somit eine methodische Brücke zwischen strategischer Zielsetzung, operativer Umsetzung und der Kommunikation der Mehrwerte gegenüber verschiedenen Anspruchsgruppen. Es ermöglicht, Transformationsprozesse systematisch zu planen und entlang klar definierter Meilensteine zu steuern – ein entscheidender Vorteil in einer regulatorischen Umwelt, die sowohl Geschwindigkeit als auch Qualität der Umsetzung verlangt.

In Abbildung 31 sind der Prozess und die Inhalte von ESGenios® zusammengefasst dargestellt.

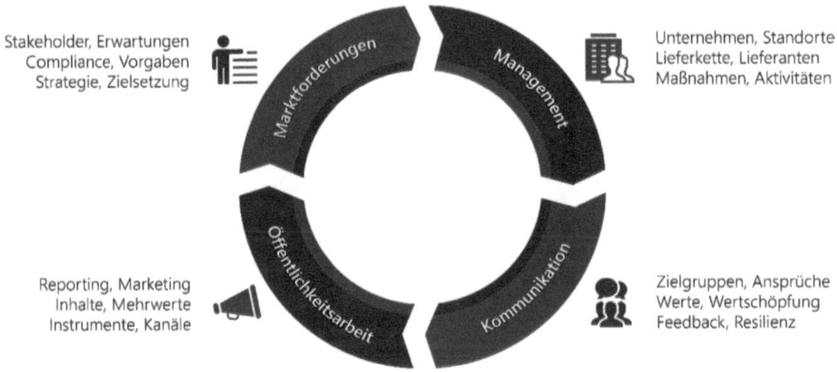

Abb. 31: Die vier zentralen Inhalte von ESGenios®.

Ergänzend hierzu bildet die systematische Steuerung der ESG-Performance einen zentralen Wirkmechanismus. Anders als bei klassischen Leistungskennzahlen steht hier nicht nur das Ergebnis, sondern der Prozess der Zielerreichung im Fokus. ESG-Performance bedeutet, Nachhaltigkeit als kontinuierliche Managementpraxis zu begreifen – eine, die strategische Ausrichtung, Risikoidentifikation, operative Integration, Kommunikation und Lernprozesse miteinander verbindet. Die verschiedenen ESG-Felder – etwa Ressourcen, Lieferketten, Innovation, Kommunikation, Finanzen – werden dabei nicht isoliert betrachtet, sondern im Zusammenspiel gesteuert. Auf diese Weise wird ESG-Performance zur Klammer einer dynamischen Transformation, in der Nachhaltigkeit nicht nur dokumentiert, sondern tatsächlich praktiziert wird.

Die Fähigkeit, ESG-Performance konsequent zu steuern, ist dabei keine Selbstverständlichkeit. Sie setzt nicht nur methodische Kompetenz und datenbasierte Systeme voraus, sondern vor allem die Bereitschaft, Verantwortung über Bereichsgrenzen hinweg zu übernehmen. In der Praxis bedeutet das: Nachhaltigkeitsziele werden in operative Ziele übersetzt, in Zielvereinbarungen integriert, durch KPIs gesteuert und regelmäßig überprüft. Nur wenn diese Elemente kohärent zusammenspielen, entsteht ein organisationaler Rahmen, in dem regulatorische Anforderungen wie die ESPR nicht als Belastung, sondern als Treiber für Innovation, Effizienz und Reputation wirken können.

Die nächsten Kapitel konkretisieren, wie diese strategischen Grundlagen in praktische Managementprozesse übersetzt werden – von der Governance über das Risikomanagement bis hin zur operativen Umsetzung in Produktentwicklung und Lieferkette.

3.2 Governance im Entscheidungsprozess

Eine effektive Governance bildet das Fundament jeder nachhaltigen Managementpraxis. Gerade im Kontext der ESPR – die tief in operative Entscheidungen und produktbezogene Prozesse eingreift – ist eine klare, tragfähige und durchsetzungsfähige Governance-Struktur unerlässlich. Dabei geht es nicht nur um formale Zuständigkeiten oder die Einhaltung rechtlicher Mindeststandards, sondern um die Etablierung eines Steuerungsrahmens, der Verantwortung, Transparenz und Integration miteinander verbindet. Governance wird zur Voraussetzung dafür, dass ESG-Anforderungen nicht nur erkannt, sondern auch strategisch bearbeitet und operativ umgesetzt werden können.

Im Kern beschreibt Governance die Art und Weise, wie Organisationen gesteuert, kontrolliert und reguliert werden – intern wie extern. Sie umfasst Strukturen, Prozesse und Mechanismen, die sicherstellen, dass Entscheidungen transparent getroffen, Interessen ausgeglichen berücksichtigt und gesetzliche wie ethische Erwartungen eingehalten werden. Im Kontext von ESG und ESPR bedeutet dies: Es braucht klare Verantwortlichkeiten, nachvollziehbare Entscheidungswege, belastbare Regelwerke und transparente Kommunikationskanäle.

Zentrale Voraussetzung hierfür ist eine klare Zuordnung strategischer Verantwortung auf oberster Ebene. Vorstände und Geschäftsführungen müssen ESG-Themen ausdrücklich in ihren Aufgabenbereich integrieren – nicht als delegierbare Nebentätigkeit, sondern als Teil ihrer Kernverantwortung. Dies betrifft insbesondere die Verabschiedung einer unternehmensweiten ESG-Strategie, die Definition von Zielsystemen sowie die Schaffung organisatorischer Rahmenbedingungen, um Nachhaltigkeitsziele in unternehmerisches Handeln zu überführen.

Im nächsten Schritt braucht es eine belastbare Organisationsstruktur, die ESG-relevante Themen systematisch verankert. Je nach Unternehmensgröße und -komplexität kann dies durch eigene Stabsstellen, interdisziplinäre Teams oder integrierte Funktionsbereiche geschehen. Wichtig ist in jedem Fall eine funktionierende Schnittstellenkoordination – etwa zwischen Nachhaltigkeit, Einkauf, Produktentwicklung, Compliance, IT und Kommunikation. Governance bedeutet hier vor allem Integration statt Isolation. Abbildung 32 zeigt eine solche Organisationsstruktur exemplarisch auf.

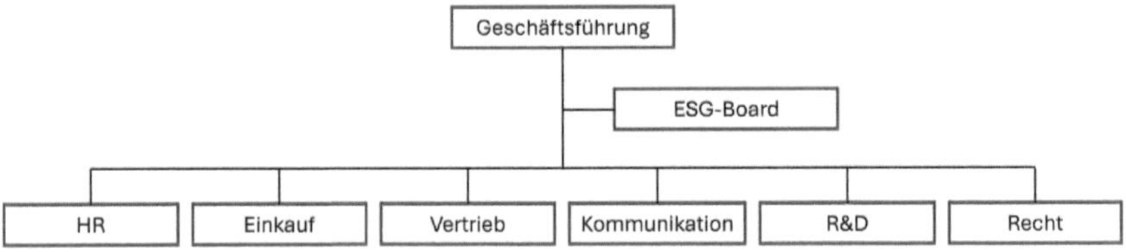

Abb. 32: Exemplarische Übersicht der Organisationsstruktur.

Die Umsetzung von ESG-Compliance-Anforderungen im Unternehmen erfordert ein klares Rollenverständnis und abgestimmte Zuständigkeiten über alle relevanten Funktionen hinweg. An der Spitze steht die Geschäftsführung, die die Gesamtverantwortung für die Einhaltung von ESG-Vorgaben und regulatorischen Anforderungen trägt. Sie ist dafür verantwortlich, ESG strategisch im Unternehmen zu verankern, die nötigen Ressourcen bereitzustellen, Freigaben zu erteilen und ein geeignetes Steuerungsgremium zu mandatieren – in der Regel ein ESG-Board oder ESG-Team.

Dieses Team steuert die unternehmensweite Umsetzung der ESG-Strategie, koordiniert Fachbereiche, initiiert Maßnahmen und gewährleistet die Priorisierung regulatorischer Anforderungen in Abstimmung mit der Geschäftsführung. Die Einrichtung als Stabsstelle bringt Vorteile mit sich, insbesondere im Hinblick auf die effektive Steuerung von ESG-Anforderungen. Als direkt der Geschäftsführung zugeordnete Einheit verfügt sie über eine besondere Unabhängigkeit gegenüber den operativen Fachbereichen. Dadurch kann sie übergeordnete ESG-Ziele objektiv bewerten, bereichsübergreifende Zielkonflikte identifizieren und priorisieren sowie strategische Fragestellungen ohne operative Verzerrung adressieren. Zentraler Leitgedanke ist die Trennung der überwachenden und operativen Funktionen zur Vermeidung von Interessenskonflikten bei der Erfüllung der Compliance-Anforderungen.

Ein wesentlicher Vorteil liegt in der direkten Anbindung an die Unternehmensleitung. Dies sichert der Stabsstelle hohe Sichtbarkeit und Einfluss in Entscheidungsprozessen und ermöglicht es, ESG-Aspekte frühzeitig in die strategische Unternehmensführung einzubringen. Durch die koordinierende Funktion bildet die Stabsstelle ein zentrales Bindeglied zwischen Geschäftsführung, Fachabteilungen und operativen Projekten. Sie sorgt für eine kohärente Umsetzung der ESG-Strategie und trägt dazu bei, Silostrukturen zu überwinden.

Das ESG-Board verfügt als zentrale Stabsstelle über tiefgehende fachliche Expertise und unterstützt die Fachabteilungen methodisch bei der Einführung und Umsetzung standardisierter ESG-Prozesse, Tools und Reportingsysteme. Es übernimmt dabei eine Schlüsselrolle im unternehmensweiten Monitoring und Reporting: Das ESG-Team sammelt, konsolidiert und analysiert relevante Nachhaltigkeitsdaten, begleitet interne und externe Audits und gewährleistet eine professionelle ESG-Berichterstattung. Gleichzeitig beobachtet es kontinuierlich regulatorische Entwicklungen und identifiziert frühzeitig Risiken sowie neue Anforderungen, um eine vorausschauende Steuerung und die Einhaltung der Compliance sicherzustellen.

Darüber hinaus definiert das ESG-Board klare ESG-Ziele und Kennzahlen, überwacht deren Umsetzung und nimmt eine wichtige Schnittstellenfunktion zwischen Unternehmensleitung, operativen Einheiten und externen Stakeholdern ein. Es etabliert ein wirksames Berichtswesen, überwacht die Prozesse zur Erfüllung der Sorgfaltspflichten und wirkt aktiv an der unternehmensweiten Risikosteuerung mit.

Nicht zuletzt trägt das ESG-Team durch gezielte interne Kommunikation, Schulungen und Austauschformate dazu bei, eine lebendige Nachhaltigkeitskultur im Unternehmen zu fördern und die bereichsübergreifende Zusammenarbeit nachhaltig zu stärken.

Die Personalabteilung (HR) spielt eine wesentliche Rolle bei der Umsetzung und Integration von ESG im Unternehmen. Sie verantwortet insbesondere die soziale Dimension von Nachhaltigkeit, indem sie u. a. faire Arbeitsbedingungen sicherstellt, Vielfalt und Inklusion fördert und Mitarbeitergesundheit aktiv unterstützt. Darüber hinaus entwickelt sie in Zusammenarbeit mit dem ESG-Team gezielte Schulungs- und Weiterbildungsangebote sowie Qualifizierungsmaßnahmen, um ESG-Kompetenzen im Unternehmen aufzubauen und zu stärken. Die Personalabteilung wirkt maßgeblich an der kulturellen Verankerung von Nachhaltigkeit mit, indem sie Führungskräfte und Mitarbeitende sensibilisiert und für ein gemeinsames ESG-Verständnis sorgt. Durch die Integration von ESG-Kriterien in Personalprozesse wie Recruiting, Performance-Management und Talententwicklung trägt sie entscheidend dazu bei, nachhaltige Werte und Ziele in der gesamten Organisation verbindlich zu verankern.

Im Einkauf liegt der Fokus auf der Berücksichtigung von ESG-Kriterien in der Beschaffungsstrategie und bei der Lieferantenauswahl und -bewertung. Hierzu gehören unter anderem Nachhaltigkeitsanforderungen in Lieferverträgen, Audits sowie Nachweispflichten über Materialherkunft und Kreislauffähigkeit – insbesondere im Kontext der digitalen Produktpässe nach ESPR. Der Einkauf ist außerdem dafür verantwortlich, Risiken in der Lieferkette frühzeitig zu identifizieren und zu steuern.

Der Vertrieb muss sicherstellen, dass Produkte ESG-konform vermarktet werden. Dies beinhaltet die transparente Kommunikation von Nachhaltigkeitseigenschaften wie Reparierbarkeit oder Energieeffizienz und die Vermeidung irreführender Umweltversprechen (Greenwashing). Der Vertrieb sammelt darüber hinaus Rückmeldungen aus dem Markt und unterstützt die Umsetzung regulatorischer Informationspflichten gegenüber Kunden. Insbesondere After-Sales- Services spielen bei der ESPR eine zentrale Rolle, um eine nachhaltige Produktnutzung sicherzustellen. Dazu zählt u. a. die Bereitstellung einer langfristigen und zuverlässigen Ersatzteilversorgung sowie eines Service-Partner-Netzwerkes, was Kunden ermöglicht, die Produkte einfach und kostengünstig zu reparieren.

Die Kommunikationsabteilung sorgt für konsistente, glaubwürdige ESG-Kommunikation nach innen und außen. Sie koordiniert die Inhalte von Nachhaltigkeitsberichten, Social-Media-Kampagnen oder Pressemitteilungen und stimmt sich eng mit Investor Relations und dem ESG-Board ab. Im Fall von Reputationsrisiken übernimmt sie eine steuernde Rolle im Krisenmanagement.

Die Forschung und Entwicklung (R&D) ist verantwortlich für die Integration von Ökodesign-Anforderungen in neue Produkte. Dazu zählen etwa Aspekte wie Langlebigkeit, Reparierbarkeit oder die Verwendung recyclingfähiger Materialien. R&D liefert auch die technischen Grundlagen für die Konformitätsbewertung gemäß der ESPR, z.B. durch Materialanalysen, Umweltbewertungen oder Lebenszyklusanalysen.

Schließlich übernimmt die Rechtsabteilung bzw. Compliance-Funktion die Aufgabe, ESG-relevante Vorschriften auf nationaler und europäischer Ebene zu überwachen und auf ihre unternehmensspezifische Relevanz zu prüfen. Sie begleitet die rechtssichere Umsetzung der Verordnungen. Zudem unterstützt sie bei der Erstellung und Prüfung interner und externer Richtlinien, Verträge sowie Auditprozesse und trägt somit zur Absicherung regulatorischer Risiken bei.

Die Abbildung 33 fasst die Verantwortlichkeiten nach Abteilungen zusammen.

Geschäftsführung / Vorstand

- Gesamtverantwortung für die Einhaltung von ESG-Compliance und der regulatorischen Anforderungen (inkl. ESPR)Strategische Verankerung von ESG-Zielen in Unternehmensvision und –zielen
- Einrichtung und Mandatierung eines ESG-Boards oder –Lenkungskreises
- Überwachung der ESG-Risiken auf Unternehmensebene
- Rechenschaftspflicht gegenüber Stakeholdern, Investoren und Aufsichtsgremien
- Freigabe von Ressourcen (Personal, Budget) zur Umsetzung der ESG-Roadmap

Human Resources (HR)

- Entwicklung und Durchführung von ESG-Schulungsprogrammen für Mitarbeitende und Führungskräfte
- Integration von ESG-Kriterien in Anreiz- und Vergütungssysteme
- Förderung einer nachhaltigen Unternehmenskultur („Tone from the Top")
- Definition von ESG-relevanten Rollen und Zuständigkeiten in Stellenausschreibungen
- Unterstützung beim Aufbau interdisziplinärer ESG-Teams
- Förderung von Diversität, Gleichstellung und Inklusion im Sinne des "S"-Faktors

Vertrieb / Sales

- Sicherstellung der ESG-konformen Produktkommunikation (B2B)
- Information von Kunden zu nachhaltigkeitsrelevanten Produkteigenschaften (z. B. Reparierbarkeit, CO2-Fußabdruck)
- Feedbackschleifen zu ESG-Anforderungen aus dem Markt (z. B. Nachhaltigkeitslabels, Kundenanforderungen)
- Mitarbeit bei der Umsetzung des digitalen Produktpasses im Kundenkontakt
- Unterstützung der Marketingstrategie mit ESG-konformen Botschaften

Forschung & Entwicklung (R&D)

- Integration von Ökodesign-Prinzipien (Design for Sustainability, Circularity by Design)
- Entwicklung ESG-konformer Produktkonzepte (z. B. recyclingfähig, reparierbar, langlebig)
- Mitwirkung bei Lebenszyklusanalysen, Materialbewertung und Stoffverbotsprüfung
- Technische Umsetzung der ESPR-Anforderungen für Konformität (z. B. Rezyklatanteil, Energieeffizienz)
- Bereitstellung technischer Daten für Konformitätsbewertung und Produktpässe

ESG-Board / Team

- Koordination und Steuerung der unternehmensweiten ESG-Strategie
- Priorisierung regulatorischer Anforderungen (z. B. ESPR, CSRD, Lieferkettengesetz)
- Festlegung von Zielen, KPIs und Berichtspflichten
- Monitoring von Fortschritt, Risiken und Maßnahmen in den Fachbereichen
- Beratung der Geschäftsführung bei ESG-relevanten Entscheidungen
- Abstimmung und Eskalation von Zielkonflikten oder Umsetzungshindernissen
- Unterstützung bei der Umsetzung von digitalen Tools (z. B. digitaler Produktpass)

Einkauf / Procurement
- Einbindung von ESG-Kriterien in Beschaffungsstrategie und Lieferantenauswahl
- Etablierung von Risikoanalysen und -bewertungen für Materialien, Lieferanten und Länder
- Pflege und Bewertung von Lieferanteninformationen für digitale Produktpässe
- Nachweisführung zur Materialherkunft, Ressourceneffizienz und Kreislauffähigkeit
- Integration von Nachhaltigkeitsaspekten in Verträge und Beschaffungsrichtlinien

Kommunikation / Öffentlichkeitsarbeit
- Konsistente, transparente ESG-Kommunikation nach innen und außen
- Entwicklung von Kommunikationsleitlinien zu Nachhaltigkeitsthemen (z. B. Green Claims)
- Abstimmung mit Investor Relations zur ESG-Berichterstattung (z. B. CSR, ESG-Ratings)
- Reputationsmanagement bei ESG-Risiken oder Krisen
- Erstellung und Pflege von ESG-Inhalten auf Website, Social Media und Nachhaltigkeitsberichten

Rechtsabteilung / Compliance
- Rechtsmonitoring zu ESG-relevanten Vorschriften (EU, national, international)
- Prüfung der Umsetzbarkeit und Konformität interner Richtlinien mit geltendem Recht (z. B. ESPR, CSRD, LkSG)
- Unterstützung bei Vertragsgestaltung mit ESG-relevanten Klauseln
- Beratung bei Risikobewertungen und im Beschwerdemanagement
- Aufbau und Pflege eines internen Kontrollsystems (IKS) für ESG-Themen
- Unterstützung bei Audits und behördlichen Prüfungen

Abb. 33: Übersicht der Verantwortlichkeiten und Zuständigkeiten nach Abteilungen.

Eine weitere tragende Säule ist die Entwicklung verbindlicher Richtlinien und Policies, die klare Orientierung bieten und als interne Normen wirken. Sie definieren Verhaltensstandards, beschreiben Rollen und Prozesse und machen Anforderungen konkret operationalisierbar. Gerade in Unternehmen mit internationaler Lieferstruktur gewinnen solche internen Regelwerke an Bedeutung, da sie eine einheitliche Steuerungslogik über Standorte und Märkte hinweg ermöglichen.

Governance bezeichnet die Art und Weise, wie Organisationen gesteuert, kontrolliert und reguliert werden. Die Corporate Governance umfasst Strukturen, Prozesse und Mechanismen, um eine verantwortungsvolle Entscheidungsfindung und transparente Unternehmensführung sicherzustellen. Somit ist eine effiziente Governance das Fundament bei der erfolgreichen Umsetzung der Nachhaltigkeitsaktivitäten und basiert auf vier zentralen Bereichen Strategie & Verantwortlichkeiten, Risikomanagement & Due Diligence, Prozesse & Umsetzung sowie Transparenz & Berichterstattung.

Im Bereich Strategie und Verantwortlichkeiten liegt der Fokus auf der klaren Zuweisung von ESG-Verantwortung auf Vorstands- und Managementebene. Eine definierte ESG-Strategie mit konkreten Zielen bildet die Grundlage für eine stringente Umsetzung. Unterstützt wird dies durch eine passende Organisationsstruktur sowie verbindliche Richtlinien und unternehmensweite Policies. Das Risikomanagement und die Due Diligence umfassen die Erfüllung gesetzlicher Sorgfaltspflichten, die Durchführung systematischer Risikoanalysen sowie die Bewertung und Umsetzung von Risikominderungsmaßnahmen. Ein wirksames Monitoring- und Kontrollsystem stellt sicher, dass Risiken frühzeitig erkannt und entsprechende Gegenmaßnahmen eingeleitet werden können. Bei Prozessen und Umsetzung geht es um die konkrete Verankerung von ESG in den operativen Abläufen. Hierzu zählen die Definition und Überwachung von ESG-Performance-Indikatoren (KPIs), das Management nachhaltiger Lieferketten, der Aufbau effizienter Datenmanagement- und IT-Strukturen sowie die Einrichtung eines funktionierenden Beschwerdemanagements. Der vierte Bereich Transparenz und Berichterstattung zielt auf die glaubwürdige Kommunikation von ESG-Aktivitäten ab. Die Integration von Stakeholdern, die Sicherstellung von Integrität und Nachvollziehbarkeit sowie die transparente Aufbereitung von Informationen sind zentrale Bestandteile. Darüber hinaus spielen eine konsistente ESG-Kommunikation und professionelle PR eine wichtige Rolle für die Außenwirkung des Unternehmens. Die Abbildung 34 fasst die vier Bereiche der Governance zusammen.

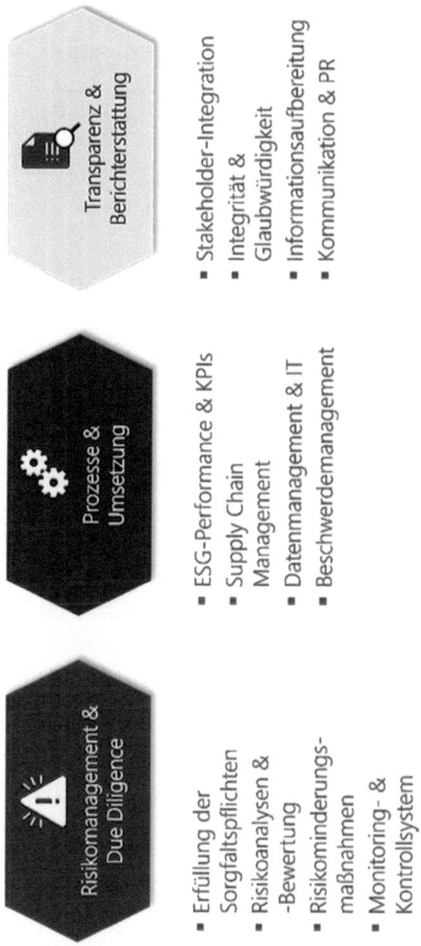

Abb. 34: Übersicht der vier Bereiche der Governance.

Zusammen bilden diese Elemente eine robuste ESG-Governance, die nicht nur regulatorische Anforderungen erfüllt, sondern auch zur nachhaltigen Unternehmensführung beiträgt. Nur, wenn diese Bereiche aufeinander abgestimmt sind, kann Nachhaltigkeit im Sinne der ESPR wirksam gemanagt werden.

3.3 Integration zur Umsetzung

Mit der ESPR erreicht Nachhaltigkeit eine neue operative Relevanz: Unternehmen müssen die internen Prozesse derart ausgestalten, dass Umwelt- und Kreislaufaspekte systematisch und überprüfbar in die Produktentwicklung, Beschaffung, Fertigung und Qualitätssicherung integriert sind. Kern der ESPR ist die Einführung produktübergreifender Mindestanforderungen zu Ressourceneffizienz, Haltbarkeit, Reparierbarkeit, Wiederverwendbarkeit, Rezyklierbarkeit und der Anteil an Rezyklaten. Diese Anforderungen entfalten ihre Wirkung nicht isoliert, sondern greifen tief in bestehende betriebliche Abläufe ein. Eine wirksame Umsetzung setzt daher voraus, dass Unternehmen ihre operativen Prozesse frühzeitig auf Transformationsfähigkeit prüfen und gezielt anpassen.

Am Beginn steht die Produktentwicklung – das Herzstück der Wertschöpfung. Die Fähigkeit, ESG-relevante Anforderungen wie Kreislauffähigkeit oder Schadstoffvermeidung in technische Spezifikationen zu überführen, entscheidet maßgeblich über die Konformität eines Produkts mit der ESPR. Dies betrifft sowohl die Materialauswahl als auch konstruktive Gestaltungsprinzipien, etwa die Modularisierung oder die Demontagefähigkeit. Unternehmen müssen sicherstellen, dass ökologische Kriterien nicht nachträglich, sondern bereits in den frühen Phasen des Produktentwicklungsprozesses berücksichtigt werden. Dies erfordert eine enge Verzahnung von Design, Engineering, Nachhaltigkeitsexpertise und Regulatory Affairs – etwa durch strukturierte ESG-Gates, interne Checklisten oder verpflichtende Ökobilanz-Vorprüfungen (Pre-LCA).

Darüber hinaus stellt die ESPR hohe Anforderungen an die datenbasierte Rückverfolgbarkeit von Produkten und Materialien. Die Umsetzung des digitalen Produktpasses (DPP) wird zur zentralen Voraussetzung für Konformität – nicht nur als Informationsinstrument für Endverbraucher, sondern vor allem als Prüfwerkzeug für Behörden und Marktüberwachung. Um dieser Anforderung gerecht zu werden, müssen Unternehmen ihre Prozesse so gestalten, dass produktspezifische Informationen (z. B. Materialzusammensetzung, Energieverbrauch, CO_2-Fußabdruck, Reparaturanleitungen) systematisch erhoben, strukturiert und gepflegt werden können. Dies setzt die enge Integration von Datenquellen entlang des gesamten Produktlebenszyklus voraus – von Entwicklungsdaten über Lieferantendokumente bis hin zu Rückmeldungen aus Vertrieb und Service.

Auch die Beschaffung erfährt durch die ESPR eine Neugewichtung. Nachhaltige Produkte entstehen nur dann, wenn ESG-Kriterien bereits in der Auswahl und Bewertung von Lieferanten berücksichtigt werden. Dazu gehört etwa die Prüfung von Rezyklatanteilen, die Herkunft von Materialien, die Nachweise zur Einhaltung von Schadstoffgrenzwerten oder Angaben zur Energieintensität von Vorprodukten. Einkaufsprozesse müssen daher strategisch erweitert werden: durch Vergabekriterien, ESG-Audits, erweiterte Selbstverpflichtungen (Code of Conducts) und strukturierte Lieferantenerklärungen, die in das Produktdatenmanagement eingespeist werden. Die operative Umsetzung der ESPR hängt somit maßgeblich davon ab, wie effektiv Unternehmen ihre Lieferketten in die Umsetzung der Nachhaltigkeitsziele einbinden.

Ein weiterer zentraler Baustein ist die Qualitätssicherung – nicht im klassischen Sinn technischer Normenkonformität, sondern als Sicherstellung der regulatorischen ESG-Performance. Die Überprüfung von Rezyklatanteilen, Energiekennwerten oder der korrekten digitalen Produktpassdaten muss in Prüf- und Freigabeprozesse überführt werden. Dabei geht es nicht nur um die formale Kontrolle von Kennzahlen, sondern um die Verifikation komplexer ökologischer und regulatorischer Anforderungen, etwa die Einhaltung von Verboten bestimmter Substanzen oder die Nachvollziehbarkeit von Produktveränderungen im laufenden Lebenszyklus. Entsprechende Prüfprotokolle, Validierungstools und regelmäßige interne Audits sind hierfür unerlässlich.

Die Nutzung digitaler Systeme spielt dabei eine Schlüsselrolle. Tools zur Lebenszyklusanalyse (LCA), Material Compliance, Circularity

Scoring oder digitale Zwillinge von Produkten können Unternehmen in die Lage versetzen, ESPR-relevante Informationen nicht nur zu erfassen, sondern auch gezielt zu steuern. Die Anbindung dieser Tools an bestehende ERP-, PLM- oder PIM-Systeme erhöht die Datenkonsistenz und reduziert Medienbrüche – eine Grundvoraussetzung für die Einführung des digitalen Produktpasses. Digitale Prozessintegration wird somit zum technischen Rückgrat der operativen Umsetzung.

Schließlich bedarf es einer gezielten Schulung und Befähigung der relevanten Unternehmensbereiche. Die Umsetzung der ESPR ist kein Projekt einzelner Nachhaltigkeitsexperten, sondern eine Querschnittsaufgabe für Produktentwicklung, Einkauf, Qualität, IT und Produktion. Nur, wenn alle beteiligten Akteure die Anforderungen verstehen, ihre Relevanz erkennen und ihre operative Bedeutung erfassen, kann eine funktionierende Umsetzungskultur entstehen. Dies erfordert nicht nur Wissensaufbau, sondern auch angepasste Rollen- und Zielsysteme, etwa die Integration von Nachhaltigkeitszielen in Team- oder Bereichs-KPIs.

Insgesamt lässt sich festhalten: Die ESPR verschiebt die regulatorische Relevanz von Nachhaltigkeit in die operative Realität der Unternehmen. Ihre Umsetzung verlangt eine tiefgreifende Neuausrichtung betrieblicher Prozesse, Systeme und Verantwortungsbereiche. Unternehmen, die dies frühzeitig erkennen und strukturiert angehen, sichern sich nicht nur regulatorische Konformität, sondern auch strategische Vorteile im sich wandelnden europäischen Binnenmarkt.

3.4 Konformität durch Risikosteuerung

Mit dem Inkrafttreten der ESPR erhalten die Begriffe „Konformitätsbewertung“ und „Konformitätserklärung“ eine neue Tragweite. Unternehmen, die Produkte im europäischen Binnenmarkt in Verkehr bringen, sind künftig verpflichtet, durch formelle Verfahren nachzuweisen, dass ihre Produkte den geltenden Mindestanforderungen an das Ökodesign entsprechen. Diese Anforderungen betreffen nicht nur funktionale Merkmale wie Energieeffizienz, sondern auch Kriterien wie Haltbarkeit, Reparierbarkeit, Recyclingfähigkeit, Rezyklatanteil und Informationsverfügbarkeit über den digitalen Produktpass. Der Nachweis dieser Konformität muss in standardisierten Verfahren erbracht und dokumentiert werden – einschließlich technischer Unterlagen, Prüfberichte, begleitender Kennzeichnungen und der Konformitätserklärung selbst.

Die Konsequenz für das Management ist eindeutig: Die Einhaltung der ESPR wird nicht durch freiwillige Selbstverpflichtung, sondern durch überprüfbare Nachweise geregelt – mit klaren Haftungsfolgen bei Nichtbeachtung. Die Verantwortung für diese Konformitätsbewertung liegt letztlich bei den Wirtschaftsakteuren, insbesondere den Herstellern. Für das unternehmerische Management bedeutet das, ein strukturiertes, systematisch dokumentiertes und auditierbares Steuerungssystem zu etablieren, das Konformität nicht dem Zufall oder informellen Abläufen überlässt.

Dabei ist Konformität nicht als isolierte Zielgröße zu verstehen, sondern als Ergebnis eines unternehmensweiten Steuerungsprozesses, der in bestehende Managementstrukturen eingebettet ist. Die Verbindung zum Risikomanagement besteht darin, dass sich durch eine konsequente Risikoerfassung und -steuerung Konformitätsrisiken frühzeitig erkennen und gezielt adressieren lassen.

Die Anforderung, Risiken zu analysieren, zu bewerten, zu steuern und zu dokumentieren, ergibt sich dabei nicht allein aus der betrieblichen Vorsorge, sondern auch aus regulatorischen Verpflichtungen. Die ESPR verlangt explizit, dass Unternehmen sicherstellen, dass alle in Verkehr gebrachten Produkte den Anforderungen der Verordnung entsprechen – und, dass sie Prozesse etablieren, die diese Übereinstimmung dauerhaft gewährleisten. Dies schließt die Pflicht ein, nicht nur bestehende Risiken zu kennen, sondern auch auf neue regulatorische oder marktbezogene Entwicklungen reagieren zu können.

Wie Abbildung 35 zeigt, umfasst ein wirksames Risikomanagementsystem im Kontext der ESPR typischerweise vier Kernfunktionen: Risikoidentifikation und -analyse, Risikobewertung und Priorisierung, Risikosteuerung und Maßnahmenumsetzung sowie eine Wirksamkeitsprüfung und Reporting. Im Folgenden werden die vier Kernfunktionen erläutert.

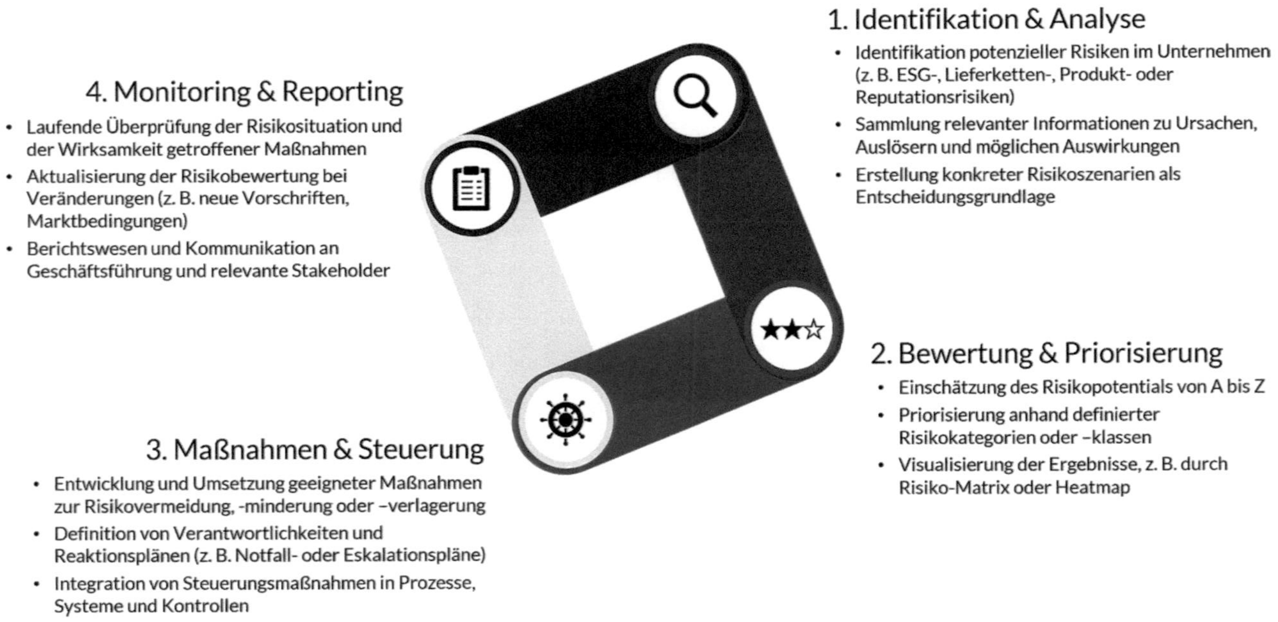

Abb. 35: Der Risikomanagementprozess in vier Schritten

3.4.1 Risikoidentifikation und -analyse

Die Risikoidentifikation bildet den Ausgangspunkt eines wirksamen Risikomanagementprozesses. Im Kontext der ESPR kommt ihr eine besondere Bedeutung zu, da viele regulatorische Anforderungen nicht nur technischer, sondern auch datenbezogener und prozessualer Natur sind – und in vielen Fällen auf Annahmen und Mechanismen beruhen, die unternehmensspezifisch höchst unterschiedlich ausgeprägt sind. Umso wichtiger ist es, mögliche Abweichungen von den Konformitätsanforderungen frühzeitig und systematisch zu erkennen, bevor sie sich in nachweisliche Verstöße, Marktbarrieren oder Reputationsrisiken verwandeln.

Die Risikoidentifikation ist nicht auf die Erhebung akuter Problemlagen beschränkt, sondern muss auch potenzielle Risiken erfassen, die sich mittel- bis langfristig aus strukturellen Schwächen, Wissenslücken oder veränderten Rahmenbedingungen ergeben. Ziel ist es, ein möglichst vollständiges Bild jener Faktoren zu entwickeln, die die Konformität eines Produkts mit den Anforderungen der ESPR gefährden könnten – sowohl auf technischer als auch auf organisatorischer Ebene.

Im Kontext der ESPR lassen sich typischerweise fünf zentrale Risikobereiche unterscheiden:

- **Produktbezogene Risiken**, etwa unzureichende Kreislauffähigkeit, problematische Materialzusammensetzungen, fehlende Reparierbarkeit oder nicht nachweisbare Lebensdauer.
- **Datenrisiken**, z. B. fehlende oder inkonsistente Informationen für den digitalen Produktpass, nicht standardisierte Datenerhebung oder mangelnde Datenverfügbarkeit entlang der Lieferkette.
- **Prozessrisiken**, insbesondere unzureichend definierte interne Abläufe zur Umsetzung von Konformitätsanforderungen, fehlende Verantwortlichkeiten oder fragmentierte Systemlandschaften.
- **Lieferkettenrisiken**, etwa fehlende Nachweise von Vorlieferanten, intransparente Herkunft von Materialien oder geringe Kontrolltiefe bei vorgelagerten Stufen.
- **Kommunikations- und Reputationsrisiken**, beispielsweise durch externe Kritik an vermeintlich „nachhaltigen“ Produkten, die die regulatorischen Anforderungen nicht einhalten.

Die strukturierte Identifikation solcher Risiken erfolgt idealerweise entlang definierter Produkt- und Prozessgruppen. In der Praxis haben sich interdisziplinäre Risiko-Workshops, interne Audits oder systematische Schwachstellenanalysen bewährt. Dabei ist es essenziell, sowohl internes Fachwissen aus Entwicklung, Einkauf, Nachhaltigkeit, Compliance und IT als auch externe Perspektiven – etwa aus rechtlicher Beratung, Verbänden oder Fachgremien – einzubeziehen.

Ergänzend zur internen Analyse gewinnt das sogenannte Issue Monitoring als externes Frühwarnsystem an Bedeutung. Dabei handelt es sich um eine systematische Beobachtung von Medien, politischen Entwicklungen, NGOs, Branchennetzwerken und wissenschaftlichen Publikationen. Ziel ist es, aufkommende regulatorische Trends, öffentliche Debatten oder kontroverse Produktaspekte frühzeitig zu erkennen – bevor sie zu faktischen Risiken im Rahmen der ESPR-Umsetzung werden. Beispiele reichen von der Diskussion über kritische Chemikalien oder Kunststoffarten bis hin zu Transparenzforderungen im Bereich Herkunftsnachweise oder Rezyklatqualität. Unternehmen, die ein solches Monitoring strategisch nutzen, können proaktiv reagieren, sich vorbereiten und ihre Risikoanalyse kontinuierlich aktualisieren.

Issue Monitoring sollte dabei als strukturierter Bestandteil der Risikoidentifikation etabliert werden. Die gewonnenen Informationen können in Risikodatenbanken eingespeist, mit bestehenden Produktgruppen abgeglichen und in regelmäßigen Risikoreviews berücksichtigt werden. So wird aus der Medienbeobachtung ein aktives Steuerungselement.

Nach der Identifikation folgt die Risikoanalyse – also die systematische Bewertung der identifizierten Risiken hinsichtlich ihrer Relevanz und möglichen Auswirkungen auf das Unternehmen. Im Kontext der ESPR sollten dabei nicht nur wirtschaftliche Schäden, sondern auch regulatorische, ökologische und reputative Folgen berücksichtigt werden. Die Bewertung kann quantitativ (z. B. durch Scoring-Modelle) oder qualitativ (z. B. durch Szenarien oder Experteneinschätzungen) erfolgen – wichtig ist vor allem die Transparenz und Nachvollziehbarkeit der Bewertungskriterien.

Ein praxisnaher Ansatz besteht darin, Konformitätsrisiken entlang der drei Ebenen der Umsetzung zu analysieren:

- **Konzeptionelle Ebene**: Versteht das Unternehmen die regulatorischen Anforderungen korrekt? Gibt es interne Richtlinien oder Standards, die diese adäquat abbilden?
- **Strukturelle Ebene**: Sind die erforderlichen Prozesse, Systeme und Verantwortlichkeiten vorhanden, um die Anforderungen umzusetzen?
- **Operative Ebene**: Wird die Umsetzung im Tagesgeschäft tatsächlich umgesetzt, überprüft und dokumentiert?

Diese mehrdimensionale Betrachtung ermöglicht eine differenzierte Risikoeinschätzung und hilft, gezielt zwischen strategischen und operativen Steuerungsmaßnahmen zu unterscheiden.

In der Summe wird deutlich: Eine gründliche Risikoidentifikation und -analyse ist nicht nur eine gesetzliche Notwendigkeit, sondern ein entscheidender Hebel zur Sicherstellung von ESPR-Konformität. Unternehmen, die diesen ersten Schritt mit der notwendigen Tiefe, Systematik und Weitsicht gestalten, schaffen die Grundlage für ein effektives Risikomanagement – und können Konformitätsrisiken nicht nur absichern, sondern aktiv in Chancen zur Verbesserung und Differenzierung überführen.

3.4.2 Risikobewertung und Priorisierung

Nachdem Risiken systematisch identifiziert und strukturiert erfasst wurden, stellt sich die Frage ihrer Bewertung und Priorisierung. In vielen Unternehmen erfolgt dies klassisch entlang einer Matrix, die Eintrittswahrscheinlichkeit und potenzielles Schadensausmaß gegenüberstellt. Für eine risikobasierte Umsetzung der regulatorischen ESG-Anforderungen – mit ihrer starken Fokussierung auf regulatorische Konformität, Nachweisführung und Produktverantwortung – greift dieser Ansatz jedoch häufig zu kurz. Stattdessen empfiehlt sich eine qualitativ orientierte Risikobewertung, die auf die systematische Beurteilung und die organisatorische Eignung bestehender Prozesse und Maßnahmen zielt, inwieweit diese ein Risiko der Nichterfüllung darstellen.

Das Bewertungssystem bietet hierfür einen etablierten methodischen Rahmen. Es bewertet Risiken und Steuerungsmaßnahmen entlang fünf zentraler Kriterien: Angemessenheit, Nachweisbarkeit, Rechtmäßigkeit, Wirksamkeit und Zuverlässigkeit. Die Bewertung der Kriterien orientieren sich an den Anforderungen verschiedener ESG-Regelwerke – einschließlich der ESPR – und ermöglichen eine konsistente, regulatorisch fundierte und praxisnahe Bewertung.

- **Angemessenheit**
  Dieses Kriterium prüft, ob die getroffenen Maßnahmen in Bezug auf die identifizierten Risiken tatsächlich geeignet sind. Ist die Maßnahme in der Ausgestaltung sinnvoll und realistisch im Hinblick auf das Ziel, ESPR-Konformität zu sichern? Dabei werden Ressourcen, Komplexität, Verantwortlichkeiten und betroffene Geschäftsprozesse mit einbezogen. Die Bewertung hilft, überdimensionierte Maßnahmen ebenso zu vermeiden wie symbolische, wirkungslose Aktivitäten.
- **Nachweisbarkeit**
  Hier steht die dokumentierbare Umsetzung im Vordergrund. Kann das Unternehmen objektiv belegen, dass eine Maßnahme existiert, implementiert wurde und regelmäßig zur Anwendung kommt? Besonders im Kontext der Konformitätsbewertung nach ESPR ist die Nachweisbarkeit ein kritischer Faktor – sowohl intern als auch gegenüber Behörden.
- **Rechtmäßigkeit**
  Die Bewertung der Rechtmäßigkeit zielt darauf, ob Maßnahmen im Einklang mit geltenden gesetzlichen Vorgaben und normativen Anforderungen stehen. Dies betrifft insbesondere die Einhaltung der in der ESPR konkretisierten Anforderungen und etwaiger delegierter Rechtsakte. Die rechtliche Fundierung von Maßnahmen wird explizit überprüft, was die Haftungs- und Reputationsrisiken senkt.
- **Wirksamkeit**
  Dieses Kriterium fragt nach dem tatsächlichen Einfluss der Maßnahme auf die Reduktion oder Kontrolle des identifizierten Risikos. Es geht darum, ob eine Maßnahme über reine Existenz oder Formalität hinausgeht und tatsächlich Wirkung entfaltet. Die Wirksamkeit fokussiert reale Effekte – und fördert damit die Effizienz und Zielorientierung des Risikomanagements.

– **Zuverlässigkeit**
  Bewertet wird die Kontinuität und Robustheit der Maßnahme. Ist sichergestellt, dass die Maßnahme dauerhaft funktioniert – auch bei personellen Wechseln, Systemausfällen oder organisatorischen Veränderungen? Dieses Kriterium stärkt die Langfristigkeit der Konformitätssicherung und die institutionelle Resilienz des Managementsystems.

Im Kontext der ESPR bedeutet dies, dass relevante Ökodesign-Anforderungen – etwa zur Haltbarkeit, Reparierbarkeit, Recyclingfähigkeit, zum Rezyklatanteil, zur Materialzusammensetzung oder zum digitalen Produktpass – einzeln und systematisch anhand dieser fünf Kriterien bewertet werden sollten. Nur, wenn jede dieser Vorgaben nicht nur bekannt, sondern auch qualitativ hinsichtlich ihrer Umsetzung im Unternehmen eingeordnet ist, entsteht ein realistisches Bild des Konformitätsstatus. Die Bewertung von A bis Z macht Unterschiede zwischen formal erfüllten und substanziell wirksamen Maßnahmen sichtbar und bietet eine Grundlage zur gezielten Weiterentwicklung einzelner Anforderungen. Es ist anzumerken, dass in der Praxis nicht immer alle fünf Bewertungskriterien auf alle Maßnahmen und Anforderungen anwendbar sind.

Die Anwendung dieser fünf Kriterien ermöglicht eine differenzierte und strukturierte Bewertung von Risiken und den darauf bezogenen Steuerungsmaßnahmen. Statt sich allein auf abstrakte Eintrittswahrscheinlichkeiten zu stützen, rückt dieser Ansatz die Gestaltungsqualität des Managementsystems in den Mittelpunkt. Das erlaubt nicht nur eine realitätsnahe Priorisierung, sondern auch eine gezielte Weiterentwicklung von Maßnahmen, die regulatorisch relevant, operativ realisierbar und strategisch sinnvoll sind. In der Praxis empfiehlt es sich, die Kriterien zu operationalisieren und in Risiko- oder Maßnahmenbewertungsmatrizen zu überführen. Auf diese Weise können bestehende Lücken sichtbar gemacht, Good Practices identifiziert und gezielte Verbesserungsprozesse angestoßen werden.

In der Summe stärkt dieser Ansatz die Qualitätssicherung, Transparenz und Steuerungsfähigkeit im Rahmen der ESPR-Umsetzung. Er schafft die Grundlage dafür, nicht nur Risiken zu kennen, sondern sie im Sinne eines wirksamen Nachhaltigkeitsmanagements aktiv zu steuern und organisatorisch abzusichern. Wurden anhand der Bewertungskriterien vorhandene Risiken bewertet und Lücken identifiziert, müssen geeignete Maßnahmen ergriffen werden, um diese Risiken angemessen zu steuern.

3.4.3 Risikosteuerung und Maßnahmenumsetzung

Die Bewertung von Risiken ist kein Selbstzweck – sie bildet die Entscheidungsgrundlage für angemessene und wirksame Steuerungsmaßnahmen. Gerade im Kontext der ESPR müssen Unternehmen in der Lage sein, konkrete Risiken in operative und strategische Maßnahmen zu übersetzen. Risikosteuerung bedeutet dabei nicht nur Schadensvermeidung, sondern auch aktive Gestaltung: Sie befähigt Unternehmen, regulatorische Anforderungen nicht nur zu erfüllen, sondern aus ihnen betriebliche Verbesserungsimpulse abzuleiten.

Die Auswahl und Gestaltung geeigneter Steuerungsmaßnahmen hängt maßgeblich davon ab, wie die vorhandenen Prozesse zuvor anhand der fünf Bewertungskriterien (A bis Z) eingeordnet wurden. Eine Maßnahme, die rechtmäßig ist, aber keine Wirkung entfaltet, erfüllt ebenso wenig ihren Zweck wie eine Maßnahme, die zwar angemessen wirkt, aber nicht dokumentiert oder dauerhaft zuverlässig ausgeführt werden kann. Insofern fungieren die Kriterien Angemessenheit, Nachweisbarkeit, Rechtmäßigkeit, Wirksamkeit und Zuverlässigkeit nicht nur als Bewertungsmaßstab für Risiken, sondern auch als Qualitätsmaßstab für die Maßnahmen selbst.

In der Praxis bedeutet das, dass jede geplante Maßnahme entlang dieser fünf Dimensionen auf ihre Umsetzungstauglichkeit geprüft werden sollte. Dabei müssen nicht nur die Anforderungen der Verordnung selbst berücksichtigt werden, sondern auch die tatsächlichen Kapazitäten des Unternehmens – etwa:

- **Finanzielle Kapazitäten**: Sind ausreichende Mittel vorhanden, um z. B. externe Prüfverfahren, digitale Lösungen oder Umstellungen in der Lieferkette zu finanzieren?
- **Organisatorische Kapazitäten**: Gibt es klare Zuständigkeiten, abgestimmte Entscheidungswege und ein funktionierendes Schnittstellenmanagement, um Maßnahmen effizient umzusetzen?
- **Personelle Kapazitäten**: Verfügt das Unternehmen über ausreichend geschultes Personal mit den relevanten fachlichen Kompe-

tenzen – etwa in Produktentwicklung, Einkauf, Nachhaltigkeit oder Datenmanagement?
- **Prozessuale Reife**: Sind bestehende Prozesse in der Lage, neue Anforderungen zu integrieren, oder müssen grundlegende Anpassungen vorgenommen werden (z. B. in PLM-, ERP- oder Qualitätssystemen)?

Nur wenn Maßnahmen mit diesen vier Kapazitätsdimensionen abgeglichen werden, ist sichergestellt, dass sie nicht nur auf dem Papier bestehen, sondern im Unternehmen wirksam umgesetzt und kontinuierlich betrieben werden können. Die fünf Kriterien bieten dafür den strukturellen Rahmen – etwa indem sie fordern, dass Maßnahmen nicht nur formal vorhanden (Nachweisbarkeit), sondern auch praktikabel (Angemessenheit), gesetzeskonform (Rechtmäßigkeit), effektiv (Wirksamkeit) und langfristig robust (Zuverlässigkeit) sein müssen.

Ein entscheidender Erfolgsfaktor in der Risikosteuerung ist zudem die Priorisierung: Nicht alle Risiken lassen sich gleichzeitig und im selben Umfang bearbeiten. Deshalb ist es notwendig, anhand der Bewertungsergebnisse eine Maßnahmenhierarchie zu entwickeln – von Sofortmaßnahmen über mittelfristige Prozessverbesserungen bis hin zu strategischen Neuausrichtungen. Transparenz in dieser Priorisierung stärkt die interne Steuerbarkeit und ermöglicht eine fokussierte Ressourcennutzung.

Zum Abschluss lassen sich exemplarisch einige typische Steuerungsmaßnahmen im Kontext der ESPR benennen:
- Einführung verbindlicher Designrichtlinien zur Berücksichtigung von Rezyklierbarkeit, Materialeffizienz und modularer Bauweise in der Produktentwicklung.
- Erweiterung der Lieferantenbewertung um ESG-relevante Kriterien, z. B. zur Herkunft von Rohstoffen, Einhaltung von Materialvorgaben oder Datenbereitstellung für den digitalen Produktpass.
- Implementierung automatisierter Datenvalidierung im PLM- oder ERP-System, um fehlerhafte oder unvollständige Produktdaten frühzeitig zu erkennen und zu korrigieren.
- Schulung relevanter Fachbereiche zu neuen regulatorischen Anforderungen, technischen Standards und ihrer Rolle im Konformitätsprozess.

- Einführung eines internen Prüf- und Freigabesystems zur Sicherstellung der ESPR-Konformität vor Markteinführung – inkl. Checklisten, Kontrollverantwortlichen und Dokumentation.
- Verankerung von Nachhaltigkeits-KPIs in Zielsystemen, etwa im Einkauf, in der Entwicklung oder im Produktmanagement.

Diese Maßnahmen sind nicht universell und müssen unternehmensspezifisch angepasst, abgestimmt und kontinuierlich überprüft werden. Entscheidend ist, dass sie vor dem Hintergrund der Risiken entwickelt werden, die zuvor systematisch identifiziert und bewertet wurden – und, dass sie mit der nötigen Tiefe, Qualität und Umsetzungsfähigkeit ausgestattet sind, um die Konformität mit der ESPR tatsächlich zu sichern.

3.4.4 Wirksamkeitsprüfung und Reporting

Ein nachhaltiges Risikomanagement endet nicht mit der Umsetzung von Maßnahmen – es beginnt dort erst, systemisch wirksam zu werden. Die am besten geplanten und sorgfältig implementierten Maßnahmen verlieren ihre Relevanz, wenn ihre tatsächliche Wirkung auf die Risikolage nicht überprüft und kontinuierlich weiterentwickelt wird. Im Kontext der ESPR ist diese Wirksamkeitsprüfung ein zentrales Element regulatorischer Sorgfaltspflicht: Nur, wenn ein Unternehmen nachweisen kann, dass seine Steuerungsmaßnahmen tatsächlich zur Einhaltung der Ökodesign-Anforderungen führen, erfüllt es seine Verantwortung in rechtlicher und konzeptioneller Hinsicht.

Die Wirksamkeitsprüfung zielt auf die praktische Realität im Unternehmensalltag: Wurden Maßnahmen wie geplant umgesetzt? Haben sie das intendierte Risiko reduziert? Entstehen möglicherweise neue Folgeeffekte, die bisher unbeachtet blieben? Um diese Fragen beantworten zu können, braucht es systematisch angelegte Evaluationsprozesse, die sowohl qualitative als auch quantitative Methoden kombinieren. Dazu gehören etwa:

- Plausibilitätsprüfungen von Produktdaten, insbesondere im Hinblick auf digitale Produktpass-Informationen oder Materialzusammensetzungen,

- Stichprobenartige Kontrollen von Prozessverläufen, z. B. in der Produktfreigabe oder Lieferantenevaluierung,
- Ergebnisanalysen technischer Prüfungen, z. B. zu Rezyklatgehalten oder Reparierbarkeitswerten,
- Befragungen oder Interviews mit Fachbereichen, um Umsetzungshindernisse oder Abweichungen zu identifizieren.

Die Ergebnisse der Wirksamkeitsprüfung sollten nicht nur dokumentiert, sondern aktiv genutzt werden. Sie bilden die Grundlage für kontinuierliche Anpassungsprozesse, die aus dem Risikomanagement einen lernenden und entwicklungsfähigen Steuerungsmechanismus machen. Dies ist insbesondere im Kontext der ESPR relevant, da viele der konkreten Anforderungen dynamisch durch delegierte Rechtsakte weiterentwickelt werden – was bedeutet, dass bestehende Maßnahmen regelmäßig auf ihre regulatorische Aktualität und funktionale Tauglichkeit überprüft werden müssen.

Die Erkenntnisse aus der Wirksamkeitsprüfung speisen sich idealerweise in ein systematisches Reporting, das die Verbindung zwischen operativer Umsetzung und strategischer Unternehmensführung sicherstellt. Hierzu gehört ein mehrstufiges Kommunikationsmodell:

- Fachbereichs-Reporting: Regelmäßige Rückmeldungen über Umsetzungserfolge, Datenqualität, Zielerreichung und Auffälligkeiten.
- Interdisziplinärer Abgleich: Konsolidierung der Informationen über Schnittstellen hinweg, z. B. zwischen Einkauf, Entwicklung, Nachhaltigkeit, Compliance und IT.
- Management-Zusammenfassung: Aggregierte, verständlich aufbereitete Risikoberichte für das mittlere Management inkl. Handlungsempfehlungen und Zielabgleich.
- Top-Management-Briefing: Periodische Berichterstattung über zentrale Konformitätsrisiken, Umsetzungsstand, strategische Zielerreichung und regulatorische Entwicklungen.

Ein solches internes Reporting ist kein Selbstzweck, sondern schafft Transparenz, Verbindlichkeit und Verantwortlichkeit im Unternehmen. Es erlaubt dem Top-Management, fundierte Entscheidungen zu treffen, Prioritäten zu setzen und Ressourcen bedarfsgerecht zu steuern. Gleichzeitig erhöht es die Sichtbarkeit von Nachhaltigkeit und

Regulierung als unternehmerische Querschnittsthemen – jenseits sektoraler Zuständigkeiten.

Im Idealfall münden Wirksamkeitsprüfung und Reporting in eine Feedbackschleife, die sowohl zur Verbesserung bestehender Maßnahmen als auch zur Identifikation neuer Risikofelder beiträgt. Auf diese Weise wird Risikomanagement nicht als reaktive Pflicht, sondern als integrativer Teil eines lernenden, adaptiven Unternehmenssystems verstanden – und erfüllt damit die Anforderungen der ESPR nicht nur formal, sondern auch in ihrer Intention: Nachhaltigkeit als kontinuierliche, überprüfbare und transparente Managementpraxis.

Diese vier Schritte sollten nicht isoliert betrachtet werden, sondern in einem integrierten System abgebildet sein, das Konformitätsbewertung und Risikosteuerung als zusammenhängende Prozesse behandelt. Nur so kann gewährleistet werden, dass die formalen Anforderungen der Konformitätserklärung auf einem belastbaren, nachvollziehbaren und revisionssicheren Fundament beruhen. Insbesondere in komplexen Unternehmensstrukturen – etwa mit mehreren Standorten, Produktlinien oder dezentralen Lieferketten – ist ein zentral koordiniertes Risikomanagementsystem entscheidend, um Doppelstrukturen, blinde Flecken oder Verantwortungsdiffusion zu vermeiden.

Darüber hinaus bietet ein systematisches Risikomanagement die Chance, regulatorische Anforderungen mit betriebswirtschaftlicher Wertschöpfung zu verbinden. Unternehmen, die Risiken nicht nur vermeiden, sondern als Steuerungsgröße nutzen, können Prozesse optimieren, Qualität steigern und Innovationspotenziale heben. In dieser Perspektive wird Konformität nicht als Mindestanforderung, sondern als Teil eines robusten Nachhaltigkeitsmanagements verstanden.

Nicht zuletzt stellt ein funktionierendes Risikomanagement den organisatorischen Ankerpunkt für den digitalen Produktpass dar. Ist bekannt, welche Informationen potenziell risikobehaftet oder lückenhaft sind, kann dies deren Qualität gezielt verbessern – eine Grundvoraussetzung für die korrekte und verlässliche Befüllung der digitalen Produktdatenstruktur.

Die Umsetzung der ESPR stellt keine reine Frage technischer Expertise oder juristischer Interpretation dar. Vielmehr handelt es sich um eine umfassende Managementherausforderung, bei der Konformität und Risiko systematisch zusammengeführt und in ein tragfähiges, prozessintegriertes Steuerungssystem überführt werden. Die strategische Auseinandersetzung mit diesem Zusammenhang bildet die Grundlage für regulatorische Sicherheit, betriebliche Effizienz und langfristige Wettbewerbsfähigkeit in einem von Nachhaltigkeit getriebenen Markt.

3.5 Lieferantenmanagement

Die ESPR rückt auch das Thema Lieferantenmanagement in den Fokus. Während Nachhaltigkeitsanforderungen in der Vergangenheit häufig auf freiwillige Selbstverpflichtungen von Lieferanten oder punktuelle Audits beschränkt blieben, entsteht durch die ESPR eine rechtlich verbindliche Verantwortung, die weit über die Werkstore hinausreicht. Die Einhaltung produktbezogener Anforderungen – etwa zu Materialzusammensetzungen, Rezyklatanteilen, Reparierbarkeit oder Herkunftsnachweisen – ist ohne zuverlässige Informationen und Mitwirkung von Lieferanten kaum möglich. Unternehmen müssen nicht nur eigene Prozesse anpassen, sondern auch sicherstellen, dass relevante Anforderungen entlang der vorgelagerten Lieferkette erfüllt und nachgewiesen werden können.

Die erste Herausforderung liegt in der Informationsasymmetrie: Unternehmen benötigen spezifische, technisch komplexe Daten zu Vorprodukten, Materialien oder Produktionsbedingungen – Informationen, die bislang teils weder systematisch erhoben noch standardisiert bereitgestellt werden. Lieferanten verfügen in vielen Fällen über diese Daten nicht in der geforderten Tiefe oder Struktur, oder sie sehen sich nicht in der Pflicht, sie offenzulegen. Hinzu kommen sprachliche, kulturelle oder regulatorische Differenzen, insbesondere bei internationalen Zulieferern, die nicht unmittelbar vom europäischen Rechtsrahmen betroffen sind.

Die zweite Herausforderung betrifft die Verlässlichkeit und Konsistenz der Daten. Im Rahmen der ESPR müssen Informationen nicht nur verfügbar, sondern auch korrekt, vollständig, aktuell und interoperabel sein – etwa zur Befüllung des digitalen Produktpasses. Diese Anforderungen erfordern klare Standards, Validierungsmechanismen und ein systematisches Datenmanagement entlang der Lieferkette. Wo diese fehlen, entstehen Konformitätsrisiken, für die letztlich das in Verkehr bringende Unternehmen haftet.

Drittens stehen Unternehmen vor dem Problem begrenzter Einflussmöglichkeiten: Lieferanten sind eigenständige Akteure mit eigenen Prioritäten, wirtschaftlichen Zwängen und Zielsystemen. Eine bloße Weitergabe von Anforderungen genügt daher nicht. Vielmehr bedarf es eines strategisch ausgerichteten, kooperativen Lieferantenmanagements, das nicht nur auf Kontrolle, sondern auf gemeinsame Umsetzung abzielt.

Aus diesen Herausforderungen lassen sich zentrale Anforderungen für das Lieferantenmanagement im Kontext der ESPR ableiten:

1. **Frühe Integration**
   Nachhaltigkeitsanforderungen müssen bereits bei der Auswahl und Qualifizierung von Lieferanten berücksichtigt werden – z. B. durch ESG-relevante Kriterien in Ausschreibungen, Angebotsbewertungen und Vertragsgestaltung.
2. **Verbindliche Erwartungen und Transparenz**
   Die Anforderungen sollten klar, messbar und nachvollziehbar formuliert sein, einschließlich konkreter Informations- und Nachweispflichten zu Materialzusammensetzung, Rezyklatanteil, Herkunft und Produktdesign.
3. **Strukturierte Kommunikation und Datenschnittstellen**
   Der Informationsaustausch muss kontinuierlich und standardisiert erfolgen – idealerweise über digitale Plattformen oder strukturierte Lieferantenportale, die eine automatisierte Datenübertragung ermöglichen.
4. **Monitoring und Leistungsbewertung**
   Die Performance von Lieferanten in Bezug auf die ESPR sollte regelmäßig überprüft werden – etwa durch Audits, Datenauswertung, Fragebögen oder ESG-Ratings.
5. **Kapazitätsaufbau und partnerschaftliche Entwicklung**
   Viele Lieferanten – insbesondere KMU – benötigen Unterstützung bei der Umsetzung. Unternehmen sollten gezielt mit Schulungen, Tools, Templates oder personeller Beratung helfen, Umsetzungskompetenz aufzubauen.

6. **Risikosteuerung und Eskalationsfähigkeit**
   Für kritische Lieferanten oder nicht erfüllte Anforderungen müssen Eskalationsroutinen und Alternativstrategien etabliert sein – z. B. Ersatzlieferanten, Rücknahmeregelungen oder eigene Prüfprozesse.

Um die Steuerung der Lieferkette im Sinne der ESPR effizient zu gestalten, empfiehlt sich eine differenzierte Einteilung der Lieferanten nach ihrem Umsetzungsvermögen und ihrem Engagement zur Mitwirkung. Die Erfahrung zeigt, dass sich Lieferanten in der Praxis grob in vier Gruppen einteilen lassen:

1. **Kompetent und engagiert**
   Diese Lieferanten verfügen bereits über ein hohes Maß an technischem Wissen, Datentransparenz und internen Steuerungssystemen – und zeigen zugleich eine hohe Bereitschaft zur Zusammenarbeit. Sie sind ideale Partner für Pilotprojekte, Innovationsansätze oder Co-Entwicklung neuer Lösungen.
   Mögliche Strategie: Strategische Partnerschaft auf Augenhöhe, Integration in interne Planungsprozesse, privilegierter Zugang zu Geschäftsmöglichkeiten.
2. **Kompetent, aber zurückhaltend**
   Diese Lieferanten verfügen über Know-how und Daten, agieren jedoch zögerlich, wenn es um Transparenz, Engagement oder Anpassung ihrer Prozesse geht – oft aus Kapazitätsgründen oder kulturellen Gründen.
   Mögliche Strategie: Klare Anforderungen, gezielte Anreizsysteme, schrittweise Integration, ggf. vertragliche Sanktionen oder Bonusmodelle.
3. **Engagiert, aber (noch) wenig kompetent**
   Diese Gruppe zeigt Bereitschaft zur Umsetzung, hat aber noch keine ausreichenden Systeme, Daten oder Prozesse etabliert. Besonders häufig bei kleineren Lieferanten.
   Mögliche Strategie: Intensive Unterstützung, Schulungen, Vorlagen, Checklisten, Toolkits, ggf. schrittweise Anforderungserhöhung.
4. **Wenig kompetent, wenig engagiert**
   Diese Lieferanten stellen das größte Risiko dar – etwa durch Verweigerung von Informationen, fehlende Datenqualität oder passive Reaktion auf Anforderungen.

Mögliche Strategie: Kurzfristige Risikominimierung, mittelfristige Substitution, klare vertragliche Konsequenzen.

Diese Segmentierung bildet die Grundlage für ein risikobasiertes Lieferantenmanagement, bei dem Ressourcen gezielt dort eingesetzt werden, wo Unterstützung notwendig und Wirkung wahrscheinlich ist – und zugleich Eskalation oder Substitution dort ermöglicht wird, wo Risiken als nicht tragbar gelten. Auf diese Weise entsteht Transparenz, Priorisierung wird erleichtert, und eine abgestimmte Umsetzung von Maßnahmen in den Bereichen Einkauf, Compliance, Nachhaltigkeit und Produktentwicklung wird ermöglicht.

Im Zentrum steht dabei der Gedanke der partnerschaftlichen Umsetzung. Die ESPR lässt sich nur dann wirksam umsetzen, wenn Unternehmen und Lieferanten an einem Strang ziehen – nicht durch Druck, sondern durch Struktur, Transparenz und Zusammenarbeit. Lieferanten müssen verstehen, dass es nicht nur um regulatorische Erfüllung geht, sondern um Marktzugang, Reputationssicherung und gemeinsame Innovationsfähigkeit. Umgekehrt müssen Unternehmen anerkennen, dass Lieferanten Zeit, Ressourcen und Orientierung benötigen, um sich auf neue Anforderungen einzustellen.

Ein wirksames ESPR-Lieferantenmanagement ist daher nicht nur ein System der Kontrolle, sondern eines der aktiven Koordination. Es schafft die Voraussetzungen, damit Anforderungen verstanden, akzeptiert und erfüllt werden – entlang der gesamten Wertschöpfungskette.

3.6 Datenmanagement zur Verbraucherintegration

Die Umsetzung der ESPR stellt Unternehmen vor eine zentrale infrastrukturelle Herausforderung: die Verfügbarkeit, Qualität und Nutzbarkeit von produktbezogenen Daten über den gesamten Lebenszyklus hinweg. Denn im Kern zielt die Verordnung nicht nur auf nachhaltigere Produkte, sondern auch auf mehr Transparenz, Rückverfolgbarkeit und digitale Nachvollziehbarkeit. Die geforderten Informationen – etwa zu Materialzusammensetzungen, Reparierbarkeit, CO_2-Fußabdruck oder Rezyklatanteil – müssen nicht nur vorliegen, sondern standardisiert strukturiert jederzeit abrufbar und interoperabel sein. Datenmanagement wird damit zum zentralen Treiber regulatorischer Konformität und produktbezogener ESG-Steuerung.

Ein zentrales Instrument zur Umsetzung dieser Anforderungen ist der digitale Produktpass (DPP), ein strukturiertes, digital zugängliches Informationssystem, das wesentliche Nachhaltigkeits-, Material- und Funktionsdaten eines Produkts bereitstellt. Der DPP stellt keine freiwillige Innovation dar, sondern ein regulatorisch vorgeschriebenes Instrument, das für alle – unter Vorbehalt der delegierten Rechtsakte – von der ESPR betroffenen Produktgruppen eingeführt werden soll. Die Umsetzung erfordert Systeme und Prozesse, die eine automatisierte und regelkonforme Zusammenführung produktbezogener Daten über interne Abteilungen, Lieferkettenpartner und digitale Plattformen hinweg ermöglichen. Kapitel 4.5 zeigt die Anforderungen an den Digitalen Produktpass detailliert auf.

Diese Aufgabe ist sowohl in technischer als auch in organisatorischer Hinsicht anspruchsvoll. Die für den digitalen Produktpass erforderlichen Daten entstehen nicht zentral, sondern sind über zahlreiche Funktionen verteilt – von der Entwicklung über den Einkauf und die Qualitätssicherung bis hin zur Logistik. Ergänzt werden diese Informationen durch Daten externer Zulieferer, die in der Regel nicht innerhalb derselben Systemlandschaften agieren wie das berichtspflichtige Unternehmen. Zur Sicherstellung von Konformität, Konsistenz und Aktualität sind daher klare Strukturen, standardisierte Datenmodelle und geeignete technische Schnittstellen erforderlich.

Die Anforderungen an das Datenmanagement im Kontext der ESPR lassen sich in vier zentrale Aufgabenbereiche gliedern:

1. **Datenverfügbarkeit sicherstellen**
   Unternehmen müssen zunächst sicherstellen, dass alle relevanten Daten vollständig und zugänglich sind. Dies betrifft sowohl interne als auch externe Datenquellen. Bei fehlender Datentiefe oder -breite müssen Prozesse zur Datengenerierung aufgebaut werden – etwa durch Lieferantenabfragen, Materialanalysen oder die Einführung datenbezogener Verpflichtungen in Vertragswerke.

2. **Datenqualität gewährleisten**
   Für die Konformität nach ESPR reicht die bloße Existenz von Daten nicht aus – sie müssen valide, aktuell, konsistent und normgerecht sein. Hierfür bedarf es automatisierter Validierungsmechanismen, verbindlicher Prüfprozesse und klarer Verantwortlichkeiten. Fehlerhafte oder widersprüchliche Daten können nicht nur zu Konformitätsverstößen führen, sondern auch zu Reputationsschäden, behördlichen Maßnahmen und Lieferverzögerungen.
3. **Prozessuale Integration sicherstellen**
   Die Erhebung, Pflege und Weitergabe von Daten muss in die regulären Geschäftsprozesse eingebettet sein. Datenmanagement darf nicht als Zusatzaufgabe „on top" verstanden werden, sondern muss integraler Bestandteil von Produktentwicklung, Einkauf, Logistik, Qualität und Vertrieb sein. Dies setzt abgestimmte Workflows, transparente Zuständigkeiten und geeignete IT-Architekturen voraus.
4. **Systeme verbinden und automatisieren**
   Die technische Voraussetzung für ein zukunftsfähiges Datenmanagement liegt in der Interoperabilität der Systeme. ERP-, PLM-, PIM- und LCA-Systeme müssen über klar definierte Schnittstellen miteinander kommunizieren können. Nur so lässt sich der digitale Produktpass konsistent und automatisiert befüllen. Gleichzeitig müssen Unternehmen in der Lage sein, Daten über externe Plattformen (z. B. herstellerübergreifende Datenräume) bereitzustellen – z. B. für Marktaufsichtsbehörden, Handelspartner oder Endkunden.

Der digitale Produktpass stellt nicht nur ein technologisches Artefakt dar, sondern verkörpert ein neues Steuerungsparadigma: Informationen über ein Produkt – einschließlich Zusammensetzung, Umweltwirkung, Lebensdauer und Reparierbarkeit – werden integraler Bestandteil des Produkts selbst. Ohne Bereitstellung dieser Informationen ist der Marktzugang gefährdet. Eine strategische Nutzung eröffnet hingegen Differenzierungspotenziale – beispielsweise durch glaubwürdige Transparenz, verlässliche Lebenszykluskostenrechnung oder innovative Geschäftsmodelle im Kontext der Kreislaufwirtschaft.

Die Umsetzung eines robusten Datenmanagements erfordert daher einen strategischen und langfristigen Ansatz:

- Schaffung zentraler Datenverantwortlichkeiten, etwa durch die Einführung eines ESG-Data Officers oder einer interdisziplinären Datensteuerungsgruppe.
- Definition von Datenstandards, die konform zu den Vorgaben des digitalen Produktpasses und der ESPR ausgestaltet sind.
- Aufbau technischer Plattformen, die das Zusammenspiel unterschiedlicher Systeme ermöglichen – auch mit Blick auf cloudbasierte Datenräume, Blockchain-basierte Herkunftsnachweise oder KI-gestützte Datenanalysen.
- Verknüpfung mit bestehenden Nachhaltigkeitsberichten, ESG-Reportings und Produktkennzeichnungen, um Informationsverluste zu vermeiden.

Dabei ist auch zu berücksichtigen, dass der Datenaufwand differenziert und risikoorientiert gesteuert werden muss. Nicht jede Produktgruppe, nicht jeder Lieferant, nicht jedes Detail benötigt dieselbe Tiefe und Frequenz. Eine Softwarelösung kann zwar die Visualisierung und aggregierte Darstellung von Daten erleichtern, aber keine Software kann die Erfüllung der Sorgfaltspflicht garantieren, wie sich in der jüngeren Vergangenheit bei anderen nachhaltigkeitsbezogenen Regelungen gezeigt hat. Unternehmen, die in der Lage sind, relevante Informationen zu priorisieren und zu standardisieren, verschaffen sich nicht nur einen Umsetzungsvorteil, sondern reduzieren auch Komplexität und Kosten.

Letztlich wird deutlich, dass Nachhaltigkeit nicht nur eine Frage von Materialien und Prozessen ist, sondern auch eine Frage der digitalen Steuerungsfähigkeit. Unternehmen, die frühzeitig in strukturiertes, interoperables und zukunftsfähiges Datenmanagement investieren, legen damit nicht nur die Grundlage für regulatorische Konformität, sondern auch für Innovation, Resilienz und strategische Differenzierung im Wettbewerb.

3.7 Erfüllung der Transparenzanforderungen

Die Anforderungen an die Transparenz im Zuge der ESPR stellen eine zentrale Säule der konzeptionellen Architektur für nachhaltige Produkte dar. Sie verpflichten Unternehmen nicht nur dazu, umfassende Informationen über Produkteigenschaften, Umweltauswirkungen und Nachhaltigkeitskriterien bereitzustellen, sondern fordern auch die systematische Erhebung, Dokumentation und Kommunikation dieser Informationen entlang des gesamten Produktlebenszyklus. Dies ist ein dynamischer Prozess, der sich kontinuierlich an regulatorische Präzisierungen, Marktentwicklungen, technologische Innovationen und organisationale Lernprozesse anpassen muss. Gerade weil die ESPR über delegierte Rechtsakte schrittweise konkretisiert wird und sich Anforderungen an Daten, Nachweise und Produktgestaltung weiterentwickeln, ist ein robustes, anpassungsfähiges Monitoring- und Steuerungssystem essenziell. Unternehmen müssen in der Lage sein, den Stand ihrer Umsetzung nicht nur zu dokumentieren, sondern aktiv zu beobachten, zu bewerten und fortlaufend zu verbessern.

Im Mittelpunkt steht dabei die Wirksamkeitsprüfung (vgl. Kapitel 3.4.4) der ergriffenen Maßnahmen: Haben Anpassungen im Einkauf, der Produktentwicklung, im Datenmanagement oder in der Lieferantenkommunikation tatsächlich zur Reduktion von Konformitätsrisiken geführt? Werden die gesetzlichen Anforderungen nicht nur formal erfüllt, sondern in der betrieblichen Praxis wirksam umgesetzt? Gibt es Hinweise auf Zielverfehlungen, Umsetzungsdefizite oder neue Risiken, die eine Überarbeitung bestehender Strukturen erfordern?

Diese Fragen lassen sich nur beantworten, wenn die Umsetzung regelmäßig anhand definierter Kriterien überprüft wird – sei es durch Kennzahlen, Audits, interne Reviews oder abteilungsübergreifende Evaluationsrunden. Dabei sollte auf mehrere Informationsquellen zurückgegriffen werden:

- **Prozesskennzahlen**, etwa zur Vollständigkeit und Qualität von Daten im digitalen Produktpass, zur Rücklaufquote von Lieferantenerklärungen oder zur Durchlaufzeit von Produktfreigaben unter ESPR-Gesichtspunkten.

- **Strukturindikatoren**, z. B. zur personellen Ausstattung relevanter Funktionen, zur IT-Systemintegration oder zur Abdeckung von Schulungsmaßnahmen.
- **Ergebnisindikatoren**, etwa zur Häufigkeit von Abweichungen in internen Audits, zur Rate nicht konformer Produkte oder zu Rückmeldungen aus Marktaufsicht und von Kunden.

Kennzahlen sind ein Mittel zur steuerungsorientierten Selbstbeobachtung. Es wird ermöglicht, Fortschritte sichtbar zu machen, Prioritäten zu setzen, Ressourceneinsatz zu justieren und Umsetzungsengpässe frühzeitig zu erkennen. Wichtig ist, dass die Auswahl der Indikatoren nicht losgelöst von der Unternehmensrealität erfolgt, sondern eng mit der operativen Umsetzung und den strategischen Zielen der ESPR-Verankerung verknüpft ist.

Ergänzend zur zahlenbasierten Beobachtung braucht es eine institutionalisierte Feedback- und Lernstruktur: Prozesse sollten regelmäßig hinterfragt, Best Practices systematisch dokumentiert und Verbesserungsvorschläge aktiv gefördert werden. Dies kann über Formate wie Lessons-Learned-Workshops, Krisenübungen und -simulationen, standortübergreifende Lernzirkel oder digitale Feedbackplattformen erfolgen. Entscheidend ist, dass nicht nur Fehler oder Defizite kommuniziert werden, sondern, dass auch Lernfortschritte sichtbar und systematisch nutzbar gemacht werden.

Ein zentrales Element ist zudem das interne Reporting zwischen Abteilungen und Ebenen. Die Umsetzung der ESPR ist eine Querschnittsaufgabe – mit Verantwortungsträgern in Entwicklung, Einkauf, Nachhaltigkeit, IT, Recht und Compliance. Ein effektives Monitoring und Berichtswesen muss diese Komplexität abbilden, Informationen verdichten und zugleich zielgruppengerecht aufbereiten:

- **Auf operativer Ebene**: Reporting zu Umsetzungsstatus, Datenqualität, Einhaltung von Prozessen und operativen Hürden.
- **Auf Bereichsleitungsebene**: Aggregierte Reports mit Kennzahlenentwicklung, Umsetzungsrisiken und Ressourcenbedarf.
- **Auf Top-Management-Ebene**: Strategische Risikoberichte mit Darstellung des regulatorischen Erfüllungsgrads, der internen Steuerungsfähigkeit und des Anpassungsbedarfs – insbesondere im Hinblick auf delegierte Rechtsakte und Marktzugangsrisiken.

Der kontinuierliche Abgleich zwischen Umsetzung und Steuerung fördert nicht nur die Transparenz, sondern schafft die Grundlage für proaktive Steuerungsentscheidungen. So kann das Management rechtzeitig reagieren – etwa durch zusätzliche Ressourcen, strukturelle Anpassungen oder strategische Neupositionierungen im Produktportfolio.

Nicht zuletzt ist die Förderung einer lernorientierten Unternehmenskultur ein Erfolgsfaktor: Monitoring und Reporting sind dann besonders wirksam, wenn sie nicht als Kontrollinstanz verstanden werden, sondern als Instrumente der gemeinsamen Verbesserung. Unternehmen, die Fehler nicht sanktionieren, sondern reflektieren, die Umsetzungsdefizite als Entwicklungsimpulse begreifen und die Leistungen sichtbar würdigen, schaffen eine Umgebung, in der regulatorische Transformation nicht als Pflicht, sondern als Chance begriffen wird.

Ein bislang oft unterschätzter, aber im Kontext der ESPR hochrelevanter Bestandteil wirksamer Rückkopplungsprozesse ist das unternehmensinterne und externe Beschwerdemanagement. Beschwerden – sei es von Mitarbeitenden, Lieferanten, Kunden oder anderen Stakeholdern – sind nicht nur Reputationsrisiken oder rechtliche Stressfaktoren. Richtig strukturiert entsteht ein operatives Frühwarnsystem, mit dem sich Verstöße gegen ESG- und insbesondere ESPR-Vorgaben frühzeitig erkennen und systematisch bearbeiten lassen.

Im Kontext der ESPR können Beschwerden etwa auf Mängel in der Produktkonformität hinweisen (z.B. unzureichende Reparierbarkeit, problematische Stoffe, irreführende Umweltinformationen), auf Versäumnisse in der Lieferkette (z. B. kritische Berichte über Lieferanten, Nichteinhaltung vereinbarter Standards) oder auf interne Umsetzungsdefizite (z.B. fehlende Prozesse, mangelnde Schulung, widersprüchliche Vorgaben).

Kritische Beschwerden über Nachhaltigkeitsrisiken stellen für Unternehmen ein erhebliches Reputationsrisiko dar und können schwerwiegende Auswirkungen entfalten – etwa in Form negativer Medienberichterstattung, öffentlicher Kampagnen durch zivilgesellschaftliche Akteure oder behördlicher Kontrollen. Besonders im Kontext verschärfter gesetzlicher Anforderungen gewinnen solche Beschwerden zusätzlich an Brisanz. Wird auf Beschwerden nicht angemessen reagiert oder mangelt es an einem nachvollziehbaren Umgang mit den Vorwürfen, drohen nicht nur rechtliche Konsequenzen, sondern auch Vertrauensverluste bei Kunden, Investoren und Geschäftspartnern.

Ein professionell aufgestelltes Beschwerdemanagement ist daher essenziell, um Risiken frühzeitig zu erkennen, systematisch zu bewerten und wirksam zu adressieren. Es schafft eine strukturierte Plattform zur Bearbeitung von Hinweisen, dokumentiert Maßnahmen transparent und sorgt für nachvollziehbare Entscheidungsprozesse. Besonders bei komplexen oder sensiblen Sachverhalten empfiehlt sich die Einbindung externer Fachleute – etwa aus den Bereichen Recht, Compliance oder Kommunikation. Externe Expertise erhöht die fachliche Qualität der Prüfung, sichert Unabhängigkeit und stärkt die Glaubwürdigkeit gegenüber Stakeholdern. Abbildung 36 zeigt, wie ein solcher Beschwerdeprozess strukturiert werden kann.

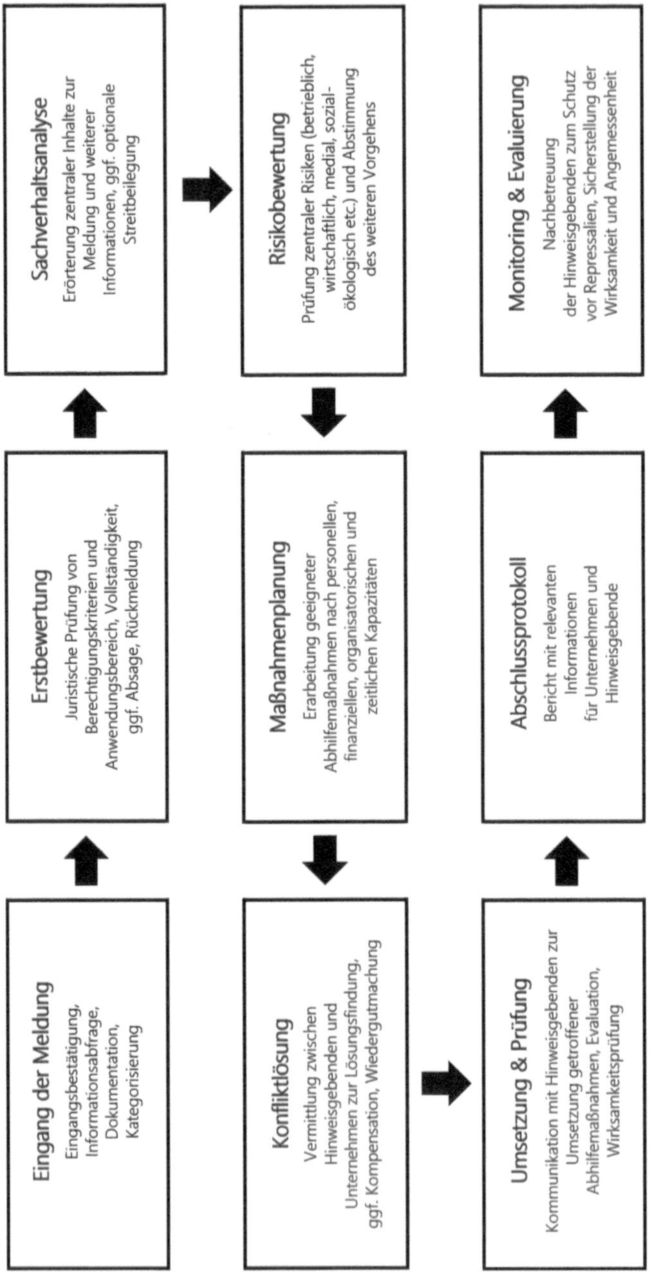

Abb. 36: Prozessschritte im Beschwerdeverfahren

Ein solches Vorgehen signalisiert Verantwortungsbewusstsein und Bereitschaft zur kontinuierlichen Verbesserung. Gleichzeitig trägt es dazu bei, Eskalationen zu vermeiden, regulatorischen Anforderungen zu genügen und das Vertrauen in die unternehmerische Integrität zu festigen.

Damit Beschwerden ihren vollen Nutzen entfalten, müssen sie systematisch in das ESG- und Risikomanagement eingebunden werden:

- Sie sollten niedrigschwellig und möglichst barrierefrei zugänglich sein, auch für externe Partner oder Lieferanten.
- Es braucht standardisierte Erfassungs- und Bearbeitungsprozesse, die Verantwortlichkeiten und zeitliche Reaktionspflichten definieren.
- Die mit Beschwerden betrauten Personen sollten unabhängig und zur Verschwiegenheit verpflichtet sein, um das Vertrauen in die Beschwerdemechanismen zu stärken.
- Die Inhalte müssen ausgewertet, priorisiert und in das interne Reporting überführt werden, z. B. in Form von regelmäßigen Beschwerdeanalysen oder Trendberichten an das Nachhaltigkeits- oder Risikomanagement.
- Kritische Beschwerden mit Bezug zur Produktkonformität sollten mit Eskalationsmechanismen verknüpft werden – etwa zur Produktprüfung, internen Auditierung oder Compliance-Abklärung.

Auf diese Weise wird das Beschwerdemanagement zu einem integralen Bestandteil der Wirksamkeitsprüfung: Es zeigt auf, wo Prozesse nicht greifen, wo Anforderungen unklar sind, wo Verantwortlichkeiten fehlen, und gibt Hinweise auf strukturelle Schwächen im System. Zudem trägt es zur Stärkung der Unternehmenskultur bei. Wenn Beschwerden ernst genommen und als Lernanlass verstanden werden, wächst das Vertrauen der internen und externen Stakeholder. Und Vertrauen ist, insbesondere bei der Umsetzung komplexer regulatorischer Anforderungen, ein entscheidender Erfolgsfaktor. Ein intelligentes Beschwerdemanagement ist somit mehr als ein Reaktionsmechanismus: Es ist ein aktives Element vorausschauender Unternehmensführung, das Feedback nicht nur entgegennimmt, sondern in kontinuierliche Verbesserung überführt – ganz im Sinne eines agilen, lernenden und verantwortungsvollen Nachhaltigkeitsmanagements.

Die Erfüllung der Transparenzanforderungen schafft die notwendige Grundlage für eine wirksame und glaubwürdige Nachhaltigkeitskommunikation. Erst wenn Unternehmen über belastbare, strukturierte und aktuell gehaltene Daten zu den Nachhaltigkeitsaspekten ihrer Produkte verfügen, können diese Informationen zielgerichtet nach außen getragen werden. Im Rahmen der ESPR gewinnt die Kommunikation über Nachhaltigkeit und Ressourcenschonung eine neue, regulatorisch definierte Qualität: Mit der Einführung des digitalen Produktpasses wird ein verbindliches Instrument geschaffen, das zentrale Produktinformationen standardisiert verfügbar macht und Unternehmen verpflichtet, Transparenz aktiv gegenüber Marktakteuren und Verbrauchern herzustellen. Kapitel 4 widmet sich daher der Frage, wie Unternehmen die Anforderungen an die externe Kommunikation im Kontext der ESPR erfüllen können, welche Rolle der digitale Produktpass dabei spielt und welche strategischen sowie operativen Herausforderungen und Chancen sich daraus ergeben.

4 Kommunikation

4.1 Grundlagen: Kommunikation als Bestandteil nachhaltiger Produktpolitik

Im Zuge wachsender regulatorischer Anforderungen – etwa durch die Ökodesign-Verordnung (ESPR) – gewinnen produktbezogene Informationen zunehmend an Bedeutung. Kommunikation wird damit zu einem zentralen Bestandteil der nachhaltigen Produktgestaltung: Unternehmen sollen nicht nur nachhaltiger produzieren, sondern auch nachvollziehbar machen, wie ökologische und soziale Anforderungen erfüllt werden – insbesondere durch erweiterte Kennzeichnungspflichten und den Einsatz des Digitalen Produktpasses (DPP).

Gleichzeitig geht der Anspruch an Nachhaltigkeitskommunikation weit über die reine Pflichterfüllung hinaus. Unternehmen sehen sich mit steigenden Erwartungen von Kunden, Geschäftspartnern, Investoren und der Öffentlichkeit konfrontiert. Verständliche, glaubwürdige und zugängliche Informationen rund um Umweltwirkungen, Lieferketten oder Reparierbarkeit werden zunehmend zu einem Faktor für Vertrauen, Markenbindung und Differenzierung im Wettbewerb.

Kommunikation im Kontext nachhaltiger Produkte bedeutet daher nicht nur, gesetzliche Vorgaben umzusetzen, sondern Informationen strategisch so aufzubereiten, dass sie für unterschiedliche Zielgruppen einen echten Mehrwert bieten – sei es für die Kaufentscheidung, die Optimierung interner Prozesse oder den Dialog mit Stakeholdern. Der DPP steht dabei exemplarisch für die wachsende Bedeutung strukturierter, nutzungsorientierter Nachhaltigkeitsinformationen.

4.2 Authentisch, transparent, relevant: Erfolgsprinzipien wirksamer Nachhaltigkeitskommunikation

Das Thema Nachhaltigkeit ist heute mehr denn je ein entscheidender Faktor für unternehmerischen Erfolg – nicht nur in ökologischer, sondern auch in ökonomischer und sozialer Hinsicht. Angesichts globaler

Herausforderungen wie der fortschreitenden Klimakrise, dem Verlust biologischer Vielfalt, zunehmender sozialer Ungleichheiten und dem Druck zur Ressourcenschonung ist nachhaltiges Wirtschaften längst keine Option mehr, sondern ein Muss. In diesem Kontext kommt der Nachhaltigkeitskommunikation eine zentrale Rolle zu: Sie macht nachhaltiges Engagement sichtbar, schafft Vertrauen und positioniert Unternehmen zukunftsfähig im Markt.

Für Unternehmen ist es essenziell, ihre nachhaltigen Maßnahmen und Werte transparent zu kommunizieren. Denn Anspruchsgruppen – ob Kunde, Investor, Partner oder Mitarbeiter – wollen heute wissen, wofür ein Unternehmen steht, welche Verantwortung es übernimmt und wie es diese konkret umsetzt. Nachhaltigkeitskommunikation wird somit zum integralen Bestandteil der Unternehmensstrategie. Sie ist nicht nur ein Mittel der Information, sondern auch ein Instrument zur Vertrauensbildung, zur Imagepflege und zur Differenzierung im Wettbewerb.

Wer klare, überprüfbare und konsistente Aussagen trifft, zeigt Haltung und kann langfristig überzeugen. Dabei genügt es nicht, nur auf einzelne Projekte hinzuweisen – gefragt sind ganzheitliche, strategisch eingebettete Kommunikationsansätze, die ökologische, soziale und ökonomische Aspekte des Handelns reflektieren. So wird Nachhaltigkeitskommunikation zum Beleg für Integrität und zur Grundlage für dauerhafte Beziehungen mit zentralen Anspruchsgruppen.

Unternehmen, die offenlegen, wie sie Nachhaltigkeit konkret angehen, können sich häufig positiv von Wettbewerbern abheben – etwa durch ein stärkeres Markenprofil oder höhere Kundenbindung. Viele Unternehmen berichten auch davon, dass eine klare Nachhaltigkeitskommunikation ihnen dabei hilft, Vertrauen aufzubauen, neue Zielgruppen zu erreichen oder sich in einem zunehmend wertegetriebenen Marktumfeld zu behaupten. Wer glaubwürdig über Nachhaltigkeit spricht, stärkt nicht nur sein Image, sondern eröffnet auch neue geschäftliche Potenziale.

Dabei ist es entscheidend, sowohl über Fortschritte als auch über Herausforderungen offen zu sprechen. Unternehmen, die ausschließlich Positives berichten, laufen Gefahr, unglaubwürdig zu wirken. Eine ehrliche Auseinandersetzung mit Zielkonflikten und offenen Fragen stärkt hingegen die Vertrauenswürdigkeit. Das Prinzip der „radikalen Transparenz“ – also der nachvollziehbaren Darstellung von Zielen, Maßnahmen, Kennzahlen und Verantwortlichkeiten – kann hier als Richtschnur dienen.

Zugleich zeigt sich in der Praxis, dass viele Unternehmen aus Zurückhaltung auf die Kommunikation ihrer Nachhaltigkeitsaktivitäten verzichten. Dieses sogenannte „Greenblushing“ – das absichtliche Unterkommunizieren nachhaltiger Leistungen – kann jedoch kontraproduktiv sein. Denn es führt dazu, dass Chancen zur positiven Differenzierung ungenutzt bleiben. Zudem kann mangelnde Sichtbarkeit auch Zweifel an der Transparenz oder an der Ernsthaftigkeit des Engagements wecken. Nachhaltigkeit sollte daher nicht nur gelebt, sondern auch erzählt werden – mit Mut zur Sichtbarkeit und zur aktiven Gestaltung des öffentlichen Diskurses.

Auf der anderen Seite ist „Greenwashing“ nach wie vor ein großes Risiko. Irreführende oder unbelegte Aussagen über ökologische und soziale Leistungen werden von einer zunehmend kritischen Öffentlichkeit schnell entlarvt – mit potenziell gravierenden Folgen für Reputation, Glaubwürdigkeit und Marktstellung. Daher müssen Nachhaltigkeitsaussagen immer belastbar, verifizierbar und faktenbasiert sein. Unabhängige Zertifizierungen, Transparenz über Prozesse sowie konsistente Berichterstattung über Zielerreichung und Fortschritte sind unerlässlich, um Vertrauen aufzubauen und langfristig zu erhalten.

Eine wirksame Nachhaltigkeitskommunikation richtet sich zudem nicht nur an externe Anspruchsgruppen. Auch die interne Kommunikation spielt eine zentrale Rolle. Mitarbeiter sind wichtige Multiplikatoren – und nur, wenn sie in die Nachhaltigkeitsstrategie eingebunden und regelmäßig informiert werden, können sie diese glaubwürdig nach außen tragen. Eine gelebte Nachhaltigkeitskultur innerhalb des Unternehmens führt zu höherer Motivation, stärkerer Identifikation und einer glaubwürdigen Markenbotschaft nach außen. Unternehmen, die Nachhaltigkeit nach innen wie außen authentisch kommunizieren, erzeugen so einen konsistenten Wertekanon, der in allen Bereichen wirkt.

Darüber hinaus können Unternehmen über ihre Kommunikation hinaus einen Beitrag zur gesellschaftlichen Transformation leisten. Indem sie als Vorbilder agieren, Orientierung bieten und nachhaltige Alternativen sichtbar machen, regen sie Konsumenten zu bewussteren Entscheidungen an – sei es beim Einkauf, beim Energieverbrauch, bei Mobilitätsfragen oder im Alltag generell. Nachhaltigkeitskommunikation hat damit auch eine bildende, sensibilisierende Funktion. Sie schafft Bewusstsein, liefert Wissen und motiviert zu konkretem Handeln.

Für eine nachhaltige Wirkung müssen Aussagen dabei bestimmten Qualitätskriterien entsprechen: Sie sollten nachvollziehbar und relevant sein, auf gesellschaftlich anerkannte Standards verweisen, reale Auswirkungen beschreiben und in einem konsistenten Narrativ vermittelt werden. Glaubwürdigkeit entsteht nicht durch Marketingfloskeln, sondern durch inhaltliche Substanz, transparente Quellen und eine klare Haltung. Nur wer auf Augenhöhe kommuniziert und sich dem Dialog öffnet, kann langfristig Vertrauen und Wirkung erzeugen.

Insgesamt zeigt sich: Nachhaltigkeitskommunikation ist weit mehr als ein PR-Instrument. Sie ist Ausdruck gesellschaftlicher Verantwortung, strategischer Weitsicht und unternehmerischer Identität. Unternehmen, die sie ernst nehmen und professionell gestalten, leisten nicht nur einen Beitrag zur Lösung globaler Herausforderungen, sondern stärken gleichzeitig ihre Wettbewerbsfähigkeit und gesellschaftliche Relevanz.

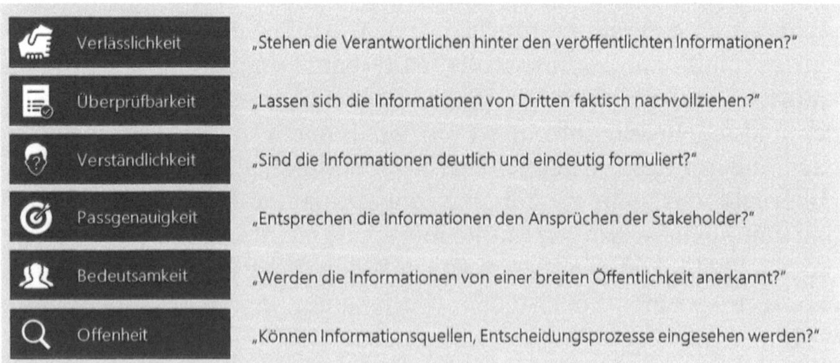

Abb. 37: Kriterien für glaubwürdige Nachhaltigkeitskommunikation

4.3 Verstehen, was zählt: Anforderungen verschiedener Stakeholder an eine glaubwürdige Kommunikation

Die Kommunikation von Nachhaltigkeit ist weit mehr als ein reines PR-Instrument – sie ist eine strategische Führungsaufgabe, die sowohl nach außen als auch nach innen wirkt. Damit Nachhaltigkeitsziele Wirkung entfalten, müssen sie konsequent und überzeugend vermittelt werden. Im Zentrum stehen dabei die vielfältigen Interessensgruppen, mit denen Unternehmen in ständigem Austausch stehen.

Stakeholder wie Regulierungsbehörden, politische Entscheidungsträger, Kunden, Investoren, Mitarbeitende, NGOs, Wissenschaft und Medien formulieren unterschiedliche, zum Teil sehr konkrete Erwartungen an nachhaltiges Wirtschaften. Gesetzliche Vorgaben – etwa aus dem EU-Regelwerk zur Nachhaltigkeitsberichterstattung – erhöhen den Druck zur Offenlegung und Transparenz. Kunden legen zunehmend Wert auf faire Lieferketten und ethisches Verhalten, während Kapitalgeber Nachhaltigkeitsleistungen anhand von ESG-Kriterien bewerten. Auch zivilgesellschaftliche Akteure hinterfragen Unternehmensversprechen kritisch und fordern belastbare Belege für nachhaltiges Handeln.

Ein effektiver Stakeholder-Dialog erfordert Offenheit, Verantwortungsbewusstsein und die Bereitschaft zur aktiven Auseinandersetzung. Unternehmen, die gezielt Dialogformate wie Stakeholder-Workshops, Feedbackrunden oder themenspezifische Austauschplattformen etablieren, schaffen Vertrauen und erhöhen die Legitimität ihres Handelns. Solche Formate ermöglichen es auch, gesellschaftliche Trends frühzeitig zu erkennen und als Innovationsimpulse zu nutzen.

Zugleich muss Nachhaltigkeit in der Unternehmensstrategie fest verankert und als Querschnittsthema über sämtliche Kommunikationskanäle hinweg mitgedacht werden. Nur, wenn strategische Ausrichtung und Kommunikation ineinandergreifen, entsteht ein stimmiges Gesamtbild. Die enge Abstimmung zwischen Führungsebene und Kommunikationsverantwortlichen ist daher unerlässlich, um eine konsistente und glaubwürdige Außendarstellung zu gewährleisten.

Gelingt es Unternehmen, ihre Nachhaltigkeitskommunikation dialogisch, transparent und an den Erwartungen der Stakeholder ausgerichtet zu gestalten, leisten sie nicht nur einen Beitrag zur gesellschaftlichen Entwicklung, sondern stärken auch ihre eigene Wettbewerbsposition. Wer bereit ist, den offenen Diskurs zu führen und Verantwortung sichtbar zu übernehmen, etabliert sich langfristig als glaubwürdiger und verlässlicher Akteur im Wandel hin zu einer nachhaltigeren Wirtschaft.

Bevor Unternehmen kommunizieren oder sogar in den Dialog mit ihren Stakeholdern treten, sollten sie sich systematisch mit folgenden Fragen auseinandersetzen:

- **Wer?**
  - Welche Stakeholder-Gruppen sind relevant (intern/extern)?
  - Wer hat Einfluss auf das Unternehmen – und wer wird beeinflusst?
- **Was?**
  - Welche Informationen, Botschaften und Inhalte sind für die jeweiligen Gruppen relevant?
  - Welche Themen und Nachhaltigkeitsaspekte stehen im Vordergrund?
- **Wann?**
  - Wann ist der richtige Zeitpunkt für die Ansprache?
  - Gibt es wiederkehrende Anlässe, Berichtszeiträume oder aktuelle Ereignisse, die berücksichtigt werden sollten?
- **Wie?**
  - Über welche Kanäle und Formate sollen Informationen vermittelt werden (digital, analog, persönlich, interaktiv)?
  - Welche Tonalität, Sprache oder Visualisierung ist angemessen?
- **Warum?**
  - Was ist das Ziel der Kommunikation: Information, Dialog, Beteiligung, Verhaltensänderung oder Vertrauen?
  - Welche Wirkung soll erzielt werden?
- **Wo?**
  - In welchen Kontexten und Räumen findet die Kommunikation statt (z. B. Social Media, Presse, Events, interne Plattformen)?

Interne und externe Stakeholder

Die Kommunikation an **interne Stakeholder** zielt darauf ab, **Mitarbeiter** aktiv in die Nachhaltigkeitsstrategie des Unternehmens einzubinden. Mitarbeiter möchten verstehen, welchen Beitrag sie persönlich leisten können und welche Ziele verfolgt werden. Eine transparente und regelmäßige interne Kommunikation schafft Vertrauen, stärkt die Motivation und trägt dazu bei, dass Mitarbeiter als glaubwürdige Markenbotschafter agieren. Maßnahmen wie interne Workshops, Mitarbeiterkampagnen oder Ideenmanagement helfen zusätzlich, eine nachhaltigkeitsorientierte Unternehmenskultur zu etablieren.

Recycling- und Entsorgungsunternehmen benötigen als **externe Stakeholder** vor allem detaillierte Informationen zur Materialzusammensetzung, Demontagefreundlichkeit und zum Vorhandensein kritischer Substanzen. Der DPP spielt hier eine zentrale Rolle, wenn er technische Informationen standardisiert und maschinenlesbar bereitstellt. Entscheidend sind klare Datenstrukturen, normkonforme Bezeichnungen und Hinweise zur stofflichen Verwertung. Eine präzise, verlässliche Kommunikation erleichtert Recyclingprozesse, fördert die Kreislaufführung und unterstützt die Einhaltung regulatorischer Vorgaben.

In der Kommunikation mit **Verbrauchern** steht Verständlichkeit an oberster Stelle. Nachhaltigkeitsthemen sollten daher in klarer, einfacher Sprache und idealerweise durch visuelle Elemente wie Symbole oder verständliche Bewertungen dargestellt werden. Verbraucher interessieren sich vor allem für Inhalte, die unmittelbar nachvollziehbar und alltagsnah sind, etwa praktische Handlungsempfehlungen zur nachhaltigen Nutzung oder richtigen Entsorgung eines Produkts. Glaubwürdigkeit und Transparenz spielen hier eine zentrale Rolle, da Verbraucher besonders sensibel auf „Greenwashing“ reagieren. Unternehmen sollten daher stets auf authentische, leicht nachvollziehbare Informationen setzen, die konkret verdeutlichen, wie ökologische oder soziale Verantwortung tatsächlich wahrgenommen wird – beispielsweise durch klare Aussagen zur Recyclingfähigkeit, Reparaturfreundlichkeit oder zu CO-Bilanzen einzelner Produkte.

Handelskunden und Geschäftspartner benötigen vor allem verlässliche und belastbare Informationen, um diese in ihre eigenen Nachhaltigkeitsstrategien und Geschäftsprozesse zu integrieren. Im Vordergrund stehen hier belegbare und nachprüfbare Daten, detaillierte Nachweise, Zertifizierungen sowie Informationen zur regulatorischen Konformität. Dabei sollte die Kommunikation faktenbasiert, technisch präzise, gleichzeitig jedoch verständlich bleiben. Inhalte müssen insbesondere klar herausstellen, wie Nachhaltigkeitsmaßnahmen zu einer effizienteren Wertschöpfungskette, Risikominimierung oder verbesserten Marktzugängen beitragen. Der wirtschaftliche und strategische Mehrwert der Nachhaltigkeitsaktivitäten steht hier im Mittelpunkt der Kommunikation.

NGOs und Interessenverbände verfolgen Nachhaltigkeitsthemen kritisch und hinterfragen Unternehmenskommunikation sehr genau. Deshalb ist bei diesen Gruppen eine besonders transparente, offene und faktenorientierte Kommunikation entscheidend. Für NGOs sind neben belegbaren Nachhaltigkeitserfolgen vor allem auch ehrlich kommunizierte Herausforderungen, Schwachstellen sowie konkrete Lösungsansätze von Bedeutung. Zentrale Themen sind beispielsweise Klimaschutzmaßnahmen, die Transparenz in Lieferketten, die Einhaltung von Menschenrechten sowie internationale Nachhaltigkeitsstandards. Ein aktiver Dialog, Offenlegung von detaillierten Hintergrundinformationen und die Bereitschaft zur Zusammenarbeit schaffen Vertrauen und stärken die Glaubwürdigkeit bei diesen Stakeholdern.

Die Kommunikation gegenüber **Medien** verlangt eine prägnante, journalistisch verwertbare Darstellung von Nachhaltigkeitsinformationen. Fakten sollten klar, nachvollziehbar und belastbar sein, da Medien Aussagen kritisch prüfen und schnell auf Unklarheiten reagieren. Unternehmen profitieren davon, aktiv Erfolge zu kommunizieren, sollten jedoch auch offen mit Herausforderungen umgehen. Gerade in Krisensituationen ist eine transparente, schnelle und dialogbereite Kommunikation unerlässlich, um Reputationsschäden zu vermeiden und Vertrauen zu sichern.

Wie sollten Informationen vermittelt werden?

Um Nachhaltigkeitsinformationen wirkungsvoll zu vermitteln, kommt es auf die gezielte Auswahl geeigneter Kommunikationskanäle und Formate sowie auf eine überzeugende und konsistente Darstellung an.

Unternehmen sollten bei der Wahl der Kommunikationskanäle idealerweise eine Mischung aus digitalen, analogen, interaktiven und persönlichen Formaten einsetzen. Digitale Kanäle bieten den Vorteil einer breiten Reichweite und schnellen Informationsvermittlung, beispielsweise über Websites, soziale Netzwerke, Blogs oder Webinare. Gleichzeitig ermöglichen sie eine interaktive Kommunikation, bei der Stakeholder direkt eingebunden werden können – etwa durch Umfragen, Feedback-Optionen oder interaktive Plattformen.

Analoge Kommunikationsmittel, wie klassische Printmaterialien (Berichte, Broschüren oder Flyer), eignen sich gut als ergänzende Instrumente, insbesondere zur langfristigen Dokumentation oder als Unterstützung bei persönlichen Begegnungen. Persönliche Formate wie Veranstaltungen, Workshops, Stakeholder-Dialoge oder interne Meetings bieten die Möglichkeit eines unmittelbaren Austauschs, fördern Vertrauen und ermöglichen einen intensiveren Dialog über Nachhaltigkeitsthemen.

Die Darstellung der Inhalte sollte in allen Kommunikationskanälen möglichst klar, transparent und nachvollziehbar erfolgen. Zur Veranschaulichung komplexer Informationen empfiehlt sich der Einsatz von visuellen Hilfsmitteln wie Icons, Infografiken oder übersichtlichen Diagrammen. Einheitliche und professionelle visuelle Gestaltungsmerkmale helfen zudem, eine Wiedererkennung zu schaffen und Orientierung zu geben – besonders bei regelmäßig wiederkehrenden Nachhaltigkeitsthemen.

Die Kommunikation sollte stets glaubwürdig und authentisch gestaltet werden. Dazu gehört eine ehrliche und nachvollziehbare Darstellung sowohl von Erfolgen als auch von Herausforderungen. Unternehmen sollten sich außerdem bewusst sein, dass die Tonalität und Form der Kommunikation auch immer eine Botschaft über die Haltung und Werte des Unternehmens vermittelt.

Durch eine strategische Kombination verschiedener Kommunikationskanäle, eine sorgfältige inhaltliche Aufbereitung und eine visuell ansprechende Gestaltung gelingt es Unternehmen, Nachhaltigkeitsinformationen wirkungsvoll, überzeugend und konsistent zu kommunizieren.

Abb. 38: Formate und Medien im Rahmen einer integrierten Nachhaltigkeitskommunikation

4.4 Anforderungen aus der ESPR: Kennzeichnung und Pflichtinformationen

Insbesondere im Bereich der Produktkennzeichnung bringt die ESPR weitreichende Änderungen für Unternehmen mit sich. Die Anforderungen gehen über die klassische Energieeffizienzkennzeichnung hinaus und zielen darauf ab, Transparenz über den gesamten Lebenszyklus eines Produktes zu schaffen. Unternehmen stehen damit vor der Aufgabe, neue Kennzeichnungsstrategien zu entwickeln, die sowohl die regulatorischen Anforderungen erfüllen als auch einen Mehrwert für Verbraucher und Geschäftspartner bieten.

Es wird von Unternehmen verlangt, umfangreiche Informationen zur Nachhaltigkeit ihrer Produkte bereitzustellen. Diese umfassen insbesondere:

- Materialzusammensetzung und Recyclingfähigkeit: Für Produkte muss klar angeben werden, welche Rohstoffe verwendet wurden und inwieweit sie recyclingfähig sind.
- Reparierbarkeit und Lebensdauer: Ähnlich dem französischen Reparaturindex, der 2021 eingeführt wurde, sollen verpflichtende Angaben zu Ersatzteilen, Reparaturanleitungen und der erwarteten Lebensdauer gemacht werden.

- Umweltauswirkungen über den gesamten Produktlebenszyklus: Unternehmen müssen künftig nicht nur die CO_2-Bilanz ihrer Produkte angeben, sondern auch Daten zu Wasserverbrauch, chemischen Inhaltsstoffen und weiteren Umweltaspekten bereitstellen.
- Verknüpfung mit dem Digitalen Produktpass (DPP): Physische Kennzeichnungen werden zunehmend durch digitale Lösungen ergänzt. Ein QR-Code oder RFID-Chip soll Verbrauchern und Geschäftspartnern tiefere Einblicke in die Produktnachhaltigkeit ermöglichen.

Für Unternehmen ergeben sich durch die erweiterten Kennzeichnungspflichten einige Herausforderungen, die strategisch angegangen werden müssen.

Im Bereich Datenmanagement und Lieferkettentransparenz sind Unternehmen dazu angehalten, umfangreiche Nachhaltigkeitsdaten zu erfassen und diese aktuell zu halten. Dies erfordert eine engere Zusammenarbeit mit Zulieferern und den Aufbau neuer IT-Systeme zur Datenverwaltung.

Die Produktkennzeichnung sollte nicht nur regulatorisch korrekt, sondern auch stakeholder-spezifisch gestaltet sein. Verständliche Symbole, klare Sprache und intuitive digitale Lösungen sind hierbei von entscheidender Bedeutung.

4.5 Der Digitale Produktpass (DPP)

4.5.1 Zielsetzung und gesetzlicher Rahmen

Bei der Bereitstellung der Informationen im DPP geht es vornehmlich darum, den gesetzlichen Anforderungen gerecht zu werden und entsprechende Informationen zugänglich zu machen.

Der Digitale Produktpass (DPP) wird nicht für alle Produkte verpflichtend sein. Die ESPR sieht vor, dass nur bestimmte Produktgruppen, für die spezifische Informationsanforderungen festgelegt werden, einen DPP benötigen. Zudem kann es vorkommen, dass nur einzelne Komponenten – wie beispielsweise Batterien – einen Produktpass erhalten, während das Hauptprodukt davon ausgenommen bleibt.

Für Unternehmen bedeutet dies zunächst, dass sie genau prüfen müssen, ob ihre Produkte von der Verpflichtung betroffen sind. Gleichzeitig kann es strategisch sinnvoll sein, den DPP auch über regulatorische Anforderungen hinaus zu nutzen.

4.5.2 Zielgruppengerechte Aufbereitung von DPP-Inhalten

Verständlichkeit der Informationen

Der Digitale Produktpass (DPP) ist ein vielseitiges Informationssystem, das sich an unterschiedliche Zielgruppen entlang der gesamten Wertschöpfungskette richtet – darunter Hersteller, Lieferanten, Händler, Behörden, Recyclingunternehmen und auch Endverbraucher. Die Verständlichkeit der enthaltenen Informationen sollte daher zielgruppenspezifisch gedacht und aufbereitet werden.

Fachakteure wie Unternehmen oder Behörden benötigen in der Regel detaillierte technische und regulatorische Daten. Ein Hersteller interessiert sich etwa für die genaue Materialzusammensetzung oder die Lieferkette eines Produkts, um gesetzliche Vorgaben einzuhalten oder Optimierungspotenziale zu identifizieren. Auch Recyclingunternehmen benötigen präzise Materialinformationen für eine effiziente Wiederverwertung. In diesen Fällen stehen nicht die einfache Lesbarkeit im Vordergrund, sondern die Vollständigkeit und technische Tiefe der Daten.

Für Endverbraucher hingegen sind klare, gut verständliche und schnell erfassbare Informationen entscheidend – insbesondere dann, wenn DPP-Daten öffentlich zugänglich sind oder explizit für sie aufbereitet werden. Verbraucher interessieren sich vor allem für Angaben, die ihnen nachhaltige Kaufentscheidungen erleichtern oder die Nutzung, Reparatur und Entsorgung eines Produkts vereinfachen. Relevante Inhalte sind etwa die Materialzusammensetzung, der CO_2-Fußabdruck oder die Reparierbarkeit.

Die Nutzerfreundlichkeit lässt sich durch intuitive Darstellung erhöhen. Statt komplexer technischer Daten können verständliche Visualisierungen oder Bewertungsskalen eingesetzt werden – zum Beispiel eine Reparierbarkeitsbewertung auf einer Skala von 1 bis 10 oder einfache Symbole für die korrekte Entsorgung (z. B. gelbe Tonne, Elektroschrott, Sammelstelle). Solche Maßnahmen fördern nachhaltiges Verhalten und stärken die Akzeptanz des DPP in der breiten Öffentlichkeit.

Klarheit, Eindeutigkeit und Zielgruppengerechtigkeit als Leitprinzipien der Informationsgestaltung

Ein Digitaler Produktpass (DPP) kann sein volles Potenzial nur entfalten, wenn die enthaltenen Informationen klar, eindeutig und zielgruppengerecht aufbereitet sind. Verlässliche Orientierung statt zusätzlicher Verwirrung lautet das Ziel: Nur verständlich formulierte Inhalte können richtig interpretiert und im Sinne ökologischer, regulatorischer oder wirtschaftlicher Zielsetzungen genutzt werden.

Drei zentrale Grundprinzipien sollten dabei leitend sein:

1. **Klarheit und sprachliche Eindeutigkeit:** Die Sprache des DPP sollte keinen Interpretationsspielraum lassen – insbesondere bei verpflichtenden Kennzeichnungen oder Aussagen zu Umweltauswirkungen. Fachjargon ist, wo möglich, zu vermeiden oder zumindest durch erläuternde Hinweise zu begleiten.
2. **Strukturierte Darstellung:** Informationen sollten nachvollziehbar gegliedert und konsequent benannt sein. Eine gute Struktur hilft nicht nur bei der Orientierung, sondern erleichtert auch die maschinelle Auslesbarkeit und Weiterverarbeitung der Daten.
3. **Zielgruppenspezifische Aufbereitung:** Nutzerfreundlichkeit bedeutet nicht zwangsläufig Vereinfachung, sondern Anpassung. Für Verbraucher kann eine visuelle, intuitive Darstellung (z. B. Skalen, Symbole, Ampelsysteme) zielführend sein. Fachanwender hingegen benötigen oft vollständige technische Details, Datensätze oder Schnittstelleninformationen.

Ein DPP schafft dann echten Mehrwert, wenn seine Inhalte nicht nur verfügbar, sondern für die jeweilige Zielgruppe auch nutzbar sind – sei es zur Förderung nachhaltigen Konsums, zur Erfüllung rechtlicher Anforderungen oder zur Optimierung interner Prozesse. Die Informationsaufbereitung sollte sich deshalb an folgenden Leitfragen orientieren:

- Wer nutzt welche Informationen und zu welchem Zweck?
- Welches Vorwissen kann vorausgesetzt werden?
- Welche Darstellungsform erhöht die Verständlichkeit und fördert die Anwendung?

Ein gut durchdachter DPP, der technische Korrektheit mit kommunikativer Qualität verbindet, leistet damit mehr als reine Datenweitergabe: Er stärkt die Transparenz entlang der Lieferkette, unterstützt nachhaltige Entscheidungen und kann das Vertrauen bei Konsumenten und Geschäftspartnern gleichermaßen fördern.

4.5.3 Mehrstufige Informationsaufbereitung

Um den DPP für unterschiedliche Zielgruppen – von Verbraucherinnen und Verbrauchern bis hin zu Behörden und technischen Fachkräften – zugänglich zu gestalten, ist eine mehrstufige Informationsaufbereitung sinnvoll. Dies bedeutet, Informationen je nach Relevanz und Komplexitätsgrad unterschiedlich darzustellen.

Ein bewährter Ansatz ist die Ebenen-Struktur:

- Ebene 1 umfasst einfach aufbereitete, visuell unterstützte Informationen für Endnutzer. Diese Ebene sollte bewusst reduziert, aber dennoch aussagekräftig sein – etwa in Form von Symbolen, verständlichen Labels oder Kurzbewertungen (z. B. zur Reparierbarkeit oder Umweltwirkung).
- Ebene 2 richtet sich an Fachanwender und enthält weiterführende technische Daten, Prüfberichte oder regulatorisch erforderliche Detailinformationen, die etwa für Auditoren, Zertifizierungsstellen oder Recycling- und Entsorgungsunternehmen von Bedeutung sind.

Visuelle Elemente sind zentrale Hilfsmittel, um Komplexität zu reduzieren:

Symbole, Farbcodierungen (z. B. Ampelsysteme), Diagramme oder standardisierte Icons erleichtern die Erstorientierung. Ein QR-Code auf der Verpackung oder dem Produktlabel kann beispielsweise zu einer nutzerfreundlichen Plattform führen, auf der die wichtigsten Informationen gebündelt dargestellt werden – je nach Endgerät und Nutzungsverhalten des Empfängers. Dort könnten etwa Recyclinghinweise, CO_2-Emissionen oder Nutzungsempfehlungen einfach abrufbar sein.

Darüber hinaus ist es entscheidend, den DPP nicht nur optisch ansprechend, sondern auch sprachlich verständlich zu gestalten. Dies betrifft insbesondere Informationen, die öffentlich zugänglich sind. Eine klare, eindeutige und unmissverständliche Sprache hilft, Fehlinterpretationen zu vermeiden und erhöht die Akzeptanz bei Endnutzern. Fachbegriffe sollten – wenn unverzichtbar – mit kurzen Erläuterungen ergänzt werden.

Ein weiterer Erfolgsfaktor ist die Standardisierung von Begriffen, Strukturen und Datenformaten. Klassifikationssysteme wie GS1, EC-LASS oder IEC 61406 ermöglichen es, Produktinformationen einheitlich und strukturiert darzustellen – unabhängig vom Hersteller oder Anwendungsbereich. Das sorgt für Konsistenz in der Darstellung und erleichtert die Vergleichbarkeit von Produkten, gerade auch im B2B-Bereich oder in internationalen Kontexten. Für Verbraucher entsteht so ein Wiedererkennungseffekt, der Orientierung bietet – vergleichbar mit bekannten Labels im Lebensmitteleinzelhandel oder der Energieeffizienzkennzeichnung bei Elektrogeräten.

Ergänzend könnte eine rollenbasierte Zugriffslösung eingeführt werden: Je nachdem, wer auf den DPP zugreift (z. B. Endkunde, Händler, Behörde, Recyclingbetrieb), werden jeweils die relevanten Inhalte mit entsprechendem Detaillierungsgrad angezeigt. Eine solche dynamische Anzeigeform erhöht die Nutzerfreundlichkeit und reduziert die Informationsflut.

Langfristig kann der DPP so zu einem echten Kommunikationsinstrument für Nachhaltigkeit werden – nicht nur durch die bloße Bereitstellung von Daten, sondern durch ihre verständliche, transparente und nutzergerechte Darstellung. Dies stärkt das Vertrauen in die Angaben und fördert nachhaltige Entscheidungen entlang der gesamten Wertschöpfungskette – vom Einkauf über die Nutzung bis zur Entsorgung.

1. Beispiel: Digitaler Produktpass für eine Jeans (Textilbereich)

Verbraucherfreundliche Darstellung

Ein Käufer scannt den QR-Code auf dem Etikett der Jeans und erhält auf seinem Smartphone eine ***einfache, verständliche Übersicht*** *mit folgenden Informationen:*

- ***Materialzusammensetzung****: „Diese Jeans besteht aus 80 % Bio-Baumwolle, 15 % recyceltem Polyester und 5 % Elasthan."*
- ***CO_2-Fußabdruck****: „Die Herstellung dieser Jeans hat 7 kg CO_2-Emissionen verursacht – das entspricht einer Autofahrt von 40 km."*
- ***Herkunft der Rohstoffe****: „Die Baumwolle stammt aus Indien, das Polyester aus recycelten PET-Flaschen aus Europa."*
- ***Pflegehinweise & Nachhaltigkeitstipps****: „Wasche deine Jeans bei maximal 30 °C und vermeide den Trockner, um Energie zu sparen."*
- ***Recycling-Optionen****: „Bringe deine alte Jeans in einen unserer Stores oder zu einer Altkleidersammlung – so kann sie wiederverwertet werden."*
- ***Soziale Standards****: „Diese Jeans wurde in einer Fabrik hergestellt, die nach Fairtrade-Standards zertifiziert ist."*

Diese Darstellung nutzt einfache Sprache, visuelle Elemente (z. B. Symbole für Materialien und CO_2-Bilanz) und gibt dem Verbraucher konkrete ***Handlungsempfehlungen****.*

Technische Darstellung für Fachnutzer (Hersteller, Recyclingunternehmen, Behörden)

Für Fachnutzer enthält der DPP detailliertere Daten, z. B.:

- ***Materialzusammensetzung nach ECLASS-Standard****:*
  - *Baumwolle (80 %, zertifiziert nach GOTS)*
  - *Recyceltes Polyester (15 %, Quelle: PET-Flaschen)*
  - *Elasthan (5 %, synthetische Elastikfaser)*
- ***Färbeverfahren & Chemikalieneinsatz****: Liste verwendeter Farbstoffe und Chemikalien mit CAS-Nummern.*
- ***Wassernutzung & Energieverbrauch pro Produktionseinheit****: Detaillierte Angaben für Ökobilanzierungen.*
- ***Lieferketteninformationen****: Lieferantenidentifikation mit GS1-Nummern und Angaben zur Transportart.*

– ***Zertifikate & Konformitäten***: *Nachweise für REACH, Fairtrade, OEKO-TEX oder andere relevante Standards.*

Diese Daten sind in standardisierten Formaten abrufbar und ermöglichen eine ***automatisierte Verarbeitung****, etwa für Umweltanalysen oder regulatorische Berichte.*

Abb. 39: Digitaler Produktpass im Textilbereich – Verbraucherdaten im Überblick

2. Beispiel: Digitaler Produktpass für ein Smartphone (Elektronikbereich)

Ein Verbraucher scannt den QR-Code auf der Verpackung des Smartphones und erhält eine ***visuell aufbereitete Übersicht****:*

- ***Reparierbarkeits-Score****: „Dieses Smartphone hat eine Reparierbarkeit von 7/10. Der Akku kann einfach ausgetauscht werden, das Display hingegen erfordert Fachkenntnisse.“*
- ***Materialien & Recycling****:*
  - *„80 % der Metalle sind recycelt, darunter Aluminium und Kupfer.“*
  - *„Enthält seltene Erden (Neodym, Dysprosium) – bringe dein altes Smartphone zum Recycling!“*
- ***CO_2-Emissionen der Herstellung****: „Die Produktion verursacht 50 kg CO_2 – das entspricht einem Flug von Berlin nach München.“*
- ***Akkulebensdauer****: „Nach 500 Ladezyklen hat der Akku noch ca. 85 % Kapazität.“*
- ***Software-Support****: „Dieses Gerät erhält Updates für mindestens 5 Jahre.“*
- ***Herstellungsort****: „Zusammenbau in Vietnam, Hauptchips aus Taiwan.“*

Diese ***kurzen, verständlichen Infos*** *helfen dem Verbraucher, nachhaltigere Kauf- und Nutzungsentscheidungen zu treffen.*

Technische Darstellung für Fachnutzer (Hersteller, Recyclingunternehmen, Behörden)

Für Fachnutzer enthält der DPP zusätzlich:

- ***Materialzusammensetzung nach IEC 61406-Standard****:*
  - *Aluminium (Recyclinganteil 80 %)*
  - *Seltene Erden (Neodym, Dysprosium)*
  - *Lithium-Ionen-Akku (Kapazität: 3500 mAh, Recyclingfähigkeit: 90 %)*
- ***Explizite Reparaturanleitungen*** *mit Ersatzteilnummern und Montageanweisungen.*
- ***Lieferketten-Daten*** *(z. B. Zulieferer für Hauptchips, Batterien und Gehäuse mit GS1-Kennzeichnung).*

- ***Chemische Bestandteile gemäß RoHS & REACH*** *(z. B. keine Verwendung von Blei oder Quecksilber).*
- ***Software-Lifecycle*** *mit garantierten Sicherheitsupdates und Open-Source-Kompatibilität.*

*Diese Informationen ermöglichen eine präzisere **Recyclingstrategie** und verbessern die Transparenz entlang der **Lieferkette**.*

Fazit: Verständlichkeit ist situativ wichtig.

Der DPP muss nicht in allen Fällen leicht verständlich sein, aber wenn Verbraucher ihn nutzen sollen, sollten die Informationen so aufbereitet sein, dass sie klar und intuitiv erfassbar sind. Eine Kombination aus einfachen Darstellungen für Verbraucher und detaillierten, vollständigen Informationen für Fachnutzer stellt sicher, dass der DPP seine volle Wirkung entfaltet – sowohl als nachhaltiges Verbraucherinstrument als auch als Detailinformationsquelle für Fachanwender.

4.5.4 Der DPP als strategisches Kommunikationsinstrument

Die Einführung des Digitalen Produktpasses (DPP) erfolgt schrittweise und wird für verschiedene Produktgruppen verpflichtend. Doch auch Unternehmen, deren Produkte aktuell noch nicht unter die gesetzlichen Anforderungen fallen, können vom frühzeitigen Einsatz profitieren.

Ein DPP kann als strategisches Instrument genutzt werden – über die reine Pflichterfüllung hinaus. Er bietet die Chance, gezielt Daten zu identifizieren, die für das eigene Geschäftsmodell besonders relevant sind, und diese nicht nur zur Erfüllung regulatorischer Vorgaben, sondern auch als Wettbewerbsvorteil einzusetzen.

Neben der vorausschauenden Anpassung an zukünftige Regulierungen bringt der DPP vielfältige Vorteile mit sich: effizientere interne Prozesse, mehr Transparenz entlang der Wertschöpfungskette, Potenzial für Marketing- und Kundenbindungsstrategien sowie eine stärkere Positionierung im Bereich Nachhaltigkeit. Auch wenn eine gesetzliche Verpflichtung (noch) nicht besteht – der DPP kann schon jetzt zur Zukunftssicherung und Differenzierung am Markt beitragen.

1. Zukunftssicherheit und frühzeitige Anpassung an Regulierung

Auch wenn ein Produkt heute nicht vom DPP betroffen ist, könnte sich dies in den kommenden Jahren ändern. Die EU verfolgt mit der ESPR eine langfristige Strategie zur Förderung nachhaltiger Produktgestaltung. Es ist davon auszugehen, dass der Anwendungsbereich des DPP nach und nach erweitert wird.

Unternehmen, die sich frühzeitig mit der Integration des DPP in ihre Prozesse befassen, profitieren davon, da sie sich nicht kurzfristig auf neue gesetzliche Vorgaben einstellen müssen. Die rechtzeitige Implementierung ermöglicht eine schrittweise Anpassung ohne Zeitdruck und reduziert das Risiko, später hohe Investitionen in IT- und Datenmanagementsysteme tätigen zu müssen.

2. Wettbewerbsvorteil durch Transparenz und Nachhaltigkeitskommunikation

Nachhaltigkeit ist für viele Verbraucher und Geschäftspartner ein zunehmend wichtiges Entscheidungskriterium. Wer bereits jetzt einen DPP für seine Produkte anbietet, kann sich als Pionier im Bereich Transparenz und Nachhaltigkeit positionieren.

Durch den DPP können Unternehmen Informationen zur Umweltbilanz, Materialzusammensetzung, Reparierbarkeit und Recyclingfähigkeit offenlegen. Kunden erhalten so einen klaren Mehrwert und können fundierte Kaufentscheidungen treffen. Diese Transparenz stärkt das Vertrauen in die Marke und kann sich positiv auf die Kundenbindung auswirken. Unternehmen, die frühzeitig mit einem DPP werben, können sich gegenüber der Konkurrenz differenzieren und sich als verantwortungsbewusster Marktakteur etablieren.

3. Effizientere Prozesse und bessere Datenverwaltung

Die Einführung eines DPP erfordert eine strukturierte Erfassung und Verwaltung produktbezogener Daten. Dies kann Unternehmen helfen, ihre internen Prozesse zu optimieren. Beispielsweise profitieren folgende Bereiche von einer standardisierten Datenbasis:

- Produktentwicklung: Durch eine verbesserte Übersicht über Materialien und Komponenten kann die ökologische Optimierung neuer Produkte gezielt erfolgen.
- Einkauf und Lieferkette: Genaue Material- und Herkunftsinformationen ermöglichen eine nachhaltigere Beschaffung und vereinfachen das Lieferkettenmanagement.
- After-Sales & Kundenservice: Informationen zur Reparierbarkeit und Ersatzteilverfügbarkeit können Kunden und Serviceteams leichter bereitgestellt werden.
- Compliance & Reporting: Unternehmen, die bereits einen DPP führen, können regulatorische Anforderungen einfacher erfüllen und Nachhaltigkeitsberichte effizienter erstellen.

Die durch den DPP verbesserte Datenstruktur sorgt somit nicht nur für mehr Transparenz nach außen, sondern steigert auch die Effizienz innerhalb des Unternehmens.

4. Digitalisierung als Treiber für Innovation und neue Geschäftsmodelle

Der DPP eröffnet neue Möglichkeiten zur Nutzung digitaler Technologien. Beispielsweise könnten Unternehmen digitale Zwillinge für ihre Produkte erstellen, die über den gesamten Lebenszyklus hinweg aktualisiert werden. Dies wäre besonders vorteilhaft für Geschäftsmodelle wie:

- Pay-per-Use-Modelle: Kunden zahlen für die Nutzung eines Produkts anstatt für den Besitz. Der DPP kann dabei helfen, die Nutzung und Wartung zu verfolgen.
- Zirkuläre Geschäftsmodelle: In der Kreislaufwirtschaft gewinnt das Produkt-Tracking an Bedeutung. Unternehmen können mithilfe des DPP effizienter Second-Life- oder Recycling-Programme umsetzen.
- Individualisierte Kundenangebote: Durch den digitalen Zugriff auf Produktinformationen können personalisierte Serviceleistungen (z. B. maßgeschneiderte Reparatur- oder Upgrade-Optionen) bereitgestellt werden.

Wer frühzeitig den DPP nutzt, kann neue, innovative Geschäftsmodelle entwickeln und sich so einen Wettbewerbsvorteil sichern.

5. Stärkung der Kundenkommunikation und Markenwahrnehmung

Der DPP bietet Unternehmen eine neue Möglichkeit, ihre Produkte umfassender zu präsentieren. Neben technischen Details kann der DPP auch Informationen enthalten, die für die Markenstrategie und Kundenkommunikation wertvoll sind.

Beispiele hierfür sind:

- Storytelling über nachhaltige Materialien: Woher stammen die Rohstoffe? Welche Maßnahmen werden für eine faire Produktion getroffen?
- Interaktive Features: Kunden könnten über den DPP individuelle Pflegehinweise, Upgrade-Möglichkeiten oder Recycling-Tipps abrufen.
- Zertifizierungen und Qualitätsversprechen: Ein transparenter Nachweis von Umwelt- oder Sozialzertifikaten stärkt das Vertrauen in die Marke.

Statt den DPP nur als Pflichtaufgabe zu betrachten, kann er aktiv als Marketing-Tool genutzt werden, um Kunden emotional an die Marke zu binden und die Unternehmenswerte authentisch zu kommunizieren.

6. Erfüllung der Anforderungen von Handelspartnern und Investoren

Nicht nur Verbraucher, sondern auch B2B-Kunden, Einzelhändler und Investoren legen zunehmend Wert auf nachhaltige und transparente Lieferketten. Große Handelsketten fordern verstärkt Umwelt- und Produktinformationen von ihren Zulieferern, um eigene Nachhaltigkeitsziele zu erreichen.

Unternehmen, die bereits einen DPP implementiert haben, können ihren Geschäftspartnern die erforderlichen Informationen ohne zusätzlichen Aufwand bereitstellen. Dies stärkt die Zusammenarbeit mit Handelspartnern und kann zu einer bevorzugten Listung im Sortiment führen.

Gleichzeitig setzen auch Investoren verstärkt auf ESG-Kriterien (Environmental, Social, Governance). Ein transparentes Datenmanagement durch den DPP kann sich daher positiv auf die Bewertung durch Investoren und Kreditgeber auswirken.

Abb. 40: Kommunikationsmehrwerte durch den DPP

5 Einschätzung und Umsetzung der ESPR aus Unternehmensperspektive

5.1 Unternehmensbeitrag der Deutschen Umwelthilfe e. V.

Die Deutsche Umwelthilfe (DUH) ist eine anerkannte deutsche Umwelt- und Verbraucherschutzorganisation, die sich seit 1975 für Ressourcenschutz und Verbraucherinteressen einsetzt. Die DUH ist politisch unabhängig, gemeinnützig und engagiert sich auf nationaler und europäischer Ebene. Bekannt ist sie zum Beispiel für ihre Rolle bei der Aufdeckung des Dieselskandals und bei der Einführung des Einwegpfands in Deutschland. In ihrem Fachbereich Kreislaufwirtschaft setzt sich die DUH für Abfallvermeidung, Ressourcenschutz und eine nachhaltige Produktgestaltung ein. Weitere Informationen finden Sie unter: www.duh.de.

Inwieweit ist die DUH in der Entwicklung der ESPR involviert?

Die Deutsche Umwelthilfe erarbeitet im Rahmen der ESPR sowie der vorhergehenden Ökodesignrichtlinie politische Handlungsempfehlungen und verfasst Stellungnahmen und Positionspapiere. Auf nationaler Ebene beteiligt sich die DUH an Sachverständigengruppen zum Thema Ökodesign verschiedener Elektrogeräte, z. B. im Rahmen von Beraterkreisen der Bundesanstalt für Materialforschung. Teil dieser Arbeit ist zudem der Austausch mit europäischen und nationalen Entscheidungsträger:innen, Stakeholdern sowie zivilgesellschaftlichen Organisationen. Die DUH arbeitet eng mit EU-Dachverbänden wie EEB und ECOS und anderen Initiativen wie der EU Right to Repair Coalition zusammen, die u. a. Teil des Ökodesign-Forums sind. Die DUH ist Teil einer Reserve-Liste für das Ökodesign-Forum und kann von der Kommission gezielt angefragt werden. Das Ziel unserer Arbeit sind ambitionierte Mindestanforderungen an das Ökodesign von Elektrogeräten sowie eine verbraucherfreundliche Kennzeichnung. Wir fordern neben den bereits aktuell für bestimmte Produktgruppen erarbeiteten Mindestanforderungen, verbindliche horizontale Ökodesignanforderungen für alle Elektrogeräte, damit diese länger haltbar, besser reparierbar und recycelbar werden. Vor zwei Jahren hat die DUH in diesem Kontext zusammen mit den EU-Dachverbänden mit Unterstützung von 31 Organisationen der Zivilgesellschaft und aus der Reparaturbranche einen Brief an die EU-Kommission veröffentlicht. Es gibt nun Anzeichen dafür, dass die Europäische Kommission diese Initiative vorantreiben wird, was wir sehr begrüßen. Des Weiteren leistet die Deutsche Umwelthilfe Presse- und Öffentlichkeitsarbeit zur ESPR, um Verbraucher:innen über relevante gesetzliche Anforderungen und Neuerungen zu informieren. Weitere Informationen finden Sie unter: https://www.duh.de/informieren/ressourcen-und-abfall/oekodesign/

Wie schätzen Sie die Auswirkungen der ESPR auf Unternehmen in verschiedenen Branchen ein?

Die ESPR bringt erstmals neben Energieeffizienzanforderungen umfassende Anforderungen an die Materialeffizienz von bestimmten Produkten mit sich. Hinzu kommen noch Regelungen aus der Right-to-Repair-Richtlinie. Viele Unternehmen sind daher künftig verpflichtet, ihre Produkte ressourceneffizienter, langlebiger, reparierbarer und recyclingfähiger zu gestalten und entsprechende Informationen für Verbraucher:innen bereitzustellen. Unternehmen müssen sich zudem darauf einstellen, dass weitere Mindestanforderungen festgelegt werden können. Auch wird die Transparenz entlang der Lieferkette durch die Einführung digitaler Produktpässe erhöht werden. Die Verordnung wird damit einen Beitrag dazu leisten, die Umweltauswirkungen von Produkten zu reduzieren. Gleichzeitig werden Unternehmen gestärkt, die bereits zuvor auf gute Qualität, lange Haltbarkeit, gute Reparaturbedingungen und einen schonenden Einsatz von Ressourcen bei der Herstellung von Elektrogeräten geachtet haben. Hierzu tragen insbesondere die Umweltinformationen bei, die in Zukunft beim Angebot von Produkten verpflichtend sein werden, z. B. zur Reparierbarkeit oder Haltbarkeit des Akkus bei Handys. Hierdurch können Verbraucher:innen umweltfreundliche Produkte besser erkennen und beim Kauf bevorzugen.

Ein großes Problem stellen derzeit illegal importierte Elektrogeräte aus Nicht-EU-Ländern über Online-Plattformen wie Amazon, Wish oder Temu dar. Diese entsprechen häufig nicht den gesetzlichen Anforderungen an Umwelt- und Sicherheitsstandards. Für wirksame Maßnahmen gegen diese illegalen Importe müssen nach Einschätzung der

DUH auch die Onlinemarktplätze zur Verantwortung gezogen werden. Wenn es nicht gelingt, diese Angebote von vornherein zu stoppen, laufen die neuen ESPR-Anforderungen komplett ins Leere. Dies gefährdet Umwelt- und Verbraucherschutzziele und führt gleichzeitig zu Wettbewerbsnachteilen für heimische Unternehmen, die gesetzeskonforme Produkte anbieten. Damit neue Regelungen wirksam durchgesetzt werden können, ist es wichtig, den Vollzug zu stärken.

Gibt es aus Sicht Ihrer Fachgruppen bestimmte Branchen oder Produktgruppen, die besonders von der ESPR betroffen sein werden?

Zunächst geht es in der ESPR um Produktgruppen, die im ersten Arbeitsplan der EU-Kommission ausdrücklich priorisiert werden. Dazu gehören bisher Zwischenprodukte wie Stahl und Aluminium, die Produktgruppen Textilien, Möbel sowie IKT-Produkte. Letztere werden jedoch nicht als eigenständige Produktgruppe betrachtet, sondern lediglich im Kontext der Festlegung horizontaler Anforderungen hinsichtlich Reparierbarkeit, Recyclingfähigkeit und Rezyklatgehalt. Außerdem enthält die ESPR eine Übergangsregelung. Diese erlaubt, dass die bisherigen Regeln der Ökodesign-Richtlinie weiter gelten, bis bestimmte Ökodesign-Maßnahmen für einige der Produktgruppen fertig ausgearbeitet oder überarbeitet sind. Dazu gehören die energieverbrauchsrelevanten Produkte wie u. a. Displays, Haushaltsgeschirrspüler, Haushaltswaschmaschinen und Wäschetrockner, Kühlgeräte oder auch Mobiltelefone und Tablets.

Aus Sicht der DUH sollten mehr Produktgruppen von den Ökodesignregelungen und der Richtlinie zum Recht auf Reparatur abgedeckt werden. Relevante Lücken betreffen Zwischenprodukte und Produktgruppen wie Schuhe, Waschmittel, Farben und Schmierstoffe,

da sich laut Arbeitsplan der EU-Kommissionen die Erarbeitung von Mindestanforderungen für viele Jahre verzögert, obwohl auch diese Produkte erhebliche Umweltbelastungen verursachen. Auch Fahrzeuge, die einen hohen Ressourcenbedarf haben und CO_2-Emissionen verursachen, sind nicht im Anwendungsbereich der Verordnung. Kritisch ist auch der Ausschluss von Zement, der für 8% der globalen Treibhausgasemissionen verantwortlich ist und durch die Bauproduktеverordnung nicht ausreichend reguliert wird.

Welche Herausforderungen und Hindernisse sehen Sie bei der Umsetzung der Verordnung in der Praxis?

Zunächst einmal sind viele Regelungen bisher noch nicht entwickelt worden und haben lange Übergangsfristen, bis sie in der Praxis wirksam werden. Anschließend wird die Überwachung der Vorschriften und die Ahndung von Verstößen für den Erfolg der ESPR für die Umwelt ausschlaggebend sein. Für einen effektiven Vollzug der Verordnung in der Praxis sollten die verantwortlichen Behörden mit ausreichend Ressourcen ausgestattet werden. Hier ist auch eine europäische Vernetzung der Vollzugsbehörden sinnvoll. Insbesondere bei Produktimporten aus Nicht-EU-Staaten könnten sich hierbei Herausforderungen ergeben. Wichtig ist zudem bei der Ausgestaltung der Verordnung, dass die Einhaltung entsprechender Produktvorgaben über unabhängige Nachweissysteme erfolgt (beispielsweise Zertifikate von akkreditierten Prüforganisationen). Weiterhin sollte darauf geachtet werden, dass es möglichst wenige Ausnahmen, z. B. für bestimmte Anwendungs- oder Produktbereiche, gibt, um gleiche Wettbewerbsbedingungen sicherzustellen.

Welche politischen oder wirtschaftlichen Anreize könnten bei der Umsetzung helfen?

Durch die sogenannte Ökomodulation könnten zusätzliche wirtschaftliche Anreize dazu beitragen, die Umsetzung der Verordnung sowie die Entwicklung umweltschonender Produkte voranzutreiben. Das Konzept der Ökomodulation zielt darauf ab, Anreize für eine umweltfreundlichere Gestaltung von Produkten zu schaffen, indem Hersteller EPR-Gebühren (EPR: Extended Producer Responsibility, deutsch: erweiterte Herstellerverantwortung) in Abhängigkeit von Ökodesignkriterien entrichten müssen. So könnten geringere EPR-Gebühren Unternehmen dazu motivieren, Produkte leichter reparierbar, recycelbar oder wiederverwendbar zu gestalten. Entsprechend würden Produkte mit Designbarrieren, die die Reparatur, Wiederverwendung oder das Recycling behindern, höhere Gebühren verursachen. Eine entsprechende Systematik gibt es beispielsweise bereits in Frankreich. Ein weiterer Vorteil der Ökomodulation ist, dass dadurch schon frühzeitig Ökodesignkriterien für verschiedene Produktgruppen entwickelt wer-

den, die dann als Grundlage für Mindestvorgaben auf EU-Ebene genutzt werden können.

Ein weiteres sinnvolles Instrument für die Förderung von Ökodesign im Markt stellen verlässliche Ökodesignlabel dar, die von Unternehmen freiwillig (z. B. im Rahmen einer Zertifizierung) erworben werden können. In Deutschland gibt es beispielsweise das Umweltzeichen „Blauer Engel", welches durch das Umweltministerium beauftragt und unabhängig vergeben wird. Die Erarbeitung entsprechender Kriterien bildet eine wichtige Grundlage für EU-Ökodesignvorgaben in den entsprechenden Produktkategorien. Zudem ermöglichen entsprechende Umweltzeichen es Verbraucher:innen, umweltfreundlichere Produkte beim Kauf zu bevorzugen.

Einen relevanten Einfluss auf den Markt kann zusätzlich die grüne öffentliche Beschaffung spielen. Wenn öffentliche Beschaffungsstellen beim Einkauf Umweltkriterien berücksichtigen, die über die gesetzlichen Mindestvorgaben hinausgehen, können Anreize für Unternehmen entstehen, umweltfreundlichere Produkte auf den Markt zu bringen. Dies ist besonders für solche Produkte ein guter Ansatz, die häufig gewerblich eingesetzt werden, z. B. Werkzeuge, Maschinen, Fahrzeuge oder Arbeitskleidung.

Welche Vorteile und Chancen sehen Sie durch die ESPR?

Die DUH bewertet die ESPR als einen bedeutenden ersten Schritt, um Produkte umweltgerechter zu gestalten. Es ist wichtig, dass es dafür nun einen guten rechtlichen Rahmen gibt, dieser muss allerdings erst noch mit Leben gefüllt werden. Bisher sind viele Produkte noch gar nicht abgedeckt und wichtige Produktanforderungen, z. B. im Bereich der Materialeffizienz, fehlen noch. Viele konkrete Bestimmungen müssen in sekundären Gesetzgebungsprozessen erst noch entschieden werden. Die Kommission legt derzeit in einem langwierigen produktbezogenen Gesetzgebungsansatz schrittweise Ökodesignanforderungen für einzelne Produkte fest. Bereits im Rahmen des Arbeitsplans der vorherigen Ökodesignrichtlinie wurde damit für einzelne energieverbrauchsrelevante Produkte begonnen. Dieser kleinteilige Ansatz verzögert jedoch nach unserer Einschätzung in der Praxis dringend notwendige Maßnahmen zur Verbesserung der Reparierbarkeit und Haltbarkeit.

Die Regelungen zum Vernichtungsverbot für unverkaufte Textilien und Schuhe ist ein wichtiger Schritt, um die großen Umweltprobleme durch das Vernichten von Retouren und unverkaufter Waren anzugehen. Allerdings sollte die Regelung schnellstmöglich auf weitere Produktgruppen wie Elektrogeräte ausgeweitet werden. Dies würde dazu beitragen, noch funktionsfähige Geräte für die Weiter- oder Wiederverwendung nutzbar zu machen. Wichtig sind auch hier eine lückenlose Ausgestaltung, maximale Transparenz sowie wirksame Vollzugsstrukturen.

Auch der geplante Produktpass hat das Potenzial, mehr Transparenz über Umweltauswirkungen in der Lieferkette zu schaffen. Er würde es Verbraucher:innen ermöglichen, bessere Kaufentscheidungen zu treffen, Reparatur- und Recyclingbetriebe mit wichtigen Informationen zu versorgen und so eine nachhaltigere Kreislaufwirtschaft zu unterstützen. Entscheidend ist, wie der Produktpass gestaltet wird, welche Informationen er enthält und wie diese Umweltinformationen überprüft werden.

Welche weiteren Regulierungen oder Ergänzungen halten Sie für notwendig, um die Kreislaufwirtschaft zu fördern?

Die EU-Kommission plant für 2026 eine Kreislaufwirtschaftsverordnung (Englisch: Circular Economy Act). Diese muss die Abfallhierarchie berücksichtigen und einen klaren Fokus auf die Abfallvermeidung sowie die Wiederverwendung gegenüber dem Recycling legen. Zunächst sollten verbindliche Reduktionsziele für den Verbrauch von Primärressourcen festgelegt werden, ähnlich den Zielen zur Reduktion von Treibhausgasemissionen, um einen echten Übergang zur Kreislaufwirtschaft zu erreichen. Es sind auch verpflichtende Abfallvermeidungsziele notwendig, die über Verpackungen hinausgehen und insbesondere auch Restabfälle sowie industrielle und gewerbliche Abfälle umfassen. Darüber hinaus ist es wichtig, dass Wiederverwendungsziele auch für andere Bereiche als Verpackungen eingeführt werden, etwa für Elektrogeräte, Batterien und auch im Bausektor.

Ein weiterer wichtiger Schritt ist die Erweiterung des Prinzips der erweiterten Herstellerverantwortung, sodass auch Produktkategorien wie z. B. Möbel, Matratzen und Haushaltswaren mit einbezogen werden. EPR sollte zudem nicht nur auf die Sammlung und Entsorgung ausgerichtet sein, sondern auch Anreize für Abfallvermeidung und Wiederverwendung schaffen. In diesem Zusammenhang wären auch Verpflichtungen zur Wiederverwendung von funktionstüchtigen Produkten sowie bereits erwähnte Vernichtungsverbote von noch funktionsfähigen Geräten notwendig. Das Recht auf Reparatur muss ebenfalls ausgeweitet werden, um für alle Produkte wie Elektrogeräte, Fahrzeuge, Möbel, Textilien und Haushaltswaren klare und verbindliche Reparaturmöglichkeiten zu gewährleisten.

Welche Rolle spielen aus Ihrer Sicht Verbraucher:innen und NGOs bei der Einhaltung der neuen Standards?

Verbraucher:innen können viele Ökodesignanforderungen wie den Einsatz von Rezyklaten oder die Haltbarkeit des Akkus nicht selbst überprüfen und sind daher oft auf lückenlose Regelungen, valide Kennzeichnungen und einen effektiven Vollzug angewiesen. Sie sollten sich aber nicht davor scheuen, bei vermuteten Missachtungen neuer Ökodesignregeln zuständige Behörden oder Verbraucherschutzorganisationen zu kontaktieren. Zudem können Verbraucher:innen im Rahmen von Produktbewertungen und einem umweltbewussten Kaufverhalten entscheidenden Einfluss auf das Produktangebot nehmen. Sie können sich dabei an Umweltlabels wie dem „Blauen Engel“ oder dem EU-Ecolabel orientieren.

NGOs spielen eine zentrale Rolle in der Sensibilisierung relevanter Akteure. Sie können Druck auf Entscheidungsträger:innen, Vollzugsbehörden und Unternehmen ausüben, damit die Bestimmungen konsequent durchgesetzt und angewendet werden. Durch Presse- und Öffentlichkeitsarbeit kann Aufmerksamkeit für entsprechende Erfolge, Missstände und Verbesserungsbedarf geschaffen werden. Verbraucherschutzverbände haben zudem die Möglichkeit, rechtlich dagegen vorzugehen, wenn Unternehmen Ökodesignvorgaben nachweislich verletzen. Durch ihre politische Arbeit setzen sich NGOs außerdem für eine wirksame Ausgestaltung und Weiterentwicklung der rechtlichen Vorgaben ein. Viele Bestimmungen der ESPR werden noch in se-

kundären Gesetzgebungsprozessen ausgearbeitet. Es ist wichtig, dass NGOs sich an diesen beteiligen, um den Umwelt- und Verbraucherschutz zu stärken.

Wir bedanken uns herzlich bei Dr. Marieke Hoffmann und Andrea Kostrowski, beide Fachbereich Kreislaufwirtschaft, für die Bereitschaft und die Durchführung des Interviews.

5.2 Unternehmensbeitrag der ImpactBuying BV

ImpactBuying BV ist ein niederländisches Unternehmen, das Softwarelösungen mit der Verifizierung von Daten und Echtzeit-Einblicken in FMCG-Wertschöpfungsketten kombiniert. Das Unternehmen mit Sitz in Alkmaar ist darauf spezialisiert, Unternehmen mit verlässlichen Echtzeitdaten zu versorgen, um Transparenz in globalen Lieferketten zu schaffen, Risiken zu minimieren und nachhaltige Geschäftsprozesse zu fördern. Mit digitalen Lösungen und fundierter Beratung hilft ImpactBuying, Nachhaltigkeitsziele effektiv umzusetzen. Ziel ist es, nicht nur regulatorische Anforderungen zu erfüllen, sondern auch langfristige Wettbewerbsvorteile durch optimierte und nachhaltige Prozesse zu ermöglichen. Dabei steht stets der positive Einfluss („Impact") entlang der gesamten Wertschöpfungskette im Fokus. Der folgende Beitrag umfasst sowohl die Herausforderungen und Chancen als auch die notwendigen Anpassungen bei der technischen Umsetzung der ESPR.

Wo sehen Sie zentrale Herausforderungen bei der technischen Umsetzung der ESPR?

Die Verordnung konzentriert sich auf die Verbesserung der Haltbarkeit, Recyclingfähigkeit, Energieeffizienz und Kreislauffähigkeit von Produkten bei gleichzeitiger Verringerung der Umwelt- und Klimaauswirkungen. Sie führt auch Maßnahmen wie den Digitalen Produktpass ein, um die Transparenz und Rückverfolgbarkeit in der Lieferkette zu verbessern – all das ist ohne genaue, zuverlässige Daten nicht möglich.

Die technische Umsetzung der ESPR bringt für Unternehmen erhebliche Herausforderungen mit sich, insbesondere in den Bereichen Datenverwaltung, Systeminteroperabilität und Sicherstellung hoher Datenqualität.

Eine zentrale Schwierigkeit besteht in der Verwaltung und Konsolidierung von relevanten Daten, die oft in verschiedenen Formaten und Systemen vorliegen, darunter Excel-Dateien, E-Mails und separate Dokumente. Diese Fragmentierung erschwert eine einheitliche Erfassung, Verarbeitung und Nutzung der Daten. Zudem fehlt es vielen Unternehmen an vollständiger Transparenz entlang ihrer Lieferketten, was es schwierig macht, die notwendigen Informationen zur Einhaltung der ESPR-Vorgaben zu erheben.

Ein weiteres Problem ist häufig die mangelnde Interoperabilität der bestehenden IT-Systeme. Während viele Unternehmen proprietäre Lösungen für das Lieferkettenmanagement nutzen, existiert bisher kein standardisiertes System, das die Anforderungen der ESPR nahtlos integriert. Besonders Händler setzen häufig auf individuell entwickelte IT-Lösungen, was dazu führt, dass Lieferanten identische Informationen mehrfach für verschiedene Kunden bereitstellen müssen.

Kapazitäts- und Ressourcenengpässe stellen eine zusätzliche Herausforderung dar. Die Erfassung und Verarbeitung von produkt- und verpackungsbezogenen Informationen erfordert eine enge Koordination mit Lieferanten und eine aufwendige Prüfung von Zertifikaten, Auditberichten und weiteren Nachweisen. Unternehmen müssen entscheiden, ob sie eigene Ressourcen für die Datenerhebung und -verifizierung aufbauen oder auf externe Dienstleister zurückgreifen.

Auch die Sicherstellung einer durchgehend hohen Datenqualität ist essenziell. Ein firmeneigenes System allein reicht nicht aus, wenn Lieferanten keine kompatiblen Systeme nutzen oder unzureichende Daten bereitstellen. So kann es vorkommen, dass anstelle eines Zertifikats lediglich ein Foto hochgeladen wird. Zusätzliche Prüfmechanismen sind daher notwendig, um die Verlässlichkeit der Informationen sicherzustellen.

Technologische Barrieren auf Lieferantenseite erschweren die Umsetzung zusätzlich. Viele Lieferanten verfügen nicht über die erforderliche IT-Infrastruktur oder sind nicht bereit, tiefere Transparenz über ihre Lieferketten zu gewähren. Besonders große Händler oder Trader verweigern häufig die Offenlegung von Informationen über vorgelagerte Lieferketten, was die Rückverfolgbarkeit erheblich erschwert.

Um den enormen Aufwand langfristig zu reduzieren, stellt die Automatisierung der Prozesse eine Lösung dar. Eine konsolidierte IT-Landschaft mit standardisierten Schnittstellen für den Datenaustausch kann dabei helfen, administrative Tätigkeiten zu minimieren. Zudem sollten Unternehmen sicherstellen, dass verwandte regulatorische Anforderungen neben der ESPR, etwa aus der CSRD oder der Entwaldungsverordnung, effizient in ihre Nachhaltigkeits- und/oder Compliance-Strukturen integriert werden.

Die technische Umsetzung der ESPR erfordert eine klare IT-Strategie, die Standardisierung von Datenschnittstellen, eine enge Zusammenarbeit mit Lieferanten und robuste Mechanismen zur Qualitätssicherung. Automatisierte Prozesse und interoperable IT-Systeme sind essenziell, um den erheblichen Verwaltungsaufwand zu minimieren und die regulatorischen Anforderungen effizient zu erfüllen.

Welche Möglichkeiten haben Unternehmen zur Datenerfassung und Datenerhebung?

Unternehmen verfügen über verschiedene Möglichkeiten zur Datenerfassung und -erhebung, um die Anforderungen der ESPR effizient zu erfüllen. Ein zentraler Ansatz besteht im Einsatz eines einheitlichen IT-Systems, das als zentrale Plattform für die Verwaltung von Produkt- und Lieferkettendaten dient. Eine zentrale Datenbank ermöglicht die Erfassung aller relevanten Nachhaltigkeitsinformationen und erleichtert die Konsolidierung der Datensätze.

Zur weiteren Effizienzsteigerung können automatisierte Workflows implementiert werden, die gezielt Datenanfragen an Lieferanten versenden. Falls keine Antwort erfolgt, werden gestaffelte Erinnerungen verschickt, bevor in einer letzten Eskalationsstufe der Einkauf eingebunden wird. Dies reduziert den administrativen Aufwand erheblich und stellt sicher, dass die benötigten Informationen rechtzeitig bereitgestellt werden. Eine weitere Möglichkeit ist die Integration bestehender Systeme und Plattformen, da viele Unternehmen bereits verschiedene Lösungen zur Verwaltung von Produktspezifikationen,

Nachhaltigkeit und Gesetzes-Konformität nutzen. Durch die Vernetzung dieser Systeme können die Datenqualität verbessert und redundante Datenerhebungen vermieden werden.

Um den Aufwand für Lieferanten zu minimieren, können IT-Provider zentrale Plattformlösungen bereitstellen, über die Lieferanten ihre Daten einmalig erfassen und für mehrere Händler oder Kunden freigeben. Dadurch entfällt die Notwendigkeit, identische Informationen mehrfach für unterschiedliche Abnehmer bereitzustellen. Ergänzend können gezielte, themenspezifische Datenabfragen dazu beitragen, die Qualität und Relevanz der gesammelten Informationen zu erhöhen. Statt allgemeine Anfragen an alle Lieferanten zu richten, sollten spezifische Informationen nur bei den Lieferanten erhoben werden, für die diese relevant sind. Beispielsweise sollten textile Lieferanten gezielt zu Nassprozessen oder Detox-Maßnahmen befragt werden, während landwirtschaftliche Produzenten Informationen zu Wasserverbrauch und Umweltauswirkungen bereitstellen.

Eine enge Zusammenarbeit mit Lieferanten und gezielte Schulungen sind essenziell, um sicherzustellen, dass die erfassten Daten korrekt und in der erforderlichen Form bereitgestellt werden. Durch Trainings und direkte Kommunikation lassen sich Missverständnisse vermeiden und die Einhaltung regulatorischer Anforderungen verbessern. Da jedoch ein IT-System allein nicht ausreicht, um die Qualität der bereitgestellten Daten zu gewährleisten, sollten Unternehmen standardisierte Verifizierungsprozesse implementieren oder an qualifizierte Dienstleister auslagern. Diese sorgen dafür, dass die Daten korrekt, vollständig und nachweisbar sind, bevor sie weiterverarbeitet oder für die externe Berichterstattung genutzt werden. Dies kann durch eine Kombination aus automatisierten Prüfprozessen, externen Auditierungen und enger Zusammenarbeit mit Lieferanten erreicht werden.

Zusätzlich kann ein risikobasierter Datenmanagement-Ansatz die Effizienz der Datenerhebung steigern. Durch die Implementierung intelligenter Mechanismen können Unternehmen automatisch gezielte Abfragen an Lieferanten auslösen, wenn bestimmte Rohwaren oder Produkte identifiziert werden, die ein erhöhtes Risiko aufweisen. So lassen sich kritische Informationen frühzeitig erfassen und entsprechende Maßnahmen einleiten. Um die Transparenz innerhalb der Lieferkette weiter zu verbessern, können Unternehmen zudem den Daten-

fluss kaskadieren, sodass Lieferanten die Anfragen automatisiert an ihre eigenen Vorlieferanten weiterleiten. Dies ermöglicht eine tiefere Rückverfolgbarkeit und reduziert gleichzeitig den Verwaltungsaufwand für alle Beteiligten.

Zusammenfassend bieten sich Unternehmen zahlreiche Möglichkeiten zur Datenerfassung und -erhebung. Die Kombination aus zentralisierten IT-Systemen, Automatisierung, gezielter Datenabfrage, enger Lieferantenkooperation und standardisierten Verifizierungsmechanismen ermöglicht eine effiziente Umsetzung der ESPR-Anforderungen. Entscheidend ist jedoch, dass nicht nur Daten erfasst, sondern auch deren Qualität sichergestellt wird, um eine nachhaltige und transparente Lieferkette zu gewährleisten.

Mit welchen Problemen müssen Unternehmen bei Datenverfügbarkeit und Datenqualität rechnen?

Unternehmen stehen bei der Umsetzung der ESPR vor erheblichen Herausforderungen im Bereich der Datenverfügbarkeit und Datenqualität. Ein zentrales Problem besteht in der Bereitschaft der Lieferanten, die geforderten Informationen bereitzustellen. Während viele Lieferanten grundsätzlich willens sind, relevante Daten zu liefern, zeigt sich insbesondere auf tieferen Ebenen der Lieferkette häufig eine Zurückhaltung. Politische Maßnahmen, die den europäischen Richtlinien entgegenstehen – etwa in den USA –, oder eine geringe Offenheit chinesischer Lieferanten gegenüber der Weitergabe von Lieferkettendaten erschweren den Zugang zu verlässlichen Informationen erheblich.

Ein grundsätzliches Problem liegt in der fehlenden Transparenz entlang der Lieferkette. Viele Unternehmen haben keinen vollständigen Überblick über ihre Vorlieferanten und können daher die Herkunft bestimmter Rohstoffe oder Materialien nicht vollständig nachverfolgen. Da Akteure am Ende der Lieferkette oftmals die Offenlegung von Informationen über vorgelagerte Lieferketten verweigern, stellt dies eine erhebliche Hürde für die Einhaltung der ESPR dar, da Rückverfolgbarkeit und Nachhaltigkeitsnachweise für viele Produkte gefordert werden.

Zusätzlich erschweren technologische Barrieren auf Lieferantenseite die Datenverfügbarkeit. Viele kleinere Lieferanten verfügen nicht über die notwendige IT-Infrastruktur oder standardisierte Prozesse zur strukturierten Datenerfassung. Dies führt dazu, dass Informationen häufig in nicht kompatiblen Formaten oder unvollständig übermittelt werden. Während größere Unternehmen über geeignete Softwarelösungen verfügen, um Daten zu erfassen und weiterzugeben, sind kleinere Akteure oft nicht in der Lage, die regulatorischen Anforderungen der ESPR zu erfüllen.

Die Qualität der bereitgestellten Daten stellt eine weitere Herausforderung dar. Selbst wenn Lieferanten Daten liefern, besteht häufig das Problem, dass diese fehlerhaft, unvollständig oder in unterschiedlichen Formaten vorliegen. Es kommt vor, dass statt verifizierter Zertifikate lediglich Fotos oder nicht standardisierte Dokumente hochgeladen werden, was eine einheitliche Verarbeitung erschwert. Ohne eine gründliche Prüfung und Verifizierung der Informationen können Unternehmen ihrer Verantwortung zur Einhaltung regulatorischer Anforderungen nicht nachkommen.

Die benötigte Interoperabilität bestehender IT-Systeme ist ein weiterer kritischer Faktor. Viele Unternehmen arbeiten mit proprietären IT-Lösungen, die nicht auf die Anforderungen der ESPR abgestimmt sind. Dies führt dazu, dass Lieferanten identische Informationen mehrfach für verschiedene Händler bereitstellen müssen, was nicht nur ineffizient ist, sondern auch die Wahrscheinlichkeit von Fehlern erhöht. Die fehlende Standardisierung erschwert zudem die Einführung eines einheitlichen digitalen Produktpasses, der für die Umsetzung der ESPR essenziell ist.

Zusammenfassend bestehen die größten Probleme bei der Datenverfügbarkeit und -qualität in einer mangelnden Transparenz entlang der Lieferkette, technologischen Barrieren auf Lieferantenseite, unzureichenden IT-Schnittstellen sowie einer fehlenden Standardisierung von Datenformaten. Um diesen Herausforderungen zu begegnen, sind einheitliche digitale Systeme, automatisierte Prüfmechanismen und eine enge Zusammenarbeit mit Lieferanten erforderlich, um eine verlässliche und transparente Datengrundlage für die Umsetzung der ESPR zu schaffen.

Welche Vorteile bietet die technische Umsetzung für Unternehmen?

Ein wesentlicher Vorteil liegt in der Erhöhung der Transparenz entlang der Lieferkette. Der digitale Produktpass ermöglicht es, den gesamten Lebenszyklus eines Produkts lückenlos nachzuvollziehen. Unternehmen erhalten dadurch einen besseren Überblick über die Herkunft von Rohstoffen, Produktionsprozesse und Umweltauswirkungen. Dies erleichtert die Einhaltung von Nachhaltigkeitsstandards und verbessert die Rückverfolgbarkeit von Materialien und Komponenten. Gleichzeitig wird die Transparenz zu einem zentralen Wettbewerbsfaktor, da Verbraucher zunehmend Wert auf nachhaltige und nachvollziehbare Produktinformationen legen.

Ein weiterer Vorteil ist die Effizienzsteigerung durch Automatisierung. Die Implementierung digitaler Systeme und Workflows reduziert den manuellen Aufwand bei der Datenerhebung und -verarbeitung erheblich. Automatisierte Prozesse ermöglichen es, Informationen gezielt und in Echtzeit von Lieferanten einzuholen, zu verifizieren und in bestehende Systeme zu integrieren. Dies minimiert Fehlerquellen, verbessert die Datenqualität und reduziert den administrativen Aufwand für Unternehmen und Lieferanten gleichermaßen.

Die bessere Datenqualität und Standardisierung trägt ebenfalls zur Optimierung betrieblicher Prozesse bei. Durch die Harmonisierung von Datenformaten und den Einsatz einheitlicher IT-Schnittstellen entfällt die Notwendigkeit, Informationen mehrfach zu erfassen oder manuell zu konvertieren. Dies erleichtert nicht nur die interne Verarbeitung, sondern auch die externe Berichterstattung im Rahmen von regulatorischen Vorgaben wie der CSRD oder der Entwaldungsverordnung.

Neben operativen Vorteilen ergeben sich auch wirtschaftliche Chancen. Unternehmen, die frühzeitig in die technische Umsetzung der ESPR investieren, können sich als Vorreiter in Sachen Nachhaltigkeit positionieren. Die Einhaltung strenger Umwelt- und Sozialstandards kann zu einem entscheidenden Differenzierungsmerkmal im Wettbewerb werden. Zudem bietet die verbesserte Datenlage Potenzial für neue Geschäftsmodelle, beispielsweise durch die Entwicklung innovativer Produkt-Service-Konzepte oder die gezielte Ansprache nachhaltigkeitsbewusster Kunden.

Darüber hinaus führt die technische Umsetzung der ESPR zu verbesserter Risikominimierung. Unternehmen können frühzeitig potenzielle Compliance-Verstöße identifizieren und geeignete Maßnahmen ergreifen, um regulatorische Sanktionen zu vermeiden. Gleichzeitig ermöglicht die standardisierte Datenerfassung eine effizientere Durchführung von Audits und Zertifizierungsprozessen.

Ein nicht zu unterschätzender Vorteil liegt auch in der Rückverfolgbarkeit von Produkten. Der digitale Produktpass erleichtert die gezielte Durchführung von Rückrufaktionen und anderen Reaktionsmaßnahmen innerhalb der Lieferkette. Sollte ein Produkt fehlerhaft sein oder regulatorische Anforderungen nicht erfüllen, lassen sich betroffene Chargen schnell identifizieren und Maßnahmen einleiten. Dies trägt zur Erhöhung der Produktsicherheit und zur Stärkung des Verbrauchervertrauens bei.

Zusammenfassend bietet die technische Umsetzung der ESPR Unternehmen nicht nur die Möglichkeit, gesetzliche Anforderungen effizient zu erfüllen, sondern auch ihre betriebliche Effizienz, Datenqualität und Wettbewerbsposition erheblich zu verbessern. Automatisierung, Standardisierung und Transparenz entlang der Lieferkette sind entscheidende Faktoren, um langfristig nachhaltige und wirtschaftlich erfolgreiche Geschäftsmodelle zu etablieren.

Wie bewerten Sie die Informationsbereitstellung für die B2B- und Verbraucherkommunikation?

Die Informationsbereitstellung im B2B- und B2C-Bereich spielt eine zentrale Rolle bei der Umsetzung der ESPR und bietet sowohl Unternehmen als auch Verbrauchern erhebliche Vorteile. Durch die standardisierte Erfassung und Bereitstellung relevanter Produktinformationen wird nicht nur die regulatorische Konformität sichergestellt, sondern auch die Transparenz und Nachvollziehbarkeit entlang der gesamten Lieferkette verbessert.

Für Unternehmen innerhalb der Lieferkette ist der digitale Produktpass ein wesentliches Instrument, um Daten effizienter zu verwalten und auszutauschen. Lieferanten, Hersteller und Händler profitieren von einer vereinfachten und standardisierten Datenbereitstellung, wodurch sich der administrative Aufwand erheblich reduziert. Besonders in komplexen Lieferketten, in denen zahlreiche Akteure involviert sind, ermöglicht die zentrale Speicherung und digitale Verfügbarkeit der Daten einen schnelleren und reibungsloseren Informationsfluss.

Ein weiterer Vorteil liegt in der Risikominimierung und Qualitätskontrolle. Unternehmen erhalten detaillierte Einblicke in die verwendeten Materialien, Nachhaltigkeitszertifikate und Produktionsprozesse, was nicht nur die Einhaltung regulatorischer Anforderungen erleichtert, sondern auch eine fundierte Entscheidungsgrundlage für strategische Maßnahmen bietet. Durch automatisierte Workflows und digitale Prüfmechanismen können Compliance-Risiken frühzeitig erkannt und entsprechende Maßnahmen eingeleitet werden.

Zusätzlich wird der digitale Produktpass zu einem zentralen Kommunikations- und Marketinginstrument im B2B-Bereich. Unternehmen können gezielt Informationen zu Nachhaltigkeitsmerkmalen und Produktqualitäten bereitstellen, um Geschäftspartnern eine fundierte Grundlage für Einkaufsentscheidungen zu liefern. Dies kann insbesondere für nachhaltigkeitsorientierte Unternehmen ein entscheidender Wettbewerbsfaktor sein.

Auf der Verbraucherseite bietet die digitale Bereitstellung von Produktinformationen einen deutlichen Mehrwert hinsichtlich Transparenz und Kaufentscheidungen. Konsumenten erhalten über den QR-Code des digitalen Produktpasses direkten Zugriff auf relevante Informationen zu Nachhaltigkeit, Herkunft und Umweltauswirkungen eines Produkts. Dies fördert eine bewusstere Kaufentscheidung, insbesondere für Kunden, die Wert auf nachhaltige und ethisch vertretbare Produkte legen.

Neben klassischen Produktinformationen wie Materialzusammensetzung oder Produktionsstandorten können auch zusätzliche Nachhaltigkeitsaspekte integriert werden, etwa der CO_2-Fußabdruck, der Rezyklatanteil oder die Reparierbarkeit eines Produkts. Diese Faktoren gewinnen für Verbraucher zunehmend an Bedeutung und bieten Unternehmen die Möglichkeit, sich durch Transparenz und klare Kommunikation im Markt zu differenzieren.

Ein weiterer Vorteil besteht in der verbesserten Rückverfolgbarkeit von Produkten für den Verbraucher. Kunden können sich durch gescannte QR-Codes detailliert über Herkunft, Lieferkette und Umwelt-

auswirkungen informieren. Dadurch wird Vertrauen in Marken gestärkt und eine stärkere Kundenbindung ermöglicht.

Trotz der vielen Vorteile gibt es auch Herausforderungen in der praktischen Umsetzung. Eine der größten Schwierigkeiten besteht darin, eine hohe Datenqualität sicherzustellen, insbesondere wenn Lieferanten in verschiedenen Ländern mit unterschiedlichen Standards und IT-Systemen arbeiten. Auch die Integration der bestehenden IT-Systeme stellt Unternehmen vor große Herausforderungen, da viele Daten noch gar nicht oder zumindest in nicht standardisierten Formaten vorliegen und erst eingeholt und harmonisiert werden müssen.

Zusätzlich muss gewährleistet sein, dass Verbraucher die bereitgestellten Informationen auch tatsächlich nutzen und verstehen. Während Unternehmen im B2B-Bereich detaillierte technische Daten abrufen und verarbeiten können, müssen für Verbraucher die Informationen leicht verständlich, ansprechend aufbereitet und in einer intuitiven Form abrufbar sein.

Die Informationsbereitstellung über den digitalen Produktpass stellt einen wesentlichen Fortschritt für die Kommunikation sowohl im B2B- als auch im B2C-Bereich dar. Unternehmen profitieren von standardisierten und effizienten Datenflüssen, während Verbraucher transparente und fundierte Kaufentscheidungen treffen können. Dennoch erfordert die Umsetzung eine enge Zusammenarbeit zwischen Herstellern, Händlern und Lieferanten, um eine einheitliche Datenqualität sicherzustellen und die Nutzerfreundlichkeit für Verbraucher weiter zu optimieren. Letztlich bietet die ESPR eine große Chance, Nachhaltigkeit als festen Bestandteil der Marktkommunikation zu etablieren und langfristig zu einem höheren Maß an Transparenz und Vertrauen in der gesamten Wertschöpfungskette beizutragen.

Welche Erwartungen haben Sie an die Politik zur technischen Umsetzung der ESPR-Vorgaben?

Die technische Umsetzung der ESPR bringt für Unternehmen erhebliche Herausforderungen mit sich, insbesondere im Bereich der Datenverwaltung, Standardisierung und Interoperabilität von IT-Systemen. Um eine effiziente Umsetzung der Verordnung sicherzustellen, sind klare und praxisnahe politische Rahmenbedingungen erforderlich.

Ein zentrales Anliegen ist die Schaffung einheitlicher technischer Standards für die Erfassung, Verarbeitung und Bereitstellung von Produktdaten. Derzeit gibt es eine Vielzahl von individuellen IT-Lösungen, die nicht aufeinander abgestimmt sind. Dies führt dazu, dass Lieferanten ihre Daten in unterschiedlichen Formaten bereitstellen müssen, was die Integration in bestehende Unternehmenssysteme erschwert. Eine europaweite Standardisierung könnte dazu beitragen, die Interoperabilität zwischen Systemen zu verbessern und den administrativen Aufwand erheblich zu reduzieren.

Die Umsetzung der ESPR erfordert erhebliche Investitionen in IT-Infrastrukturen, digitale Produktpässe und Automatisierungsprozesse. Besonders kleine und mittelständische Unternehmen (KMU) stehen hier vor großen Herausforderungen. Gezielte Förderprogramme und finanzielle Anreize könnten dazu beitragen, die digitale Transformation zu beschleunigen und Unternehmen die Implementierung neuer Systeme zu erleichtern. Dies könnte durch Subventionen für digitale Plattformen, steuerliche Vergünstigungen für Nachhaltigkeitsmaßnahmen oder Investitionshilfen für IT-Modernisierung unterstützt werden.

Viele Unternehmen stehen vor der Herausforderung, eine Vielzahl von regulatorischen Anforderungen gleichzeitig zu erfüllen – darunter die CSRD, die Entwaldungsverordnung und die Batterieverordnung. Die Politik sollte darauf achten, dass die verschiedenen Verordnungen aufeinander abgestimmt werden und nicht parallel unterschiedliche, aber ähnlich gelagerte Berichtspflichten entstehen. Eine bessere Harmonisierung der Berichtsanforderungen würde dazu beitragen, redundante Prozesse zu vermeiden und Unternehmen eine effizientere Umsetzung zu ermöglichen.

Ein weiteres wichtiges Anliegen ist die eindeutige Zuweisung der Verantwortung für die Datenerfassung und -bereitstellung. Insbesondere im Handel gibt es derzeit Unsicherheiten, welche Akteure – Händler, Markenhersteller oder Lieferanten – welche Informationen bereitstellen müssen. Die Politik sollte hier für eine klare Abgrenzung sorgen und sicherstellen, dass die Anforderungen realistisch und umsetzbar bleiben.

Während Transparenz und Nachhaltigkeit essenzielle Ziele der ESPR sind, muss die Politik darauf achten, dass die technischen Anforderun-

gen nicht zu einer übermäßigen bürokratischen Belastung für Unternehmen führen. Digitale Prozesse sollten so gestaltet werden, dass sie nicht nur gesetzliche Vorgaben erfüllen, sondern auch betriebswirtschaftlich sinnvoll und effizient in Unternehmensabläufe integriert werden können.

Eine enge Zusammenarbeit zwischen Wirtschaft, Politik und Technologieanbietern ist erforderlich, um praxistaugliche Lösungen zu entwickeln. Die Politik kann hier als Vermittler auftreten und Plattformen für den Austausch zwischen Unternehmen, Verbänden und IT-Dienstleistern schaffen. Dadurch können Best Practices identifiziert und Technologien schneller skaliert werden.

Die erfolgreiche Umsetzung der ESPR erfordert nicht nur die technische Anpassung von Unternehmensprozessen, sondern auch eine klare und praxisnahe Unterstützung durch die Politik. Einheitliche Standards, finanzielle Fördermaßnahmen, eine harmonisierte Gesetzgebung sowie eine enge Zusammenarbeit zwischen Wirtschaft und Regulierungsbehörden sind entscheidend, um die Herausforderungen der technischen Umsetzung zu bewältigen. Durch eine kluge Regulierung kann die ESPR zu einem Innovationsmotor für nachhaltige Produktentwicklung und Digitalisierung werden, ohne Unternehmen unverhältnismäßig zu belasten.

Wie sieht Ihre Unterstützung zur technischen Umsetzung der ESPR aus?

ImpactBuying unterstützt Unternehmen bei der effizienten Umsetzung der ESPR durch die Bereitstellung einer digitalen Plattform zur Erfassung, Verwaltung und Analyse von Lieferanten- und Produktdaten. Ein zentraler Fokus liegt auf der Beschaffung von Primärdaten aus komplexen Lieferketten, der Automatisierung von Prozessen, der Datenverifizierung und -validierung sowie der reibungslosen Integration in bestehende IT-Landschaften. Dennoch ist ein wesentlicher Teil des Angebotes von ImpactBuying das „Compliance as a Service Team“: Ein Team von Nachhaltigkeits-Analysten, die den Kunden beim Onboarding der Lieferanten, beim Einsammeln von Information, bei deren Validierung und Verifizierung sowie Analyse unterstützen und entlasten und so zur Verbesserung der Datenqualität beitragen. Da-

rüber hinaus bietet ImpactBuying auch persönliche Workshops oder E-Learning-Schulungen für Unternehmen oder Lieferanten an, um ESG- oder technologische Herausforderungen zu bewältigen und die Datenqualität an der Quelle zu verbessern.

ImpactBuying entwickelt zentrale Plattformlösungen, die Lieferanten eine einmalige Bereitstellung ihrer Daten ermöglichen und den administrativen Aufwand weiter reduzieren. Durch die Verknüpfung der ESPR mit regulatorischen Vorgaben wie CSRD, CSDDD und EUDR unterstützt das Unternehmen eine effiziente und gesetzeskonforme Umsetzung.

Wir bedanken uns herzlich bei Herrn Michael Goebbels (Country Manager Germany) für die Bereitschaft und die Durchführung des Interviews.

5.3 Unternehmensbeitrag der Mast-Jägermeister SE

Die Mast-Jägermeister SE ist ein international tätiges Familienunternehmen mit Sitz in Wolfenbüttel, Deutschland. Bekannt ist das Unternehmen vor allem für seinen Kräuterlikör Jägermeister, der in über 150 Ländern vertrieben wird. Gegründet wurde das Unternehmen 1878 und befindet sich zu 100 Prozent in Familienbesitz. Trotz seines globalen Erfolgs bleibt das Unternehmen tief in seiner Heimatregion verwurzelt. Nachhaltigkeit und Verantwortung sind zentrale Teile der Unternehmenswerte. Mast-Jägermeister handelt dabei nicht nur wegen gesetzlicher Vorgaben, sondern beschäftigt sich schon seit mehreren Jahren aus eigener Überzeugung mit den wichtigsten Nachhaltigkeitsthemen. Mit dem Aufbau eigener Standards, dem frühzeitigen Testen von Kreislaufmodellen und der engen Einbindung internationaler Partner nimmt Jägermeister eine Vorreiterrolle bei der Umsetzung der Ökodesign-Verordnung (ESPR) ein. Gleichzeitig wird deutlich, dass die Umsetzung nicht ohne strukturelle Herausforderungen auskommt – insbesondere im Hinblick auf internationale Skalierung, technische Klassifizierung und faire Wettbewerbsbedingungen. Die Chancen, die mit der Verordnung einhergehen – etwa im Bereich der

Kundenkommunikation, der Markttransparenz oder der Dienstleistungsentwicklung – werden als richtungsweisend eingeschätzt. Damit wird auch klar: Die ESPR kann für Unternehmen, die Verantwortung ernst nehmen, zu einem echten strategischen Hebel werden – vorausgesetzt, sie wird von Politik und Behörden klar, konsistent und praxistauglich gestaltet. Das folgende Interview zeigt, wie Jägermeister die Herausforderungen und Chancen im Zusammenhang mit der Umsetzung der ESPR angeht.

Wo steht Jägermeister bei der Umsetzung der ESPR-Anforderungen?

Nachhaltigkeit ist für uns seit Langem ein zentrales Thema. Die Ökodesign-Verordnung passt gut in diesen Rahmen, da unsere bereits ergriffenen Maßnahmen darauf einzahlen. Als Hersteller von weltweit eingesetzten Cooling Devices – namentlich TAP-Maschines und Freezer – sehen wir uns in der Pflicht, Verantwortung über den gesamten Produktlebenszyklus hinweg zu übernehmen. Diese Verantwortung verstehen wir als „Sustainability Ownership", die nicht nur die rechtliche Rolle des Herstellers auf dem europäischen Markt im Kontext der ESPR umfasst, sondern über Designhoheit, Patente, Fertigungswerkzeuge und die Auswahl der Produktionsstätten bis hin zur Rücknahme und Reparatur der Produkte reicht. Unsere Lieferantenbeziehungen bestehen teilweise seit über zwei Jahrzehnten und die Zusammenarbeit wurde insbesondere im Zuge des Lieferkettensorgfaltspflichtengesetzes intensiviert. Die finale Entscheidung über die Fertigungsstätten erfolgt nicht über Zwischenhändler, sondern wird direkt durch uns vorgenommen. Damit streben wir eine vollständige Transparenz entlang der Lieferkette an.

Bereits 2023 haben wir mit dem sogenannten „Meister Code Cooling" ein internes Regelwerk etabliert, das alle Prozessschritte vom ersten Designkonzept bis zum Ende des Produktlebenszyklus systematisch dokumentiert. Dieser Code umfasst etwa 120 Seiten und definiert spezifische Mindeststandards, die teilweise über die gesetzlichen Vorgaben hinausgehen, insbesondere im Hinblick auf Reparierfähigkeit, Modularität und Wiederverwendbarkeit. Aufbauend auf dem Meister Code wurde das „Meister Book Rental & Repair" entwickelt. Dieses Werk stellt weltweite Best Practices-Beispiele zur Verfügung und dient perspektivisch als adoptierbarer Blueprint für Reparatur- und Kreislaufmodelle. Unterschiedliche Module des Meister Book Rental & Repair werden bereits erfolgreich in verschiedenen Märkten, wie z. B. Tschechien, eingesetzt. Dort konnten wir durch einen dreistufigen Reparaturansatz – bestehend aus Kundenkontakt, Vor-Ort-Service und Rückführung – Reparaturquoten von bis zu 90 Prozent erzielen. Ergänzt wurde dies durch ein erfolgreich getestetes Mietmodell, das Verbraucherinnen und Verbrauchern, aber auch gewerblichen Kunden, temporären Zugang zu Geräten ermöglicht und damit sowohl die Ressourceneffizienz als auch die Kundenzufriedenheit erhöht. Die Customer Satisfaction ist uns ein zentrales Anliegen.

Parallel dazu haben wir Anfang 2025 den „Digital Guide“ weltweit ausgerollt. Über einen QR-Code erhalten Nutzerinnen und Nutzer Zugriff auf zentrale Informationen wie Reinigungshinweise, Bedienungsanleitungen und Tutorials – ohne dabei persönliche Daten eingeben zu müssen. Ergänzend entwickeln wir aktuell einen „Technical Guide“, der zukünftig lokalen Reparaturpartnern Zugang zu unseren technischen Unterlagen, Bauplänen und Ersatzteilkatalogen bietet. In unserer Organisationsstruktur sind diese Themen klar verankert und die Verantwortlichkeiten zugeordnet: Unsere Nachhaltigkeitsabteilung koordiniert bereichsübergreifend, während CSP (Cooling Solutions & Portfolio) das Design und die technische Umsetzung verantwortet und das Qualitätsmanagement die regulatorische Einhaltung sicherstellt. Erste Erfahrungen aus der Umsetzung der CSRD wurden bereits in einem Testjahr gesammelt, um unsere Prozesse und Datentransparenz weiter zu optimieren.

Mit welchen Herausforderungen sieht sich Jägermeister bei der Umsetzung der ESPR-Vorgaben konfrontiert?

Trotz der guten Vorbereitung sehen wir uns als Unternehmen mit diversen Herausforderungen konfrontiert. Insbesondere die international unterschiedlichen Marktgegebenheiten erschweren eine einheitliche Umsetzung der ESPR-Anforderungen. Während in Märkten mit bestehender Infrastruktur, wie etwa Tschechien oder Deutschland, Reparatur- und Servicekonzepte vergleichsweise effizient eingeführt werden könnten, gestaltet sich dies in Ländern mit geringem Absatzvolumen deutlich schwieriger. Hier fehlen oftmals qualifizierte Partner, die bereit sind, sich auf die spezifischen Anforderungen der TAP-Machines und Freezer einzulassen – etwa aufgrund ihrer technischen Komplexität oder des geringen Skalierungspotenzials. TAP-Machines unterscheiden sich im Aufbau von Standardgeräten.

Dieser Unterschied führt zudem zu Problemen bei der Klassifizierung innerhalb bestehender Regulierungssysteme. Während Freezer mit dem EU-Energieeffizienzlabel ausgezeichnet werden können, ist dies für TAP-Machines bislang nicht möglich, da es keine passende Produktkategorie gibt. Wir haben mehrfach Anläufe zur freiwilligen Einstufung unternommen, die leider erfolglos blieben. Das führt nicht nur zur Verunsicherung auf Konsumentenseite, sondern erschwert auch eine ambitionierte Nachhaltigkeitskommunikation. Folglich haben wir ein eigenes System aufgesetzt.

Wir haben den Stromverbrauch und den relativen Carbon Footprint anhand von festgelegten Kriterien (UseCase B2B & B2C) berechnet, um eine Vergleichbarkeit innerhalb der Kategorie JM Cooling Devices darzustellen. Außerdem ermöglicht dies dem Kunden, transparenter zu verstehen, wieviel KWH Strom die Geräte in der Nutzung verbrauchen. Dies wird von uns allerdings nur auf Sales Foldern kommuniziert und nicht im Manual.

Hinzu kommt, dass eine europaweite Skalierung der Reparaturkonzepte eine große logistische und wirtschaftliche Herausforderung darstellt. Ein Vergleich mit großen Herstellern weißer Ware ist hier nur eingeschränkt möglich, da diese über ganz andere Absatzmengen und Marktmacht verfügen. Für Unternehmen wie uns, die in ausgewählten Märkten tätig sind, kann dies einen erheblichen Wettbewerbsnachteil bedeuten.

Eine weitere Herausforderung stellt die Zusammenarbeit mit innovationsgetriebenen Start-ups dar. Während langjährige Lieferantenstrukturen gut etabliert sind und Daten in enger Abstimmung bereitgestellt werden, gestaltet sich der Zugang zu produktrelevanten Informationen bei jungen Unternehmen mit Patentschutz-Interessen oftmals schwierig. Zudem bleibt eine gewisse Rechtsunsicherheit bestehen, was die konkreten Anforderungen der delegierten Rechtsakte betrifft – insbesondere in Bezug auf die Konformitätsbewertungen und die digitale Produktpasspflicht. Diese Unsicherheit erschwert die Planung und verursacht Mehraufwand bei der internen Umsetzung und Kommunikation. Hier müssen wir spezifische Vorgaben abwarten.

Welche Vorteile und Chancen sieht Jägermeister durch die Umsetzung der ESPR?

Wir sehen in der Ökodesign-Verordnung, ungeachtet der bestehenden Herausforderungen, zahlreiche Potenziale – sowohl hinsichtlich ökologischer Effekte als auch in Bezug auf die unternehmerische Positionierung. Ein zentraler Vorteil liegt für uns in der Vereinheitlichung von Anforderungen auf europäischer Ebene. Während wir bislang für jeden Markt spezifische Regularien analysieren und erfüllen mussten, eröffnet die ESPR die Möglichkeit, mit einheitlichen Standards zu arbeiten. Dies erleichtert nicht nur die Marktzugänge, sondern reduziert auch den internen Abstimmungs- und Testaufwand erheblich.

Darüber hinaus bietet der digitale Produktpass erhebliche Chancen in der Kommunikation mit unseren Endverbraucherinnen und Endverbrauchern. Bereits heute nutzen wir QR-Codes auf unseren Produkten, um Transparenz herzustellen und den Endnutzern Zugang zu relevanten Informationen zu bieten. Der „Digital Guide", und zukünftig auch der „Technical Guide", stellen hier eine zentrale Schnittstelle dar. Demnach werden wir die relevanten Informationsanforderungen der ESPR relativ einfach hinzufügen können – ein wichtiger Schritt zur Steigerung der Gerätelebensdauer und zur Reduzierung von Ressourcenverbrauch.

In einer zunehmend nachhaltig ausgerichteten Konsumwelt sehen wir außerdem die Chance, sich durch transparente Informationspolitik, langlebige Produkte und innovative Servicekonzepte vom Wettbewerb abzuheben. Die Kombination aus Nachhaltigkeit, Kundenfokus und regulatorischer Konformität stellt dabei einen zentralen Differenzierungsfaktor dar. Wir erwarten außerdem, dass durch die neuen Anforderungen ein breiteres Netz an Dienstleistern für Reparaturen entsteht – was nicht nur eigenen Prozessen zugutekommt, sondern auch den Wandel hin zur Kreislaufwirtschaft insgesamt stärkt.

An welchen Stellen müssen gegebenenfalls Anpassungen zur Umsetzung der ESPR-Vorgaben vorgenommen werden?

Sicherlich haben wir bereits bedeutende Fortschritte erzielt, aber es besteht weiterhin Anpassungsbedarf – insbesondere im Hinblick auf die Marktspezifika außerhalb Europas. Die bisher erfolgreich pilotierten Modelle zur Reparaturfähigkeit und Vermietung müssen an die jeweilige Marktdynamik angepasst werden. In Märkten mit geringer Gerätedichte ist die Einführung umfassender Reparatur- und Rücknahmestrukturen wirtschaftlich nur schwer darstellbar. Dies erfordert kreative Lösungen, wie etwa temporäre Servicepartnerschaften oder die Etablierung von Mindestmengenmodellen, um überhaupt nachhaltige Strukturen zu schaffen.

Auch auf technischer Ebene zeigen sich für uns Zielkonflikte. So zeigt die Erprobung neuer Isolationsmaterialien, dass Maßnahmen zur Verbesserung der Modularität nicht zwangsläufig mit Energieeffizienz oder Produkthaltbarkeit einhergehen. Die optimale Balance zwischen diesen Anforderungen stellt eine kontinuierliche Herausforderung dar und verlangt nach regelmäßiger Evaluierung der eingesetzten Materialien und Konstruktionen. Zudem ist die Digitalisierung von Produktinformationen ein offenes Thema. Zwar existiert mit dem Digital Guide eine umfassende Lösung, doch bestehende gesetzliche Vorgaben verlangen weiterhin physische Handbücher – teilweise mit hohem Papier- und Kunststoffaufwand. Eine Flexibilisierung dieser Anforderungen könnte einen wichtigen Beitrag zur Reduktion von Ressourcenverbrauch leisten.

Welche Wünsche gibt es gegenüber Politik und Behörden?

Gegenüber der Politik wünschen wir uns insbesondere Klarheit und Verhältnismäßigkeit bei der Umsetzung der ESPR. Diese sollte so gestaltet werden, dass nicht nur Großunternehmen, sondern auch kleine und mittlere Unternehmen (KMU) in der Lage sind, die Anforderungen praxisnah umzusetzen. Dies betrifft sowohl die Komplexität der Nachweispflichten als auch die zur Verfügung gestellten Ressourcen. Förderprogramme, wie sie etwa in skandinavischen Ländern existieren, könnten helfen, KMU bei der Transformation zu unterstützen und regulatorische Anforderungen schneller zu erfüllen. Hier sollte eine stärkere Differenzierung nach Unternehmensgröße und Marktvolumen erfolgen.

Ebenso besteht bei uns der Wunsch nach klaren, praktikablen Vorgaben zur Produktspezifikation, zur Konformitätserklärung und zum digitalen Produktpass. Insbesondere der Umgang mit produktbezogenen Klassifizierungen sollte überarbeitet werden, um auch Spezialgeräte wie TAP-Machines sinnvoll klassifizieren zu können. Derzeit führt das Fehlen einer passenden Gerätekategorie dazu, dass Hersteller wie wir nicht an bestehenden Energieeffizienzprogrammen teilnehmen können – obwohl wir willens und fähig wären, unsere Geräte entsprechend einordnen zu lassen.

Einen weiteren zentralen Appell richten wir an die Marktüberwachung. Wir halten es für problematisch, dass Importe günstiger Elektronikgeräte derzeit weitgehend unkontrolliert in den europäischen Binnenmarkt gelangen. Produkte, die über Online-Plattformen für wenige Euro vertrieben werden, unterlaufen häufig jede Form der regulatorischen Prüfung. Dies führt nicht nur zu einer Wettbewerbsverzerrung, sondern konterkariert die Ziele der ESPR. Ohne eine konsequente Marktüberwachung verliert die Verordnung an Glaubwürdigkeit und Wirkung.

Darüber hinaus sollten Vereinfachungen im Umgang mit bestehenden Regelwerken geprüft werden. Ein Beispiel hierfür ist die Pflicht zur physischen Beigabe von Bedienungsanleitungen, die bei uns aktuell in Plastik verpackt mitgeliefert werden müssen – obwohl digitale Alternativen längst zur Verfügung stehen. Hier ist eine realitätsnahe Bewertung von Aufwand und Nutzen dringend erforderlich. Insgesamt wünschen wir uns ein ausgewogenes Verhältnis von Ambition, Praxistauglichkeit und fairen Wettbewerbsbedingungen – nicht zuletzt, um die gesellschaftlich gewünschten Nachhaltigkeitsziele tatsächlich zu erreichen.

Wir bedanken uns herzlich bei Herrn Claas Zobel (Global Team Lead Cooling Solutions & Portfolio), Herrn Erik Wilkerling (Senior Manager QS Non-Food) und Frau Anna Heilmann (Senior Manager Global Corporate Communications) für den Beitrag und die Durchführung des Interviews.

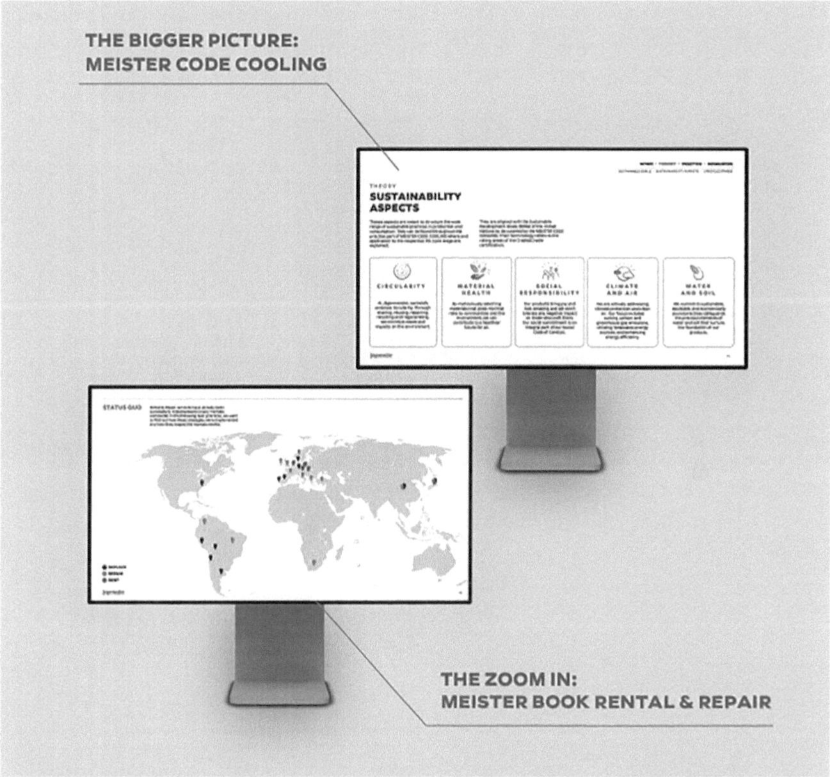
THE BIGGER PICTURE:
MEISTER CODE COOLING
SUSTAINABILITY
ASPECTS
STATUS QUO
THE ZOOM IN:
MEISTER BOOK RENTAL & REPAIR

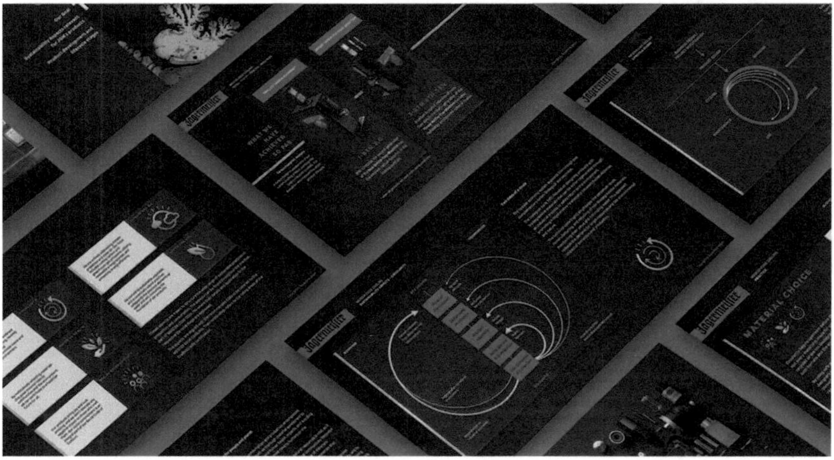

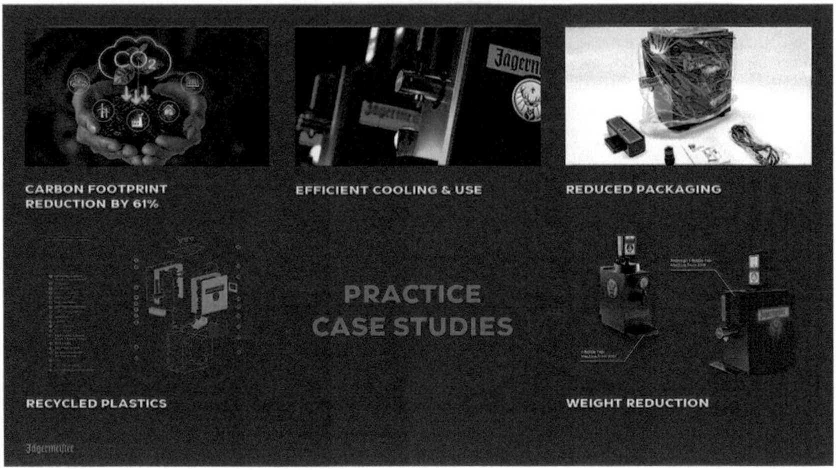
CARBON FOOTPRINT
REDUCTION BY 61%
EFFICIENT COOLING & USE
REDUCED PACKAGING
PRACTICE
CASE STUDIES
RECYCLED PLASTICS
WEIGHT REDUCTION

6 Fazit und Ausblick

Die Umsetzung der ESPR ist kein rein technischer oder regulatorischer Vorgang, sondern ein tiefgreifender organisatorischer Transformationsprozess. Nachhaltigkeit und Kreislaufwirtschaft lassen sich nicht verordnen – sie müssen aktiv gemanagt, systematisch gesteuert und kulturell verankert werden. Genau hier liegt die zentrale Aufgabe des Managements.

Der Einstieg über die strategischen Grundlagen einer erfolgreichen Transformation hat gezeigt, dass ESG-Compliance ein professionelles, bereichsübergreifendes Steuerungssystem erfordert. Unternehmen, die ESG-Anforderungen isoliert oder rein reaktiv behandeln, laufen Gefahr, den steigenden regulatorischen Erwartungen ebenso zu entgleiten wie der Erwartungshaltung ihrer Stakeholder. Die Einbettung eines ganzheitlichen Transformationsverständnisses schafft hingegen Orientierung, Klarheit und Anschlussfähigkeit für alle relevanten Unternehmensbereiche.

Governance setzt sich mit den strukturellen Voraussetzungen auseinander, um ESG-Themen wirksam zu verankern: Klare Zuständigkeiten, interdisziplinäre Abstimmung und transparente Entscheidungsprozesse sind nicht nur organisatorische Hygienefaktoren, sondern Grundpfeiler regulatorischer Absicherung. Das ergänzende Beschwerdemanagement, ebenfalls Teil der Governance-Realität, stärkt als Frühwarnsystem und Lerninstrument die Organisation und ermöglicht es, Risiken frühzeitig zu erkennen, blinde Flecken aufzudecken und kontinuierlich zu lernen.

Im Zentrum der operativen Umsetzung steht die Prozessintegration: ESG-Kriterien müssen systematisch in Entwicklungs-, Einkaufs- und Qualitätssicherungsprozesse eingebunden werden. Die ESPR macht dies besonders deutlich – ihre Anforderungen an Produktgestaltung, Materialwahl und Datenverfügbarkeit lassen sich nur durch bereichsübergreifende Koordination und technische Systemintegration erfüllen.

Das Kapitel zum Risikomanagement und der Konformitätsbewertung verdeutlicht, dass regulatorische Sicherheit nicht auf Vermutungen oder Einzelmaßnahmen beruhen darf. Vielmehr sind strukturierte Prozesse notwendig, die Risiken identifizieren, anhand qualitativer Kriterien bewerten, gezielt steuern und in ihrer Wirksamkeit überprüfen. Die Verbindung von Risikomanagement mit der Konformitätsprüfung ist ein Schlüssel zur dauerhaften Absicherung der Marktzugangsbedingungen.

Besonders herausfordernd zeigt sich die Umsetzung in der Lieferkette. Unternehmen stehen vor der Aufgabe, Lieferanten nicht nur zu monitoren, sondern aktiv in die Umsetzung einzubinden. Das Kapitel zeigt auf, wie differenzierte Steuerung, klare Segmentierung und partnerschaftliche Entwicklung dabei helfen, Umsetzungsfähigkeit und Datentransparenz entlang der Lieferkette zu etablieren – ein unverzichtbarer Baustein für den digitalen Produktpass.

Im Datenmanagement wird deutlich, dass die Fähigkeit, nachhaltigkeitsrelevante Informationen systematisch zu erfassen, zu verarbeiten und digital verfügbar zu machen, zur Schlüsselressource regulatorischer Konformität wird. Wer den digitalen Produktpass nicht als Kontrollinstrument, sondern als strategisches Steuerungsinstrument begreift, eröffnet sich Potenziale für Innovation, Transparenz und neue Geschäftsmodelle.

All diese Elemente münden in die Frage nach Wirksamkeit und Weiterentwicklung. Ein Managementsystem ist nur dann zukunftsfähig, wenn es sich selbst überprüft, Fehler reflektiert, Verbesserungspotenziale erkennt und Anpassungen vornimmt – ob durch Kennzahlen, interne Reviews oder den Dialog mit Stakeholdern.

Was intern entwickelt, implementiert und gesteuert wird, muss auch extern vermittelt, erklärt und verantwortet werden können. Die kommunikative Dimension der ESPR-Umsetzung – sei es über den digitalen Produktpass, über Nachhaltigkeitsberichte, im Stakeholder-Dialog oder gegenüber Behörden – entscheidet darüber, ob Maßnahmen Wirkung entfalten, Vertrauen schaffen und Akzeptanz finden. Die Kommunikation wird damit zu einem zentralen Bestandteil nachhaltigen Managements – mit Fokus auf Transparenz, Kohärenz und Glaubwürdigkeit im Zeitalter regulatorisch fundierter Produktpolitik.

Unternehmen sind künftig nicht nur gefordert, ihre Produkte nachhaltiger zu gestalten, sondern ebenso, diese Nachhaltigkeit transparent, glaubwürdig und verständlich zu vermitteln. Der Digitale Produktpass

(DPP) wird dabei zu einem zentralen Instrument: Er macht komplexe Informationen entlang der gesamten Wertschöpfungskette sichtbar – für Behörden, Geschäftspartner, Verbraucher und Recyclingunternehmen gleichermaßen.

Doch der DPP ist mehr als eine digitale Datenquelle. Richtig genutzt, wird er zum strategischen Kommunikationswerkzeug: Er schafft Orientierung, ermöglicht differenzierte Nachhaltigkeitsaussagen und stärkt das Vertrauen in Produkte und Marken. Voraussetzung ist eine zielgruppengerechte, visuell unterstützte und konsistente Informationsaufbereitung – vom technischen Detail bis zur nutzerfreundlichen Darstellung für Endverbraucher. Verständlichkeit entsteht durch Struktur, Relevanz und Klarheit – nicht durch Vereinfachung um jeden Preis.

Unternehmen, die die ESPR-Kommunikationsanforderungen frühzeitig als Chance begreifen, können sich positiv vom Wettbewerb abheben. Ob durch transparentes Storytelling, den Einsatz von Symbolen und Scoring-Systemen oder den offenen Dialog mit Stakeholdern – wer Nachhaltigkeit glaubwürdig vermittelt, stärkt seine Reputation, erhöht die Akzeptanz neuer Produkte und leistet einen Beitrag zur gesellschaftlichen Transformation.

7 Anhang

7.1 Gesetzestexte, relevante Richtlinien und Verordnungen u. a.

Vertrag über die Arbeitsweise der Europäischen Union (**AEUV**)

Verordnung (EU) 2024/1781 des Europäischen Parlaments und des Rates vom 13. Juni 2024 zur Schaffung eines Rahmens für die Festlegung von Ökodesign-Anforderungen für nachhaltige Produkte, zur Änderung der Richtlinie (EU) 2020/1828 und der Verordnung (EU) 2023/1542 und zur Aufhebung der Richtlinie 2009/125/EG

Richtlinie 2009/125/EG des Europäischen Parlaments und des Rates vom 21. Oktober 2009 zur Schaffung eines Rahmens für die Festlegung von Anforderungen an die umweltgerechte Gestaltung energieverbrauchsrelevanter Produkte

Richtlinie 2008/98/EG des Europäischen Parlaments und des Rates vom 19. November 2008 über Abfälle und zur Aufhebung bestimmter Richtlinien (**AbfRRL**)

Verordnung (EU) Nr. 813/2013 der Kommission vom 2. August 2013 zur Durchführung der Richtlinie 2009/125/EG des Europäischen Parlaments und des Rates im Hinblick auf die Festlegung von Anforderungen an die umweltgerechte Gestaltung von Raumheizgeräten und Kombiheizgeräten

Verordnung (EU) Nr. 814/2013 der Kommission vom 2. August 2013 zur Durchführung der Richtlinie 2009/125/EG des Europäischen Parlaments und des Rates im Hinblick auf die Festlegung von Anforderungen an die umweltgerechte Gestaltung von Warmwasserbereitern und Warmwasserspeichern

Verordnung (EU) Nr. 617/2013 der Kommission vom 26. Juni 2013 zur Durchführung der Richtlinie 2009/125/EG des Europäischen Parlaments und des Rates im Hinblick auf die Festlegung von Anforderungen an die umweltgerechte Gestaltung von Computern und Computerservern

Verordnung (EU) 2019/2021 der Kommission vom 1. Oktober 2019 zur Festlegung von Ökodesign-Anforderungen an elektronische Displays gemäß der Richtlinie 2009/125/EG des Europäischen Parlaments und des Rates, zur Änderung der Verordnung (EG) Nr. 1275/2008 der Kommission und zur Aufhebung der Verordnung (EG) Nr. 642/2009 der Kommission

Verordnungen (EU) 2023/826 und (EG) 1275/2008 für Leerlauf- und Schein-aus-Verluste (stand-by) von elektrischen und elektronischen Haushalts- und Bürogeräten (auch Haushaltskaffeemaschinen)

Verordnung (EU) 2019/1782 der Kommission vom 1. Oktober 2019 zur Festlegung von Ökodesign-Anforderungen an externe Netzteile gemäß der Richtlinie 2009/125/EG des Europäischen Parlaments und des Rates und zur Aufhebung der Verordnung (EG) Nr. 278/2009 der Kommission

Verordnung (EU) Nr. 206/2012 der Kommission vom 6. März 2012 zur Durchführung der Richtlinie 2009/125/EG des Europäischen Parlaments und des Rates im Hinblick auf die Festlegung von Anforderungen an die umweltgerechte Gestaltung von Raumklimageräten und Komfortventilatoren

Verordnung (EU) 2019/1781 der Kommission vom 1. Oktober 2019 zur Festlegung von Ökodesign-Anforderungen an Elektromotoren und Drehzahlregelungen gemäß der Richtlinie 2009/125/EG des Europäischen Parlaments und des Rates, zur Änderung der Verordnung (EG) Nr. 641/2009 im Hinblick auf die Festlegung von Anforderungen an die umweltgerechte Gestaltung von externen Nassläufer-Umwälzpumpen und in Produkte integrierten Nassläufer-Umwälzpumpen und zur Aufhebung der Verordnung (EG) Nr. 640/2009 der Kommission

Verordnung (EG) Nr. 641/2009 der Kommission vom 22. Juli 2009 zur Durchführung der Richtlinie 2005/32/EG des Europäischen Parlaments und des Rates im Hinblick auf die Festlegung von Anforderungen an die umweltgerechte Gestaltung von externen Nassläufer-Umwälzpumpen und in Produkte integrierten Nassläufer-Umwälzpumpen

Verordnung (EU) Nr. 327/2011 der Kommission vom 30. März 2011 zur Durchführung der Richtlinie 2009/125/EG des Europäischen Parlaments und des Rates im Hinblick auf die Festlegung von Anforderungen an die umweltgerechte Gestaltung von Ventilatoren, die durch Motoren mit einer elektrischen Eingangsleistung zwischen 125 W und 500 kW angetrieben werden

Verordnung (EU) Nr. 547/2012 der Kommission vom 25. Juni 2012 zur Durchführung der Richtlinie 2009/125/EG des Europäischen Parlaments und des Rates im Hinblick auf die Festlegung von Anforderungen an die umweltgerechte Gestaltung von Wasserpumpen

Verordnung (EU) 2019/2024 der Kommission vom 1. Oktober 2019 zur Festlegung von Ökodesign-Anforderungen an Kühlgeräte mit Direktverkaufsfunktion gemäß der Richtlinie 2009/125/EG des Europäischen Parlaments und des Rates

Verordnung (EU) 2019/2019 der Kommission vom 1. Oktober 2019 zur Festlegung von Ökodesign-Anforderungen an Kühlgeräte gemäß der Richtlinie 2009/125/EG des Europäischen Parlaments und des Rates und zur Aufhebung der Verordnung (EG) Nr. 643/2009 der Kommission

Verordnung (EU) 2019/2022 der Kommission vom 1. Oktober 2019 zur Festlegung von Ökodesign-Anforderungen an Haushaltsgeschirrspüler gemäß der Richtlinie 2009/125/EG des Europäischen Parlaments und des Rates, zur Änderung der Verordnung (EG) Nr. 1275/2008 der Kommission und zur Aufhebung der Verordnung (EU) Nr. 1016/2010 der Kommission

Verordnung (EU) 2019/2023 der Kommission vom 1. Oktober 2019 zur Festlegung von Ökodesign-Anforderungen an Haushaltswaschmaschinen und Haushaltswäschetrockner gemäß der Richtlinie 2009/125/EG des Europäischen Parlaments und des Rates, zur Änderung der Verordnung (EG) Nr. 1275/2008 der Kommission und zur Aufhebung der Verordnung (EU) Nr. 1015/2010 der Kommission

Verordnung (EU) 2015/1189 der Kommission vom 28. April 2015 zur Durchführung der Richtlinie 2009/125/EG des Europäischen Parlaments und des Rates im Hinblick auf die Festlegung von Anforderungen an die umweltgerechte Gestaltung von Festbrennstoffkesseln

Verordnung (EU) 2023/2533 der Kommission vom 17. November 2023 zur Durchführung der Richtlinie 2009/125/EG des Europäischen Parlaments und des Rates im Hinblick auf die Festlegung von Ökodesign-Anforderungen an Haushaltswäschetrockner, zur Änderung der Verordnung (EU) 2023/826 der Kommission und zur Aufhebung der Verordnung (EU) Nr. 932/2012 der Kommission

Verordnung (EU) Nr. 932/2012 der Kommission vom 3. Oktober 2012 zur Durchführung der Richtlinie 2009/125/EG des Europäischen Parlaments und des Rates im Hinblick auf die Festlegung von Anforderungen an die umweltgerechte Gestaltung von Haushaltswäschetrocknern

Verordnung (EU) Nr. 666/2013 der Kommission vom 8. Juli 2013 zur Durchführung der Richtlinie 2009/125/EG des Europäischen Parlaments und des Rates im Hinblick auf die Festlegung von Anforderungen an die umweltgerechte Gestaltung von Staubsaugern

Verordnung (EU) 2019/2020 der Kommission vom 1. Oktober 2019 zur Festlegung von Ökodesign-Anforderungen an Lichtquellen und separate Betriebsgeräte gemäß der Richtlinie 2009/125/EG des Europäischen Parlaments und des Rates und zur Aufhebung der Verordnungen (EG) Nr. 244/2009, (EG) Nr. 245/2009 und (EU) Nr. 1194/2012 der Kommission

Verordnung (EU) 2015/1188 der Kommission vom 28. April 2015 zur Durchführung der Richtlinie 2009/125/EG des Europäischen Parlaments und des Rates im Hinblick auf die Festlegung von Anforderungen an die umweltgerechte Gestaltung von Einzelraumheizgeräten

Verordnung (EU) 2015/1185 der Kommission vom 24. April 2015 zur Durchführung der Richtlinie 2009/125/EG des Europäischen Parlaments und des Rates im Hinblick auf die Festlegung von Anforderungen an die umweltgerechte Gestaltung von Festbrennstoff-Einzelraumheizgeräten

Verordnung (EU) 2024/1103 der Kommission vom 18. April 2024 zur Durchführung der Richtlinie 2009/125/EG des Europäischen Parlaments und des Rates in Bezug auf Ökodesign-Anforderungen an Einzelraumheizgeräte und separate zugehörige Regler und zur Aufhebung der Verordnung (EU) 2015/1188 der Kommission

Verordnung (EU) 2016/2281 der Kommission vom 30. November 2016 zur Durchführung der Richtlinie 2009/125/EG des Europäischen Parlaments und des Rates zur Schaffung eines Rahmens für die Festlegung von Anforderungen an die umweltgerechte Gestaltung energieverbrauchsrelevanter Produkte im Hinblick auf Luftheizungsprodukte, Kühlungsprodukte, Prozesskühler mit hoher Betriebstemperatur und Gebläsekonvektoren

Verordnung (EU) Nr. 66/2014 der Kommission vom 14. Januar 2014 zur Durchführung der Richtlinie 2009/125/EG des Europäischen Parlaments und des Rates im Hinblick auf die Festlegung von Anforderungen an die umweltgerechte Gestaltung von Haushaltsbacköfen, -kochmulden und -dunstabzugshauben

Verordnung (EG) Nr. 107/2009 der Kommission vom 4. Februar 2009 zur Durchführung der Richtlinie 2005/32/EG des Europäischen Parlaments und des Rates im Hinblick auf die Festlegung von Anforderungen an die umweltgerechte Gestaltung von Set-Top-Boxen

Verordnung (EU) 2023/1670 der Kommission vom 16. Juni 2023 zur Festlegung von Ökodesign-Anforderungen an Smartphones, Mobiltelefone, die keine Smartphones sind, schnurlose Telefone und Slate-Tablets gemäß der Richtlinie 2009/125/EG des Europäischen Parlaments und des Rates und zur Änderung der Verordnung (EU) 2023/826 der Kommission

Verordnung (EU) 2015/1095 der Kommission vom 5. Mai 2015 zur Durchführung der Richtlinie 2009/125/EG des Europäischen Parlaments und des Rates im Hinblick auf die Festlegung von Anforderungen an die umweltgerechte Gestaltung von gewerblichen Kühllagerschränken, Schnellkühlern/-frostern, Verflüssigungssätzen und Prozesskühlern

Verordnung (EU) Nr. 548/2014 der Kommission vom 21. Mai 2014 zur Umsetzung der Richtlinie 2009/125/EG des Europäischen Parlaments und des Rates hinsichtlich Kleinleistungs-, Mittelleistungs- und Großleistungstransformatoren

Verordnung (EU) 2019/1784 der Kommission vom 1. Oktober 2019 zur Festlegung von Anforderungen an die umweltgerechte Gestaltung von Schweißgeräten gemäß der Richtlinie 2009/125/EG des Europäischen Parlaments und des Rates

Verordnung (EU) 1253/2014 der Kommission vom 7. Juli 2014 zur Durchführung der Richtlinie 2009/125/EG des Europäischen Parlaments und des

Rates hinsichtlich der Anforderungen an die umweltgerechte Gestaltung von Lüftungsanlagen

Verordnung (EU) 2019/424 der Kommission vom 15. März 2019 zur Festlegung von Ökodesign-Anforderungen an Server und Datenspeicherprodukte gemäß der Richtlinie 2009/125/EG des Europäischen Parlaments und des Rates und zur Änderung der Verordnung (EU) Nr. 617/2013 der Kommission

Verordnung (EU) 2017/1369 des Europäischen Parlaments und des Rates vom 4. Juli 2017 zur Festlegung eines Rahmens für die Energieverbrauchskennzeichnung und zur Aufhebung der Richtlinie 2010/30/EU

Verordnung (EU) 2023/988 des Europäischen Parlaments und des Rates vom 10. Mai 2023 über die allgemeine Produktsicherheit, zur Änderung der Verordnung (EU) Nr. 1025/2012 des Europäischen Parlaments und des Rates und der Richtlinie (EU) 2020/1828 des Europäischen Parlaments und des Rates sowie zur Aufhebung der Richtlinie 2001/95/EG des Europäischen Parlaments und des Rates und der Richtlinie 87/357/EWG des Rates

Richtlinie 2011/65/EU des Europäischen Parlaments und des Rates vom 8. Juni 2011 zur Beschränkung der Verwendung bestimmter gefährlicher Stoffe in Elektro- und Elektronikgeräten

Verordnung (EU) Nr. 167/2013 des Europäischen Parlaments und des Rates vom 5. Februar 2013 über die Genehmigung und Marktüberwachung von land- und forstwirtschaftlichen Fahrzeugen

Verordnung (EU) Nr. 168/2013 des Europäischen Parlaments und des Rates vom 15. Januar 2013 über die Genehmigung und Marktüberwachung von zwei- oder dreirädrigen und vierrädrigen Fahrzeugen

Verordnung (EU) 2018/858 des Europäischen Parlaments und des Rates vom 30. Mai 2018 über die Genehmigung und die Marktüberwachung von Kraftfahrzeugen und Kraftfahrzeuganhängern sowie von Systemen, Bauteilen und selbstständigen technischen Einheiten für diese Fahrzeuge, zur Änderung der Verordnungen (EG) Nr. 715/2007 und (EG) Nr. 595/2009 und zur Aufhebung der Richtlinie 2007/46/EG

Verordnung (EU) 2019/1020 des Europäischen Parlaments und des Rates vom 20. Juni 2019 über Marktüberwachung und die Konformität von Produkten sowie zur Änderung der Richtlinie 2004/42/EG und der Verordnungen (EG) Nr. 765/2008 und (EU) Nr. 305/2011

Verordnung (EU) 2018/644 des Europäischen Parlaments und des Rates vom 18. April 2018 über grenzüberschreitende Paketzustelldienste

Richtlinie 2000/31/EG des Europäischen Parlaments und des Rates vom 8. Juni 2000 über bestimmte rechtliche Aspekte der Dienste der Informationsgesellschaft, insbesondere des elektronischen Geschäftsverkehrs, im Binnenmarkt (Richtlinie über den elektronischen Geschäftsverkehr)

Verordnung (EU) 2022/2065 des Europäischen Parlaments und des Rates vom 19. Oktober 2022 über einen Binnenmarkt für digitale Dienste und zur Änderung der Richtlinie 2000/31/EG (Gesetz über digitale Dienste)

Verordnung (EG) Nr. 765/2008 des Europäischen Parlaments und des Rates vom 9. Juli 2008 über die Vorschriften für die Akkreditierung und Marktüberwachung im Zusammenhang mit der Vermarktung von Produkten und zur Aufhebung der Verordnung (EWG) Nr. 339/93 des Rates

Verordnung (EG) Nr. 1907/2006 des Europäischen Parlaments und des Rates vom 18. Dezember 2006 zur Registrierung, Bewertung, Zulassung und Beschränkung chemischer Stoffe (REACH), zur Schaffung einer Europäischen Chemikalienagentur, zur Änderung der Richtlinie 1999/45/EG und zur Aufhebung der Verordnung (EWG) Nr. 793/93 des Rates, der Verordnung (EG) Nr. 1488/94 der Kommission, der Richtlinie 76/769/EWG des Rates sowie der Richtlinien 91/155/EWG, 93/67/EWG, 93/105/EG und 2000/21/EG der Kommission

Verordnung (EWG) Nr. 2658/87 des Rates vom 23. Juli 1987 über die zolltarifliche und statistische Nomenklatur sowie den Gemeinsamen Zolltarif

Richtlinie 85/374/EWG des Rates vom 25. Juli 1985 zur Angleichung der Rechts- und Verwaltungsvorschriften der Mitgliedsstaaten über die Haftung für fehlerhafte Produkte

Verordnung (EU) 2023/988 des Europäischen Parlaments und des Rates vom 10. Mai 2023 über die allgemeine Produktsicherheit, zur Änderung der Verordnung (EU) Nr. 1025/2012 des Europäischen Parlaments und des Rates und der Richtlinie (EU) 2020/1828 des Europäischen Parlaments und des Rates sowie zur Aufhebung der Richtlinie 2001/95/EG des Europäischen Parlaments und des Rates und der Richtlinie 87/357/EWG des Rates

Richtlinie (EU) 2019/771 des Europäischen Parlaments und des Rates vom 20. Mai 2019 über bestimmte vertragsrechtliche Aspekte des Warenkaufs, zur Änderung der Verordnung (EU) 2017/2394 und der Richtlinie 2009/22/EG sowie zur Aufhebung der Richtlinie 1999/44/EG

Richtlinie (EU) 2024/1799 des Europäischen Parlaments und des Rates vom 13. Juni 2024 über gemeinsame Vorschriften zur Förderung der Reparatur von Waren und zur Änderung der Verordnung (EU) 2017/2394 und der Richtlinien (EU) 2019/771 und (EU) 2020/1828

Richtlinie (EU) 2024/825 des Europäischen Parlaments und des Rates vom 28. Februar 2024 zur Änderung der Richtlinien 2005/29/EG und 2011/83/EU hinsichtlich der Stärkung der Verbraucher für den ökologischen Wandel durch besseren Schutz gegen unlautere Praktiken und durch bessere Informationen

Empfehlung der Kommission vom 6. Mai 2003 betreffend die Definition der Kleinstunternehmen sowie der kleinen und mittleren Unternehmen (**2003/361/EG**)

Gesetz zur Förderung der Kreislaufwirtschaft und Sicherung der umweltverträglichen Bewirtschaftung von Abfällen (**KrWG**)

Gesetz gegen den unlauteren Wettbewerb (**UWG**)

7.2 Literaturverzeichnis

Burchert/Brohm, in: „Ökodesign-Anforderungen – das unbekannte Wesen?", ESG 2024, 323–328

Burchert/Weber, in: „EU-Ökodesign-Verordnung – Verschärfungen durch das Europäische Parlament?", ESG 2023, 104–110

Croon-Gestefeld, in: „Das Recht auf Reparatur – Vorschläge aus Brüssel", ZEuP 2024, 379–406

Europäische Kommission, in: „Der europäische Grüne Deal", COM(2019) 640 final, 11.12.2019, aufrufbar unter https://eur-lex.europa.eu/resource.html?uri=cellar:b828d165-1c22-11ea-8c1f-01aa75ed71a1.0021.02/DOC_1&format=PDF, Stand 11.2.2025

Europäische Kommission, in: „Ein neuer Aktionsplan für die Kreislaufwirtschaft Für ein saubereres und wettbewerbsfähigeres Europa", COM(2020) 98 final, 11.03.2020, aufrufbar unter https://eur-lex.europa.eu/legal-content/DE/TXT/HTML/?uri=CELEX:52020DC0098, Stand 11.2.2025

Europäische Kommission, in: „Register of Commission Expert Groups and Other Similar Entities", aufrufbar unter https://ec.europa.eu/transparency/expert-groups-register/screen/calls-application?lang=en, Stand 25.2.2025

Europäische Kommission, in: „Register of Commission Expert Groups and Other Similar Entities", dort „First meeting of the Group of Experts on Ecodesign for Sustainable Products and Energy Labelling (‚the Ecodesign Forum' – E03969) – Wed. 19/02/2025 and Thurs. 20/02/2025 (hybrid format)", aufrufbar unter https://ec.europa.eu/transparency/expert-groups-register/screen/meetings/consult?lang=en&meetingId=59861&fromExpertGroups=3969, Stand 25.2.2025

Europäische Kommission, in: „Continuously open call for applications for the selection of members and observers of the Group of Experts on Ecodesign for Sustainable Products and Energy Labelling (‚the Ecodesign Forum‘)“, Ref.Ares(2024)7876478 – 06/11/2024, aufrufbar unter file:///C:/Users/Scharl/Downloads/Ecodesign%20Forum_Call%20for%20applications_final_expert%20group%20register.pdf, Stand 25.2.2025

Europäische Kommission, in: „Ecodesign for Sustainable Products and Energy Labelling Working Plan 2025–2030“, COM(2025) 187 final, 16.04.2025, aufrufbar unter https://environment.ec.europa.eu/document/download/5f7ff5e2-ebe9-4bd4-a139-db881bd6398f_en?filename=FAQ-UPDATE-4th-Iteration_clean.pdf, Stand 27.4.2025

Europäischer Wirtschafts- und Sozialausschuss, in: „Towards more sustainable consumption: industrial product lifetimes and restoring trust through consumer information“, Az. CCMI/112-EESC-2013-1904, 17.10.2013, aufrufbar unter https://www.eesc.europa.eu/en/our-work/opinions-information-reports/opinions/towards-more-sustainable-consumption-industrial-product-lifetimes-and-restoring-trust-through-consumer-information, Stand 26.2.2025

Henry R., in: „Sustainable Consumption: Tackling Premature Obsolescence“, 10.12.2018, aufrufbar unter https://www.eesc.europa.eu/sites/default/files/files/pierre_henry_-_european_commission_dg_environment_-_sustainable_consumption_-_tackling_premature_obsolescence.pdf, Stand 26.2.2025

Köhler/Feddersen (Hrsg.), UWG, Kommentar, 43. Auflage 2025

Petersen/Massow, in: „Die EU-Ökodesign-Verordnung und das „Warenvernichtungsverbot““, ZUR 2023, 67–77

Wiebe/Daelen, in: „Die neue EU-Ökodesignverordnung im Überblick“, ESG 2024, 359–364.